MARIA CALASANZ ZIESCHE

DIE LEEREN HÄNDE

Eine Erzählung um Abt Berno von Reichenau
1008–1048

von Maria Calasanz Ziesche

Herausgeber und Vertrieb:
Schwestern Unserer Lieben Frau
Rheinbach b. Bonn

3. Auflage 1991
Druck: SVA, Ludwigsburg
Bilder: Th. Keller, Insel Reichenau
Schutzumschlag — Grafik: Katja Schütte

ISBN 3-9800449-2-0

Inhaltsverzeichnis

Im Mittelpunkt dieser Erzählung steht die große Gestalt des Berno von Prüm, Abt der Reichenau von 1008–1048.
Der aufmerksame Besucher des Münsters zu Mittelzell entdeckt im Westwerk eine schlichte Grabplatte mit der Inschrift: »Berno, Abbas †1048«.
Das Westwerk des Münsters, das die Jahrhunderte überdauert hat, ist ein Denkmal für Abt Berno. Es lohnt sich, bei ihm, seinem Erbauer, zu verweilen und über sein Leben nachzudenken. Wer es behutsam und ehrfürchtig versucht, kommt ihm nahe. Diese Erzählung möchte ihre Leser dazu ermutigen.
Mögen sie bei diesem Gang über die mittelalterliche Insel Reichenau etwas davon verspüren, was ein Mensch zu wirken vermag, der sich ganz Gott überläßt!

14. April 1989

BERNO
ABBAS
✝ 1048

DER PILGER

Über den winterkahlen Bergen am Rhein wölbt sich ein klarer Abendhimmel. Der Dezembertag war kalt. In der Nacht wird es frieren. Man schreibt das Jahr des Heiles 1170. In der Abtei auf dem Rupertsberg treffen die Nonnen ihre Vorbereitungen für das Weihnachtsfest. »Je näher wir dem Fest kommen, desto mehr Bettler finden sich bei uns ein«, brummt die Pförtnerin. Ihre Gehilfin, Schwester Martha, wirft ihr einen verstohlenen Seitenblick zu. Sie sagt beschwichtigend: »Und die Schar derer, die zu uns kommen, um sich Rat bei unserer Frau Mutter zu holen, Schwester Gertrud.« Die Pförtnerin läßt sich mit der Antwort Zeit. Sie schneidet mit großer Sorgfalt ein rundes Graubrot in dicke Scheiben und legt sie ordentlich auf einen irdenen Teller. »Gott sei Dank, daß es unserer Frau Mutter wieder besser geht!« murmelt sie vor sich hin. Wochenlang hat der Konvent auf dem Rupertsberg um seine greise Äbtissin gebangt. Es hatte den Anschein, als wolle ihr schwacher Körper ihren glühenden Geist nicht länger halten. Heute ist Frau Hildegard zum ersten Mal beim gemeinsamen Gebet und bei der Mahlzeit gewesen. Die Pflegerin hat Schwester Gertrud allerdings gewarnt: »Sollte jemand bei Euch nach unserer Mutter verlangen, gebt die Nachricht bitte nicht weiter! Sie muß sich noch sehr schonen.«

Da ertönt die Pfortenglocke laut hallend durch die Stille des dämmerigen Abends. Die Pförtnerin schiebt das kleine Fenster hoch. Im Dämmerlicht sieht sie eine dunkelgewandete Männergestalt an der Mauer lehnen. Ist es ein Mönch? »Gelobt sei Jesus Christus«, grüßt sie. »Was ist Euer Begehr?« Der Mann löst sich von der Mauer. Er räuspert sich und antwortet mit erschöpfter Stimme: »Ich bin Bruder Diethelm, Mönch der Augia. Ich möchte die ehrwürdige Frau Äbtissin um ihren Rat bitten.« Fröstelnd hüllt er sich fester in seinen Mantel. »Ach? Sonst begehrt Ihr nichts?« fragt Schwester Gertrud abweisend. Er bittet ruhig und bescheiden: »Habt Ihr einen Bissen Brot für mich und ein Obdach für die Nacht?« Langsam und knarrend öffnet sich das schwere Eichentor, so als teile es den geheimen Widerwillen der Pfortenschwester gegen den späten Gast. »Kommt herein, Bruder Diethelm!« Die schroffen Worte sind mehr ein Befehl. Unbeholfen schiebt sich der Mönch in den Pfortenraum, den ein flackerndes Feuer erhellt. Nun sehen die Schwestern, wie müde und durchfroren der Mönch ist. Tiefe Runen der Entbehrung und Erschöpfung zeichnen sein hageres, bärtiges Antlitz. Unwillkürlich macht er einen Schritt zur Feuerstelle hin und streckt wärmesuchend die blauroten Hände aus. »Legt den Mantel ab!« Unter dem unwirschen Ton verbirgt die Pförtnerin ihr aufkeimendes Mitleid. Schwester Martha schiebt eilfertig einen Stuhl ans Feuer. »Bitte, setzt Euch hierher«, fordert sie ihn freundlich auf, als solle ihre sanfte Stimme die rauhe Art der Mitschwester ausgleichen. Der Mönch läßt sich schwerfällig nieder und wendet sich dem Feuer zu. Seine Schultern sacken nach vorn. Er fährt sich einige Male mit der Hand über Stirn und Augen, als könne er damit die Benommenheit, die ihm die Wärme des Raumes bereitet, von sich weisen. Er atmet tief. Dann hebt er den Kopf. Schwester Gertrud begegnet seinem Blick, aus dem mehr spricht als die demütige Bitte eines Obdachlosen um Asyl. Von diesen hellen Augen geht eine geheime Macht aus. »Ich muß es wiederholen, ehrwürdige Schwester, auch wenn Ihr es nicht gerne hört: ich muß unbedingt Eure Äbtissin, Frau Hildegard, sprechen. Zwei lange Monde bin ich von der Augia bis hierher gepilgert, um ihren Rat einzuholen.« »Konntet Ihr Euch dafür keine bessere Jahreszeit auswählen?« murrt Schwester Gertrud, stellt Brot und Käse auf den blankgescheuerten Tisch und gießt Milch in einen grauen Becher. »Not kennt keine Jahreszeit«, ist seine Antwort. Sie macht eine einladende Handbewegung. Sie beobachtet ihn aus den Augenwinkeln, während er ißt und trinkt. Seine mitgenommene Kutte, sein schlechtes Schuhwerk verraten, daß er bei Wind und Wetter unterwegs gewesen ist. Sein Reisebündel in der Ecke hat nur geringen Umfang. Ist er etwa ein Bettelmönch, einer von denen, die aus einem Kloster fortgelaufen sind und ruhelos durch die Lande ziehen? Nein, zu diesen heimatlosen Vagabunden gehört Bruder Diethelm nicht. Aber soll sie die Frau Mutter heute abend noch von diesem Besuch unterrichten? Wie so oft in ihren langen Klosterjahren wird ihr die Entscheidung abgenommen. Die Türe zum Klosterflur öffnet sich. Eine schmale Gestalt steht im Türrahmen. In ungläubigem Staunen ruft die Pförtnerin: »Ihr, Frau Mutter?« Schwester Gertrud ahnt nicht, daß ihre Gehilfin die Äbtissin heimlich benachrichtigt hat. Frau Hildegard naht mit langsamen, tastenden Schritten. Alter und Krankheit zwingen sie dazu. Im Feuerschein leuchtet ihr Brustkreuz auf. Der Mönch hat sich bei ihrem Eintritt erhoben und steht groß und dunkel vor der schmächtigen Ordensfrau. Er verneigt sich tief und ehrerbietig vor ihr. Sie weist ihn mit einer leichten Geste an, sich wieder zu setzen und läßt sich auf einem der Schemel nieder. Er wartet in bescheidenem Schweigen, daß sie das Wort an ihn richtet. Auf Zehenspitzen verläßt Schwester Gertrud den Pfortenraum. Wenn jemand den Rat der Frau Mutter einholt, geht es stets um wichtige Fragen. Eine Weile schweigen die beiden Menschen. Schließlich sagt Frau Hildegard mit gütiger Stimme: »Mein Bruder, Ihr hattet einen weiten Pilgerweg bis zum Rupertsberg?« Er nickt bestätigend. »Ja, Frau Mutter, ich pilgerte viele, viele Meilen über Berge, durch Täler, durch Wälder und den Rheinstrom entlang. Im Frühherbst habe ich mich zum Aufbruch entschlossen. Nun ist Winter. Das Fest der Geburt des Herrn steht bevor. Ich bin Mönch der Abtei auf der Augia.« In seinen Augen liegt nichts Forderndes mehr. Mit dem Vertrauen eines Kindes blickt er in ihr vergeistigtes Altfrauengesicht. »Euch hat eine große Not diesen weiten Weg geführt?« Bei ihren fragenden Worten krampfen sich seine Hände so fest zusammen, daß die Fingerknöchel weiß hervortreten. »Ihr habet recht, Frau Mutter. Meine Not ist allzu groß.« Frau Hildegard beugt sich vor. Ihre Rechte nähert sich der zusammengesunkenen Gestalt des Mannes. »Gottes Barmherzigkeit ist größer als alle Not dieser Welt, und Sein Licht leuchtet durch alle unsere Dunkelheiten.« Er senkt den Kopf noch tiefer, als horche er in sich hinein. »Ich glaube daran, Frau Mutter. Ich glaube an die Barmherzigkeit Gottes und an Sein Licht, aber ich spüre, ich sehe es nicht mehr.« Mit einer Geste der Ausweglosigkeit legt er seine geöffneten Hände auf den Tisch. »Seht her! Ich bin arm. Meine Hände sind leer. Mein Herz ist leer. Dabei müßte ich vielen Menschen vieles geben.« Wieder schweigen sie. Nur das Feuer knistert leise. Draußen heult der Nordwind um die Abtei. Leise sagt Frau Hildegard: »Müssen wir nicht ganz arm sein, mein Bruder, wenn Gott zu uns kommen soll und durch uns zu anderen? Wir können Ihn nur dann bringen, wenn Er Sich uns zuvor geben kann. Was wir aus Eigenem geben wollen, ist Tand und eitel Blendwerk. Seid getrost, mein Bruder! Freut Euch Eurer leeren Hände! Gott wird sie füllen. Doch nun habe ich eine Bitte: Begebt Euch zur Ruhe! Wir wollen mor-

gen über alles sprechen. Heut' vermag ich es nicht mehr. Meine Krankheit hat mich noch nicht ganz verlassen.«
Im Gastgemach des Klosters schläft der Mönch Diethelm den tiefen, traumlosen Schlaf der Erschöpfung. Am späten Morgen bringt er in der Abteikirche das heilige Opfer dar. Danach kniet er lange auf den Stufen des Altares und betet für die Menschen, um deretwillen er zu seiner Pilgerfahrt auszog. »Es ist Advent, Herr. Maranatha! Komm, Herr Jesus, komm!«
Die Pfortenschwester setzt ihm ein reichhaltiges Frühmahl vor. »Die Frau Mutter wünscht, daß Ihr Euch besonders gut stärkt!« Freundlich erwidert er: »Dann will ich ihr gehorsamen«, und widmet sich mit Hingabe dem guten Werk. Später geleitet Schwester Martha ihn zur Äbtissin. Erwartungsvoll und ungeduldig folgt er ihr durch die stillen Klostergänge, die scheinbar kein Ende nehmen. Endlich bleibt Schwester Martha vor einer der Türen stehen. Sie klopft an und lauscht. Dann läßt sie ihn eintreten. Frau Hildegard begrüßt ihn herzlich. »Ihr seht schon etwas erholter aus, Bruder«, stellt sie fest. »Darf ich Euch zunächst für die erwiesene Gastfreundschaft danken, Frau Mutter, und vor allem für den Rat, den Ihr mir gestern abend gabt? Im heiligen Opfer bot ich Gott meine leeren Hände dar.« Die Äbtissin lächelt. »Ich wußte es bereits, als ich Euch beten sah, Bruder. Wollt Ihr mir nun von dem erzählen, was Euch hierhergeführt hat?« Er nestelt an seinem abgetragenen Gewand, zögert kurz und greift in seine Tasche. Er hält der Ordensfrau seine offene Rechte entgegen. Auf der Handfläche leuchtet ein breiter Goldring mit einem tiefroten Stein, daneben glänzt ein goldenes Brustkreuz. Leise sagt er: »Ich bin Diethelm von Krenkingen, Abt des Klosters Maria von der Au auf der Insel Reichenau.« Er legt den Ring und das Kreuz, die Zeichen seiner Abtswürde, vor sie auf den

Tisch, so als wolle er ihr beides schenken. Mitleidig betrachtet sie den Schmuck und sieht dann in das verhärmte Antlitz ihres Gastes. »Vater Abt, warum habt Ihr die weite, mühevolle Pilgerfahrt zum Rupertsberg gemacht?« »Ich bedarf Eures Rates und Eurer Hilfe, Frau Mutter, für meine Brüder auf der Augia und für mich.« Zustimmend neigt die Äbtissin ihr Haupt. Sie fragt: »Warum habt Ihr als armer Pilger diesen Weg gewagt? Ihr hättet Euch die Reise wesentlich erleichtern können und wäret schneller am Ziel gewesen.« »Ich mußte ihn so gehen, ja, nur so durfte ich ihn gehen. Wißt Ihr, Frau Hildegard, die Augia ist nicht mehr die demütige Magd des Herrn. Die Abtei wurde zur adelsstolzen Herrin am Gnadensee. Ich wollte ihre Mönche zum demütigen Dienst zurückführen. Es ist mir nicht gelungen. Die Augia ward zu reich und zu mächtig. Darum mußte ich auf meiner Pilgerfahrt ganz arm sein.« »So habet Ihr zuerst die Fülle der Macht empfangen und durftet dann Eure eigene Ohnmacht erfahren?« Verwirrt schaut er sie an. »Ich sagte gerade, daß ich ...« Freundlich unterbricht sie ihn: »Gewiß, Ihr sagtet, daß Ihr auf Eurer Pilgerfahrt arm und ohnmächtig sein wolltet. Wie war es denn zuvor auf der Reichenau? Habt Ihr da nicht Macht ausgeübt, um die Brüder zum Ideal des Vaters Benediktus zu bekehren? Euer Machtwort blieb vergebens.« Sichtlich erstaunt erwidert er: »Ich handelte so, wie Ihr es vermutet. Ich tadelte, ich predigte, ich drohte, ich zürnte und beschwor. Ich fand kein Gehör. Da wurde ich, mit den äußeren Zeichen der Macht bekleidet, mit einem Mal all meiner Ohnmacht inne. Nach einem Jahr vergeblichen Mühens um die Augia zog es mich zu Euch, der Seherin am Rhein, die Päpsten, Kaisern, Königen und Bischöfen zu raten und helfen verstand.« Die Äbtissin wendet sich zu einer kleinen Marienstatue. Scheinbar zusammenhanglos sagt sie: »Von der

Reichenau wurde uns das Salve Regina geschenkt und die Marienantiphon Alma Redemptoris Mater. Wißt Ihr, wer sie verfaßt und vertont hat?« Erstaunt und unzufrieden, weil sie offenbar ganz vom Thema abgewichen ist, antwortet er: »Die Antiphonen verdanken wir dem Mönch Hermann Contractus, einem Gelehrten aus der Zeit des Abtes Berno. Wir halten sein Andenken hoch und verehren ihn, wie Euch gewiß bekannt ist, als Seligen unseres Ordens.« Scheinbar bemerkt sie seine Ungeduld nicht. Sie wiederholt: »Ihr haltet sein Andenken hoch? Ich weiß mancherlei über ihn, den Seligen und den größten Gelehrten des elften Jahrhunderts. Ich verehre ihn aber nicht wegen seiner Gelehrsamkeit, auch nicht wegen der beiden Antiphonen. Ich verehre ihn wegen seiner wunderbaren inneren Freiheit. Die Macht dieses Contractus über die Menschenherzen bestand darin, daß er ganz Ohnmacht war.« Nun ahnt Diethelm von Krenkingen, daß die Wendung des Gesprächs beabsichtigt war, weil ihm Frau Hildegard damit eine Botschaft vermitteln will. Er versteht ihren Gedankengang nicht. Zögernd tastet er sich voran. »Dieser Hermann Contractus war liebenswert. In der Chronik des Berthold steht: ›Den Lieben liebten alle‹. Offensichtlich war er klug und fromm...« Ratlos hält er inne. Was gibt es mehr über Hermann zu sagen? »Vater Abt, wie ich Euch eben sagte, bestand die Macht des Hermann Contractus in seiner Ohnmacht. Er sprach sein vorbehaltloses Ja zu seiner großen Armut, zu seiner Behinderung. Er vertraute sich Gott und Maria an. Weil er nichts mehr für sich beanspruchte, konnte Gott durch ihn zu den Menschen kommen. Gott füllte Hermanns arme, leere Hände, und so konnte er schenken, immerfort und überreich. Er war das Herz der Abtei.« Wiederum steht lange Zeit ein Schweigen im Raum. Dann hebt Diethelm entschlossen die Augen und sagt mit fester Stimme: »Ihr habt herausgefunden, was meinem Dienst gefehlt hat, Frau Mutter. Ich habe die Menschen zur Liebe und zur Hingabe an Gott zwingen wollen, und ich gab mich selbst nicht ganz hin. Ich grollte wegen meiner Begrenztheit und nahm sie nicht an. Darum führte mich unser Herr auf diese lange und oft demütigende Pilgerfahrt bis hin zu Euch. Ich sollte durch Euch mein Versagen erkennen, und Hände und Herz von falschem Ehrgeiz, Machtstreben und jedem auch noch so versteckten Versuch, andere zu beherrschen, leermachen.« Mit gemessener Bewegung nimmt die Äbtissin Brustkreuz und Ring vom Tisch. »Legt beides wieder an, Herr Diethelm!« Da kniet er neben ihrem Lehnstuhl nieder. »Gebt Ihr mir die Zeichen der Abtswürde und segnet mich? Dann will ich mit Eurem Segen den Heimweg zur Reichenau wagen und den Meinen dort in neuer Weise dienen.« Frau Hildegard erfüllt die Bitte des Abtes. Als der Mönch vor ihr steht, nimmt sich das kostbare Kreuz seltsam fremd auf dem abgetragenen Gewand aus. Sie schaut zu ihm auf. »Ihr könnt nicht sofort aufbrechen, Herr Diethelm. Die heilige Weihnacht ist nahe. Ihr müßt die schlimmsten Schneestürme abwarten. Feiert das Fest der Geburt des Herrn als hochgeehrter Gast in unserer Abtei!« Bereitwillig nimmt er ihre Einladung an. »Ich danke Euch wiederum, Frau Mutter! Ich danke Euch für alles... Ich bringe Euch keine Weihnachtsgabe...« Lächelnd schüttelt sie das Haupt. »Denkt daran, daß Ihr arm seid! Vergeßt das nicht! Aber Ihr bringt uns zugleich unendlich viel. Beim heiligen Opfer gibt Sich Gott in Eure Hände und Ihr dürft uns Ihn schenken.« Er seufzt. »Seht Ihr, Frau Mutter, ich bin ein schlechter Scholar. Ich werde noch manche Lektion von Euch brauchen. Auch darum ist es gut, wenn ich bleiben darf.« Mit einer Verneigung will er das Gemach der Äbtissin verlassen, als ihn ihre Stimme zurückhält: »Ich erwarte mehr von Euch,

Herr Diethelm! Erzählt uns von der Reichenau, von den Jahren und Jahrzehnten ihrer ruhmreichen Vergangenheit und den Äbten Wittigowo, Walahfried und Berno, denn damit könnt Ihr meinem ganzen Konvent und mir viel Freude bereiten.« »Ob Ihr die Reichenau in ihrem eigentlichen Wesen nicht besser kennt als ich, Frau Mutter? Aber ich will Euch gern all das berichten, was ich über sie weiß. Am besten ist mir die Zeit des großen Abtes Berno vertraut. Er regierte die Augia vierzig Jahre lang. Mein Lehrer Renuald war in seiner Jugend ein Schüler des Chronisten Berthold, einem Gefährten des Hermann Contractus. Dieser Berthold war Mönch unter Abt Berno. Renuald hat mir oft und begeistert von der Zeit des Berno erzählt, vor allem darum weil unsere Gegenwart nicht eben ruhmvoll war.« Frau Hildegard tritt ans Fenster. Über den braunen Weinbergen spannt sich auch heute ein klarer Winterhimmel, der sich im Rheinstrom spiegelt. »So wie die Wasser des Stromes unablässig zum Meere wandern und sich in dieses ergießen, sind wir Menschen unablässig unterwegs zum Meer der Ewigkeit, zum Lichte des himmlischen Weihnachtsfestes.« Leise verläßt Diethelm von Krenkingen den Raum. Er ist zutiefst ergriffen von der Gottesnähe dieser Ordensfrau.

Beim feierlichen Amt in der Weihnachtsnacht schaut der Abt irgendwann in das leuchtende Antlitz der Äbtissin. Innig dankt er dem Herrn, daß er den Weg zum Rupertsberg gehen und Frau Hildegard begegnen durfte. Mit neuer Liebe und Bereitschaft betet er für seine fernen Brüder. Über dem Altar breitet er die leere Schale seiner Hände aus. »Herr, ich vertraue meine Armut Deiner Gnade, Deiner Liebe und Deiner Barmherzigkeit an!« Unter dem schweren, golddurchwirkten Meßgewand trägt er die abgenutzte Kutte seiner Pilgerschaft. Er weiß sich arm und reich zugleich. In der Weihnacht 1170

singt er mit Frau Hildegard und ihren Schwestern dankbaren Herzens das Te Deum.
Nach den Weihnachtsfeiertagen bedeckt eine blendend weiße Schneeschicht das Land am Rhein. Auf dem Fluß treiben dicke Eisschollen. Krähen ziehen mit mißtönenden Rufen ihre Bahn. Der Strom der Hilfesuchenden an der Klosterpforte auf dem Rupertsberg nimmt täglich zu. Jeder Bittende erhält zumindest eine warme Suppe. »Das Jahr 1171 zeigt ein besonders strenges Angesicht. Wir müssen viele Nöte lindern. Ihr wundert Euch gewiß, daß unser armer Konvent die Mittel für die Werke der Barmherzigkeit in einem solchen Umfang aufbringen kann. Ich gestehe Euch, daß ich mich selbst darüber wundere.« Bei diesen Worten lächelt Frau Hildegard wie ein beschenktes Kind. »Immer wieder erfahre ich die Wahrheit des Herrenwortes: ›Gebt, so wird auch euch gegeben, ein gerütteltes, überfließendes Maß!‹«. Abt Diethelm läßt es nicht beim Zuschauen bewenden. Oft hilft er mit, teilt Brot und Suppe aus, reicht den Kranken eine von der Äbtissin zubereitete Arznei und verbindet eine Wunde. Täglich erfährt er, wie beglückend das Geben ist. Er weiß, daß auch damit ein neuer Weg für die Abtei Maria von der Au gewiesen worden ist. »Ein neuer Weg?« überlegt er. »Eigentlich ist es ein alter Weg. Abt Berno hat ihn bereits beschritten. Er diente den Armen und Kleinen um Christi willen, wie Bruder Renuald oft erzählt hat.« »Und es ist ja auch der Weg Jesu Christi, Vater Abt! Wißt Ihr übrigens, daß ich der Reichenau manches von dem verdanke, was ich nun für meine Werke der Barmherzigkeit brauche?« Fragend sieht er sie an. »Wie meint Ihr das, Frau Mutter?« Sie zeigt ihm ein Büchlein und hebt mit scherzhaftem Tadel den Finger. »Wie ich merke, seid Ihr erstaunt und wißt nicht, was ich meine. Dabei müßtet Ihr das Werklein viel besser kennen als ich, Vater Abt. Es ist der

›Hortulus‹ Eures Abtes Walahfried Strabo, ein treffliches Büchlein über die Gartenkunst und über die Heilkraft unserer heimischen Kräuter. Ich legte mir nach den Anweisungen dieses Büchleins meinen Kräutergarten an und stellte manche meiner Arzeneien danach zusammen. O, ich verdanke der Reichenau sehr viel! Lest dieses Büchlein einmal in Muße durch, und Ihr werdet mich verstehen!«

Abt Diethelm dankt ihr und schämt sich zugleich, daß er diesen Zeugen der ruhmvollen Vergangenheit seiner Abtei nicht einmal dem Namen nach kennt. »Hiermit wird mir ein weiterer Plan für die Reichenau geschenkt. Nach meiner Rückkehr lege ich einen Kräutergarten an, wie es Abt Walahfried anrät.« Die Äbtissin heißt seinen Vorsatz gut; sie fügt aber nachdrücklich hinzu: »Wichtiger sind noch die Werke der Barmherzigkeit an den geringsten Brüdern nach dem Beispiel des Abtes Berno.« Er verspricht mit aufrichtigem Ernst: »Das will und werde ich tun, aber ...« Sie unterbricht ihn, denn sie ahnt, daß er das Beispiel erwähnen will, das sie ihm in ihrer Mildtätigkeit auf dem Rupertsberg gibt. Sie fordert ihn auf: »Nun wollen wir nicht länger säumen, Vater Abt. Kommt mit in den Kapitelsaal! Dort warten meine Schwestern gewiß schon in heiliger Ungeduld, weil sie begierig sind, von Euch etwas über die Reichenau und Abt Berno zu erfahren.« Zunächst bereitet ihm die erwartungsvolle Schar der Schwestern vom Rupertsberg mit ihrer spürbaren Spannung einige Verlegenheit. Er beginnt stockend: »Frau Äbtissin, ehrwürdige Schwestern, ich kann Euch nur das berichten, was ich vor langen Jahren als Scholar aus dem Munde meines greisen Lehrers, des verehrten Bruders Renuald, gehört habe. Renuald war in seiner Jugend ein Schüler des Chronisten Berthold. Jener wiederum war ein Gefährte und Freund des Hermann Contractus, der eigentlich Hermann von Altshausen hieß. Ihr singt seine Antiphonen mit viel Andacht. Berthold hinterließ uns eine Chronika, die bis zum Jahre 1054 von Hermann von Altshausen geführt worden ist. Seltsamerweise berichtet diese Chronika über Abt Berno, der doch vierzig Jahre lang Abt der Reichenau war, nur einige nüchterne Fakten. Der junge Magister Berno, Mönch in der berühmten Reichsabtei zu Prüm in der Eifel, die dem Erlöser geweiht ist, wurde von König Heinrich II. im Jahr 1008 zum Abt der Augia eingesetzt. Wie mir erinnerlich ist aus der Chronika, befand sich die Abtei nach dem schwachen Abt Werinher und dem allzu gestrengen Abt Immo in einer Zeit des schmachvollen Niedergangs. Viele Mönche waren geflohen. Durch den Brand von 1006 war die Hauptkirche, das Münster zu Mittelzell, schwer beschädigt worden.« Frau Hildegard wirft ein: »Welches Erbe mußte dieser Mönch Berno antreten! Hat er zuvor in Prüm wenigstens reiche Erfahrungen für ein solches Amt sammeln können?« »Mitnichten, Frau Mutter«, erwidert Abt Diethelm erstaunt, als komme ihm dies erst jetzt zu Bewußtsein. »Bruder Renuald betonte immer wieder, daß Berno noch keine dreißig Jahre alt und ausschließlich Magister gewesen sei. Zahlreiche Schriften, Hymnen, Antiphonen und theoretische Werke gehen auf ihn zurück.« Sachlich stellt die Äbtissin fest: »Also war der Mönch Berno ein stiller Gelehrter und nach menschlichem Ermessen für das Amt denkbar ungeeignet.« Wieder staunt der Reichenauer und stimmt nachdenklich zu. »Ja, Ihr habt recht, Frau Mutter. Dieser Mönch Berno von Prüm brachte eigentlich keine Voraussetzungen für sein Amt auf der Insel mit, nicht einmal die der hohen Geburt. Er war nur von niederem Adel, sicher ein Makel bei der Übernahme einer so adelsstolzen Abtei. Mein Lehrer Renuald betonte das wohl so oft, weil er selbst das Kind schlichter Landleute war.«

Die Äbtissin schaut mit einem frohen Leuchten an dem Abt vorbei auf das große Kreuz. Sie sagt langsam und betont: »Seht Ihr, Vater Abt, so vermag der Herr zu wirken, wenn ein Mensch sich Ihm überläßt. Gott ist groß in Seinen Heiligen. Nun tut uns kund, wie der Geist Gottes den Berno von Prüm geführt hat!«
Diethelm von Krenkingen sammelt sich, umschließt sein Brustkreuz mit der Rechten und beginnt zu erzählen: »Anno Domini 1008 in der Reichsabtei zu Prüm ...«

AUGIA DESERTA

Leise klappern Pferdehufe auf steinigem Pfad. Die Reiter lassen ihre Tiere in langsamem Schritt gehen. Reiter und Pferde sind müde und erschöpft. »Bald sind wir da, Wolfram«, tröstet der hochgewachsene Mönch in der staubigen Kutte den alten Mann, der auf einem mageren Gaul kauert. Der Alte hebt nur ein wenig die schweren, geröteten Augenlider und murmelt: »Es wird Zeit, Herr Berno.« Mitleidig blickt der Mönch in das faltige Antlitz unter den weißgrauen Haarsträhnen. »Wenn die Eltern die Hilfe nicht so nötig brauchen würden, hätte ich dir diesen Ritt durch die Berge nicht zugemutet.« Wolfram nickt. »Ich weiß, Herr Berno. Laßt es gut sein. Für Herrn Guntram nehme ich gern alles auf mich.« Der Mönch zügelt sein Pferd. »Hört ihr das? Pferdegetrappel, Männerstimmen, Waffengeklirr! Haltet hier. Ich will nachschauen.« Vorsichtig lenkt er sein Pferd zwischen winterkahlem Brombeergerank und Ginstergesträuch bergab bis zum Hauptweg. Flüchtig bemerkt er die silbergrauen Weidenkätzchen, die im kühlen Wind zittern. Bald wird es Frühling. Sein Gaul streckt den Hals, um einen der jungen Zweige zu erlangen. Der Reiter sieht den Näherkommenden ruhig und aufmerksam entgegen. Zwei Reiter mit einem bunten Wimpel sprengen an ihm vorbei, ohne ihm mehr als einen flüchtigen Blick zu gönnen. Ein Mönch zu Pferd in der Nähe der Reichsabtei zu Prüm ist kein unerwarteter Anblick. Den Vorreitern folgen buntgewandete, wohlbewaffnete Reisige.

Schließlich naht, langsamer und fast besinnlich daherreitend, ein einzelner Mann auf herrlichem Rappen. Aufmerksam betrachtet er den Mönch am Wegrand. Sein Blick ist seltsam eindringlich und fragend. Das helle, längliche Antlitz mit den blauen Augen unter der hohen Stirn und dem fahlblonden Haar kommt dem Mönch bekannt vor. Wer ist dieser vornehme Fremde? Sein dunkelroter, golddurchwirkter Mantel hängt von den Flanken des Pferdes fast bis auf die Erde nieder. Nachzügler sind ein paar junge, fröhliche Reiter. Sie mustern den Mönch mit unverhohlener Neugier. Einer fragt ihn: »Sind wir bald in der Abtei?« »An der nächsten Wegbiegung habt Ihr die Gebäude vor Euch«, antwortet der Mönch und winkt seine Begleiter heran.

Als sie sich der Vogtswohnung zu Prüm nähern, ist die Reitergruppe, die lange vor ihnen angekommen sein muß, nirgendwo mehr zu sehen. Der Mönch führt seine Begleiter zum Vogt und bittet ihn freundlich, für Herrn Wolfram und die beiden Knechte Sorge zu tragen. »Wir haben einen sehr anstrengenden Ritt hinter uns – von Lotharingien nach Reginbach und dann hierher. Menschen und Pferde müssen sich zuerst erholen.« »Und Ihr, Herr Berno?« fragt der Vogt. Das magere Antlitz des Mönchs ist blaß und trägt tiefe Furchen der Erschöpfung. »Ich muß zuvor mit dem Vater Abt sprechen. Die Not der Meinen läßt mich nicht zur Ruhe kommen.«

»Seid Ihr wieder da, Bruder Berno?« begrüßt ihn der Bruder an der Pforte. Bei der sinnlosen Frage zieht der Mönch unwillig die dunklen Brauen zusammen. In seiner Müdigkeit und Niedergeschlagenheit möchte er eine schroffe Antwort geben. Er preßt die Lippen zusammen und geht weiter. Er hört nicht, was der Pförtner ihm nachruft. »Ihr könnt nicht zum Abt! Der hat hohen Besuch.« Mit großen Schritten, die seine innere Not trotz der Erschöpfung ihm abringt, eilt er durch die dämmerigen Klostergänge. Endlich steht er vor der schweren, kunstvoll beschlagenen Tür der Abtswohnung. Hart pocht er mit den Fingerknöcheln auf das Eichenholz in einem fast ungeduldigen Wirbel. Hat der Abt geantwortet? Die schlurfenden Schritte eines Bruders hindern ihn daran, den Ruf des Abtes zu hören. Muß dieser Bruder German gerade jetzt vorbeikommen? Er atmet tief durch, hebt die Schultern und öffnet nach kurzem Zuwarten die Tür.

In schweren Eichenstühlen sitzen zwei Männer und sehen ihn überrascht an, Abt Urold und der blonde Fremde aus dem Wald. Abt Urold schiebt die Unterlippe vor und runzelt die breite Stirn. Er ist nun ganz der adelige Graf zu Daun, als er mit einiger Herablassung sagt: »Bruder Berno? Ihr verwundert mich sehr. Ich hatte auf Euer Klopfen nicht geantwortet.« Der Mönch errötet. Er spürt, daß der blonde Fremde ihn neugierig betrachtet. »Verzeiht, Vater Abt!«, gibt er halblaut zurück mit einer Stimme, in der sich Unwillen und Verlegenheit mischen. »Ich meinte, Euren Ruf gehört zu haben.« Mit einer Verneigung will er den Raum verlassen. Der Fremde hebt die blasse, beringte Rechte. »Habe ich Euch nicht im Wald getroffen, Herr Berno? Wo kamet Ihr mit Euren Begleitern her?« Hat dieser Fremde seine Begleiter bemerkt? Was geht es ihn an, wo er war? Verwirrt und fragend blickt der Mönch auf seinen Abt. Urold macht eine auffordernde Geste. »Wir kamen in einem Gewaltritt von einem Hof bei Reginbach. Meine Eltern und Geschwister aus Lotharingien fanden dort Asyl, nachdem unsere Burg bei einem Konflikt zwischen den Herrn von Metz und Nancy dem Erdboden gleichgemacht worden ist.« Widerwillig hat der Mönch die Auskunft gegeben. Was geht das den Fremden an? »Eure Angehörigen haben alle Habe verloren?« fragt der vornehme Mann zu

allem Überfluß. Mit schlecht verborgenem Grimm antwortet Berno: »Mitten im tiefsten Frieden wurden sie zu mittellosen Flüchtlingen, weil zwei reiche Herrn miteinander Krieg gespielt haben.« Ein zorniger Blick aus den dunklen Augen des Mönchs trifft den Fremden, als sei er der Schuldige. Die Bitterkeit der Worte war unüberhörbar. Jetzt greift der Abt ein. »Darf Bruder Berno das Nähere später berichten?« fragt er behutsam. Nachdenklich sieht der Fremde den Mönch an. »Unter der Bedingung, daß ich alles darüber erfahre, Herr Urold.« Der Abt deutet eine Verbeugung an und meint unterwürfig: »Gewiß, Herr König!« Wortlos zieht sich der Mönch Berno, Magister der Abtei zu Prüm, aus dem Abtsgemach zurück. Nun weiß er, warum ihm das Antlitz des Mannes bekannt vorkam. Er hat König Heinrich zuletzt im Dom zu Aachen gesehen.
In der Klosterschule zu Prüm sind die Scholaren um ihren Magister Berno versammelt. Er will an diesem Tag vor Palmsonntag mit ihnen über die Wankelmütigkeit des Menschen sprechen. »Wir wundern uns über die Juden, die unseren Herrn Jesus Christus mit Palmzweigen und Hosanna-Rufen als ihren König begrüßen und ein paar Tage später von Pontius Pilatus fordern: ›Kreuzige ihn!‹ Wie oft ist dies seither schon geschehen! Denken wir, wie es in der Geheimen Offenbarung in dem Brief an die Gemeinde zu Ephesus, also in der Urkirche heißt: ›Das aber habe ich gegen dich, daß du deine erste Liebe verlassen hast.‹«
Die Türe hat sich geöffnet. Der Magister schaut von seiner Schreibtafel auf. Die Scholaren wenden sich um und erheben sich von ihren Sitzen. Abt Urold und König Heinrich sind eingetreten. »Euer Magister entläßt euch in Gnaden«, sagt der Abt und weist zur Türe. Das lassen sich die Scholaren kein zweites Mal sagen. Mit einem verstohlenen Blick auf ihren

schweigenden Lehrer eilen sie davon. Draußen klingen Lachen und Rufen auf. Der Mönch steht da, als wäre er selbst ein gescholtener Schüler. Seine Miene ist düster und abweisend. Der König lacht. »Vater Abt, Ihr müßt Eurem Sohn eine Erklärung für unseren Überfall geben. Er ist nämlich keineswegs damit einverstanden.« »Euer Wunsch wird ihm Erklärung genug sein, Herr Heinrich. Bruder Berno, Ihr sollt für unseren Herrn König einige Übersetzungen anfertigen und damit sofort beginnen, so weit Euch die Liturgie der Heiligen Woche dafür Zeit läßt. Der Unterricht darf vorerst entfallen.« Berno verneigt sich schweigend. Seine Miene hat sich nicht aufgehellt. Der König schaut mit heiterem Antlitz zu ihm auf. »Die Themen werden Euch gewiß interessieren, Herr Berno. Es sind lateinische Texte, die von der Augia dives handeln. Gebt ihm die Schriften, Vater Abt!« Gehorsam nimmt Berno die Pergamente entgegen. »Augia dives?« wiederholt er fragend. »Meint Ihr die Reichenau, Herr König?« »Ganz recht, Herr Berno, die Reichenau«, antwortet der Herrscher. Mit Abneigung betrachtet der Mönch die Schriften. »Lohnt sich da eine Übersetzung? Man nennt sie Augia deserta – das verwüstete Eiland.« Abt Urold will zornig aufbegehren. Eine Handbewegung des Königs gebietet ihm Einhalt. »Es mag sein, daß der Name Augia deserta zur Zeit auf die Abtei zutrifft, Herr Berno. Als wir eintraten, zitiertet Ihr aus der Geheimen Offenbarung. Ich möchte das nun auch tun, und zwar in bezug auf die Augia, die ihre erste Liebe verloren hat. In dem nämlichen Brief heißt es: ›Bekehre dich und tue die früheren Werke!‹ Sollen wir der Abtei nicht diese Möglichkeit einräumen, mein Freund?« Auf diese Worte des Königs findet der Mönch keine Antwort. Was hat die Reichenau mit ihm zu tun?

Als ihn seine seltsamen Gäste verlassen haben, beginnt er mit innerem Widerwillen die aufgetragene Arbeit. Zunächst greift er nach der Handschrift eines gewissen Ermenrich aus dem Kloster Ellwangen. Dieser Mönch singt ein Loblied auf die Reichenau. »Vor ein paar hundert Jahren mag es gestimmt haben, was er da schreibt. Heute klingt es wie eitel Hohn: ›Vor andern gesegnet, reich an Schätzen des Wissens und am heiligen Sinn der Bewohner. Weithin erschallet dein Ruhm.‹ Müßte es heute nicht heißen: ›Des Segens beraubet, arm an Wissen und an heiligem Sinn der Bewohner. Weithin erschallet das Lied deiner Schmach.‹« Finster starrt er auf das alte, kunstvoll verzierte Pergament. Dann blättert er in dem Büchlein, das ein Reichenauer Abt, Walahfried Strabo, in lateinischer Sprache über den Gartenbau verfaßt hat. Mißmutig liest er die Lobpreisungen über Kürbis, Kerbel, Mohn, Minze, Salbei und andere Gartenkräuter und ihre vielfache Verwendbarkeit. Hat er nichts Wichtigeres zu tun? Er zwingt sich zu dieser Arbeit, denn er weiß sich gerade jetzt in der Dankesschuld des Königs und der Abtei. Wolfram und die Knechte konnten schwerbeladene Packpferde zu den Eltern und Geschwistern nach Reginbach führen. Herr Heinrich und Herr Urold hatten keineswegs geknausert, als sie von der Not der Heimatlosen erfahren haben.

Berno übersetzt Zeile um Zeile, ohne das Gefühl zu verlieren, daß er mit diesem Tun eigentlich seine Zeit vergeude. Er atmet insgeheim erleichtert auf, als ihn die Glocke zur Vesper ruft.

Nach dem feierlichen Gottesdienst des Palmsonntags begleitet der Abt seinen hohen Gast auf dessen Wunsch in den Garten der Abtei. Die Sonne hat die Nebel des frühen Morgens vertrieben. Ein blaßblauer Himmel spannt sich über die Eifelberge. In den großen Wäldern tragen die Buchen und die Birken helles Blattgrün. Aus dem Wiesengras leuchten gelbe

Schlüsselblumen. Allenthalben zwitschern und singen die Vögel.
König Heinrich II. atmet in tiefen Zügen die reine Luft ein. »Eure Eifel ist ein herbes und zugleich schönes Land, Herr Urold«, sagt er. Urold hat Mühe, mit ihm Schritt zu halten. Er ringt insgeheim nach Atem. »Gewiß, königlicher Herr, unsere Eifel ist schön, aber über weite Teile ist sie ein armes Land mit kargem Boden, von dem sich kaum ein Ertrag erzielen läßt.« Mit raschem Seitenblick streift der König die stattliche Gestalt im Habit. »Dank Eurer Mühe und Eurer klugen Verwaltung ist die Reichsabtei zu Prüm nicht eben arm zu nennen.« »Und auch dank der Großzügigkeit und Wohlgeneigtheit unseres allergnädigsten Herrn Königs«, meint der Abt mit einer angedeuteten Verneigung. »Ihr schmeichelt mir, Vater Abt. Das wird Euch nichts nützen. Ihr müßt von einem Eurer fähigsten Söhne Abschied nehmen.« Der Abt bleibt betroffen stehen und sieht den König mit weitaufgerissenen Augen an. »Es ist Euch wirklich ernst?« stammelt er. »Ihr wollt ihn ...« Ungerührt ob seiner Betroffenheit unterbricht ihn der König: »Herr Abt, in einer solch ernsten Sache scherze ich nicht!« Abt Urold spreizt hilflos seine breiten Hände und wagt einen letzten Einwand: »Gnädiger Herr und König, ich möchte dennoch nicht versäumen, Euch ein letztes Mal darauf hinzuweisen, daß der von Euch Erwählte denkbar ungeeignet für dieses hohe Amt ist, weil er sich nie für die Verwaltung, für Viehzucht, Feldbestellung und Gartenbau interessiert hat. Er ist ein frommer Mönch, ein ausgezeichneter Magister, ein tüchtiger Gelehrter, der in seiner wissenschaftlichen Arbeit aufgeht, gehorsam und abhängig und dabei von lebhafter Art und mit einem starken Willen ausgezeichnet.«
Gelassen läßt der König die hastig hervorgestoßenen Worte

des Abtes über sich ergehen. »Eigentlich singt Ihr Lobeshymnen auf den von mir Erwählten, Vater Abt. Er ist also ein vorbildlicher Sohn des heiligen Benediktus.« Abt Urold hält sich aufseufzend die Ohren zu. »Genug, genug, Herr König! Dabei wollte ich alles tun, um Euch von ihm abzubringen.« König Heinrich lacht und beobachtet einen Raubvogel, der vor einer lichten Wolke schwebt und plötzlich herabstößt. »Ihr habt genau das Gegenteil erreicht, Vater Abt. Jetzt bin ich mir meiner Sache sicherer als zuvor. Nach den Wochen in Eurer klösterlichen Gemeinschaft, in denen ich Eure Mönche gewissenhaft beobachtet und alle Eure Vorschläge überprüft habe, weiß ich, daß er es ist. Nur bei ihm vernahm ich die innere Stimme: ›Dieser ist es!‹ Die Lage auf der Augia ist verzweifelt. Die arme, verwüstete Abtei steht kurz vor ihrem endgültigen Ruin. Sie soll und muß gerettet werden für das Reich und für die Kirche.« Gegen die feste Entschlossenheit des Königs ist weiterer Widerstand sinnlos. Abt Urold gibt sich geschlagen. Einen letzten Gedanken muß er aussprechen, auch wenn dieses Argument den Herrscher nicht beeindruckt. »Ihr wisset um den Adelsstolz der Reichenauer, mein König? Der von Euch Erwählte ist von niederem Adel ...« Tröstend legt ihm der König die Hand auf den Arm. »Jetzt habt Ihr Euch mit Euren eigenen Worten geschlagen. Wenn dieser Mönch gar nicht so wertvoll für Euch ist, weil er von niederem Adel stammt, so lasset ihn in Frieden ziehen. In den nächsten Tagen werde ich ihm selbst die Freudenkunde bringen. Ihr denket inzwischen darüber nach, wen Ihr ihm zugesellen wollt. In Eurer Großmut werdet Ihr die Reisenden mit all dem versehen wollen, was auf der Reichenau fehlt. Eurem Wohltun sind dabei keine Grenzen gezogen. Gehabt Euch wohl, mein Freund!« König Heinrich eilt davon. Langsam folgt ihm Abt Urold durch das Frühlingsgrün. Er hat keinen

Blick dafür. Er schüttelt sorgenschwer das Haupt, hebt die breiten Schultern und läßt sie hilflos sinken. Er ist machtlos. Gegen König Heinrich kann ihm niemand zur Hilfe kommen, nicht einmal der Papst in Rom.

»Herr Berno!« Der Mönch wendet sich um und sieht in das klare, offene Antlitz des jungen Mönchs Rutbert. »Was kann ich für Euch tun, Bruder?« fragt er freundlich seinen ehemaligen Scholaren, der von Gorze mit ihm nach Prüm gekommen ist. »Denkt nur, ich bin durch den Ausfall von zwei jungen Mönchen zu denen gezählt worden, denen unser Vater Abt heute abend die Füße wäscht.« »Bedrückt Euch das? Denkt an den tieferen Sinn dieser erhabenen Zeremonie in der Liturgie des Gründonnerstag. ›Wer unter Euch der Erste sein will, der sei der Diener aller!‹«
Nach der langen Feier in der großen, kalten Salvatorkirche freuen sich die Mönche auf die Agape. Das hört man aus dem kräftigen Chor, der das besondere Liebesmahl einleitet: »Ubi caritas et amor, Christus ibi est...« Kerzen beleuchten das Refektor, auf dessen Tischen weißes Brot, geräucherter Fisch, Eier, kleine dunkle Kuchen, Wein und Bier die Mönchsgemeinde erwarten. Beim Mahl am Gründonnerstagabend gibt es keine feste Sitzordnung, und das Gebot des klösterlichen Schweigens wird von Abt Urold aufgehoben. Vor dem Ernst des Karfreitags sollen sich die Mönche freudig bewußt werden, daß Ostern bevorsteht. König Heinrich weilt unter ihnen. Ist es Zufall, daß er bei den jüngeren Mönchen Platz nimmt? Berno füllt seinen Becher mit herbem, gutem Wein und reicht ihm die Speisen an. Heinrich bricht das Brot und meint wie beiläufig: »Darf ich Euch etwas fragen, Herr Berno?« Höflich beugt der Mönch sich vor, während das Gespräch um ihn herum verstummt. Die Mitbrüder sind offen-

bar neugierig, was der König fragen will. »Ich habe gesehen, mit welcher Ehrfurcht Ihr dem alten Mann geholfen habt, der mit Euch gekommen ist. Darf ich erfahren, um wen es sich gehandelt hat?« Wenn der Mönch die Frage des Königs ungewöhnlich und befremdend findet, läßt er es sich nicht anmerken. Er antwortet ruhig: »Der alte Mann ist der Stallmeister Wolfram. Er hat mir in früher Jugend das Reiten beigebracht und war mir ein treuer Freund daheim in Lotharingien.« Bedächtig ißt und trinkt der König, ehe er sagt: »Und nun vergeltet Ihr seine Treue durch Eure Zuneigung.« Mit Berno überlegen die anderen Zuhörer, was der König mit diesem Gespräch beabsichtigt hat. »Paßt auf«, zischelt der Magister Ludger ihm zu. »Bruder Berno, der König sucht einen Hofkaplan. Er bemüht sich offensichtlich um Euch.« Hat Berno seine Worte und sein höhnisches Lachen nicht gehört? Sein Gesicht bleibt unbewegt. Später kniet er allein im dunklen Kirchenraum und kehrt erst gegen Morgen in seine Zelle zurück.

Am Karfreitag ist er unausgeschlafen, und die Arbeit wird ihm schwer. Gerade darum nimmt er sich mit verbissenem Eifer die Texte vor, die Abt Urold ihm aus dem Bestand der Reichenauer Schriften gegeben hat. »De cultura hortorum ...« Dieser Text des Walahfried Strabo über Gartenkräuter und ihre Anwendung in kranken und gesunden Tagen ist eine harte Arbeit für ihn. Das klare Latein des Abtes macht ihm keine Mühe, aber der Inhalt des Büchleins langweilt ihn und bereitet ihm so eine echte Karfreitagsbuße. Ein paarmal möchte er der Versuchung nachgeben und die Schrift zur Seite legen. Österliche Verse wollen sich in seinem Geiste formen, und er möchte eine Melodie dazu verfassen. Mit einem tiefen Seufzer wendet er sich der Übersetzung wieder zu. »Und nicht allein die Lektüre, die aus den Büchern der

Alten schöpft, vielmehr Arbeit und echte Neigung, die ich der trägen Muße bei Tag und Nacht vorgezogen habe, lehrten mich dies durch eigene Erfahrung ...« schreibt er murmelnd nieder. »Besprecht Ihr stets mit Euch selbst, was Ihr niederschreibt?« hört er eine wohlbekannte Stimme mit ironischem Unterton sagen. Der König! Unwillkürlich denkt Berno an die Bemerkung des Ludger bei der Feier der Agape. Sollte es wahr sein, daß der Herrscher in ihm einen neuen Hofkaplan sucht? Mit Röte im Antlitz und spürbarer Abwehr erhebt sich der Magister. Groß und dunkel und finster blickend, steht er vor dem hellen, buntgewandeten König. »Setzt Euch wieder, Herr Berno, und schenkt mir etwas von Eurer kostbaren Zeit.« Befremdet gehorcht der Mönch. »Wie kommt Ihr mit den Reichenauer Texten voran?« Hastig wehrt Berno ab. »Diese Arbeit liegt mir nicht. Ich werde den Vater Abt bitten, sie einem anderen Mönch zu übertragen, der etwas vom Gartenbau versteht.« König Heinrich stützt sein Kinn in die schmale Rechte und blickt den Mönch schweigend und prüfend an. »So, so, diese Arbeit liegt Euch nicht? Das ist schade, sehr schade, Herr Berno. Sie ist nämlich sehr wichtig für Euch.« Berno macht sich keine Mühe, seine Verständnislosigkeit zu verbergen. Wieso soll dieser Text über den Gartenbau auf der Reichenau für ihn von Bedeutung sein? Da hat er kompliziertere Übersetzungen aus dem Lateinischen und Griechischen verfaßt. Zusammenhanglos fügt Herr Heinrich hinzu: »Wir haben zwar heute Karfreitag und wollen in Stille an das Leiden des Herrn Jesus Christus denken, aber Ihr werdet es mir gewiß nicht abschlagen, wenn ich Euch bitte, mit mir in den Garten zu gehen?« Unsicher und verwirrt folgt der Magister dem voranschreitenden König. Hat Ludger am Ende doch recht? Sucht Herr Heinrich einen neuen Hofkaplan? »Der Herr bewahre mich davor!« sagt er flüsternd. Hat der König

es gehört? Berno kann nicht sehen, daß ein verstehendes Lächeln über dessen Antlitz huscht.
Langsam gehen die beiden ungleichen Männer durch den Garten. Die Vögel zwitschern zwischen dem hellen Blattgrün der Büsche und Bäume. Das Gelb der Schlüsselblumen und Osterglocken leuchtet warm in der Sonne. Berno sieht in den Frühlingshimmel. Leichte, weiße Wolken ziehen eilig südwärts. Er geht ganz aufrecht neben dem um Haupteslänge kleineren König her. Will er den Schlag, den er befürchtet, tapfer empfangen? In jäh aufwallendem Mitleid denkt der Herrscher: »Ritter Berno, Ihr braucht wahrlich ein tapferes Herz.« Dann weist er auf die Wolken. »Sie ziehen nach Süden, Bruder, ganz rasch nach Süden. So eilfertig und bereit sollte ein Sohn des heiligen Benedikt gehorsamen, wenn er zu einer neuen Aufgabe gerufen wird.« Der Mönch ist bei diesen Worten zusammengezuckt. Soll er wirklich Hofkaplan werden? Alles – nur das nicht! »Nein, dazu bin ich nicht geeignet«, entfährt es ihm unwillkürlich. »Habe ich Euch eine Tätigkeit genannt, mein Freund? Oder gibt es gar ein Amt, das Ihr anstrebt?« Bewußt legt Herr Heinrich diese Mißdeutung in seine Frage. Er erzielt auch die gewünschte Wirkung. »Ich soll ein Amt anstreben?« fährt Berno zornig auf. »Ich fühle mich als Magister zu Prüm durchaus wohl.« Insgeheim belustigt sieht der König, daß der Mönch sogar die Fäuste ballt. »Wahrlich – Ihr seid kein Höfling«, stellt er fest. »Gott sei Dank! Ich möchte nie einer werden«, erwidert Berno schroff. »Eure Ablehnung ist zwar ehrlich, aber nicht gerade schmeichelhaft für Euren König. Nun beruhigt Euch! Ich werde keinen Höfling aus Euch machen. Ihr könnt und müßt mehr für das Reich und für die Kirche tun. Ihr dürft Euch nicht länger damit begnügen, in Prüm Scholaren zu unterweisen, Texte zu übersetzen und Hymnen und Sequenzen zu

verfassen. Ihr sehet zu den Wolken auf, die südwärts ziehen. Laßt Euch dies zum Zeichen werden und ziehet ihnen nach!« Verwirrt und erstaunt sieht der Mönch ihn an. Dann glimmt in seinen Augen Verstehen auf, das gepaart ist mit ungläubigem Entsetzen. »Südwärts?« Schwerfällig formt Berno dieses eine Wort, als seien seine Lippen gelähmt. In ihm ist ein unheilvolles Ahnen erwacht, das Gewißheit werden will. Südwärts? Liegt nicht irgendwo im Südosten von Prüm die Unglücksinsel, die Reichenau, mit deren Texten er sich aus unerfindlichen Gründen beschäftigen muß? Abwehrend hebt er seine Hände. »Beginnt Ihr zu begreifen, was ich von Euch will, Herr Berno, und warum die Texte von der Reichenau wichtig für Euch waren?« Der Mönch gibt keine Antwort. Sein Atem geht rascher. Seine Hände krampfen sich ineinander. »Ich will Euch meinen Plan erläutern. Ihr werdet der Abt des Klosters auf der Reichenau und führt sie aus ihrem Elend.« Der Mönch erblaßt. Mit schreckensweit geöffneten Augen starrt er den König an und stammelt: »Ich? Abt? Nein, Herr König, nein!« »Beruhigt Euch zunächst einmal, mein Freund!« Verzweifelt schüttelt Berno den Kopf. Die beiden Männer stehen sich auf dem breiten Gartenweg gegenüber. »Ihr habt Euch in der Person geirrt, königlicher Herr. Bruder Meinrad, Bruder Gottfried, Bruder Fulko – sie alle wären geeigneter als ich. Ich kann Euch noch mehr Namen nennen. Ich? Das kann und darf nicht wahr sein! Ich bin ein Magister, ein Bücherwurm. Ich verstehe etwas von Latein und Griechisch, von Algebra, Astronomie und vor allem von Musik. Wie soll ein Mönch, der so wenig Ahnung von Verwaltung und Wirtschaft hat, in einer heruntergekommenen Abtei segensreich wirken? Sagt bitte, daß Ihr Euch geirrt habt!« Ruhig hat der König dem Redefluß gelauscht. Aber auch das flehentliche Bitten scheint seinen Sinn nicht zu ändern. »Vertraut auf den Geist Gottes, in dem Ihr alles vermögt, Herr Berno! Ich weiß, warum ich Euch die Abtei anvertraue. Sie liegt mir wahrlich sehr am Herzen. Es ist nicht meine Pflicht, Euch die Gründe zu nennen, warum meine Wahl auf Euch gefallen ist. Indes habt Ihr die Pflicht, meinem Wunsch zu entsprechen.« Trotz der entschiedenen Worte des Königs wagt Berno einen letzten Einwand: »Der gestrenge Abt Immo ist dort gescheitert. Wie soll ich, ein junger, bedeutungsloser Magister, bei den Mönchen auf der Augia zurechtkommen?« Nun ist Herr Heinrich der Sache müde. »Ihr geht als Abt zur Augia!« sagt er nachdrücklich. »Ihr rettet dieses Kleinod am Bodensee für das Reich und für die Kirche. Heute am Karfreitag habt Ihr Zeit und Gelegenheit, dem Herrn am Kreuz dieses Opfer zu Füßen zu legen.« Stumm sieht Berno dem Davonschreitenden nach. Er weiß, daß er zur Augia gehen wird und gehen muß, aber er hat sich keineswegs damit abgefunden.

»Warum habt Ihr Herrn Heinrich nicht widersprochen, Vater Abt, als seine Wahl auf mich gefallen ist?« fragt er wenig später Abt Urold; und seine Stimme zeugt nicht gerade von Demut und Ergebenheit. »Ihr solltet Herrn Heinrich gut genug kennen, um zu wissen, daß er einsame Entschlüsse faßt, Bruder Berno. Meine Einwände wurden beiseite geschoben«, meint der Abt achselzuckend. »Ihr haltet mich also auch für ungeeignet?« sagt der Mönch rasch und mit Genugtuung. Der Reichsprälat zögert. »Ungeeignet? Das will ich nicht sagen, Bruder, aber es gibt andere Mönche bei uns, die sich bereits in der Verwaltung bewährt haben. Meine Vorschläge fruchteten nichts. Ich befürchte, daß Ihr Euch fügen müßt, Herr Berno.« Traurig wendet der Mönch sich ab. »Und ich hoffte, Ihr würdet mir beistehen.«

Mit finsterem Antlitz wohnt er der Karfreitagsliturgie bei.

Am Karsamstag wandert er allein und ruhelos durch die Eifelwälder, mit dem ihm unbegreiflichen Schicksal hadernd. Am liebsten würde er die Schriften der Augia zerreißen. Krächzen die Raben, die über dem Kloster kreisen, nicht mißtönend und höhnisch: »Augia deserta, Augia deserta?«
Das Alleluja am Ostermorgen löst nicht den gleichen jubelnden Widerhall wie sonst in seiner Seele aus. Er bleibt in sich gekehrt und verschlossen, als ihm die Brüder nach altem Brauch ein gesegnetes und frohes Fest der Auferstehung des Herrn wünschen. Seine Antwort ist wie eine leere Floskel. Seine Gedanken sind weit fort. Sie kreisen unablässig um die Augia. König Heinrich sieht ihn prüfend an. »Ihr habt noch immer zu kämpfen, mein Freund?« »Wundert Euch das?« fragt er unhöflich. Herr Heinrich lächelt nur und überreicht ihm einen Lederbeutel. »Nehmt das zum Trost und als Zeichen der Verpflichtung.« Er schiebt den Beutel in die Tasche seiner Kutte, ohne ihn zu öffnen und ohne dem König zu danken.
Beim Mittagsmahl verkündet Abt Urold der Mönchsgemeinde den Beschluß des Königs. »Unser lieber Mitbruder Berno ward von Herrn Heinrich zum Abt der Augia berufen. Er wird uns recht bald verlassen, um seine neue Aufgabe wahrzunehmen. Ab sofort genießt er alle Privilegien, die einem designierten Abt zukommen.« Wegen des außergewöhnlichen Anlasses hebt der Abt das strenge Stillschweigen bei Tisch auf. Sogleich entsteht ein lebhaftes Stimmengewirr rund um den Erwählten, der wie betäubt auf seinem Platz sitzt. »Welche Ehre, Bruder Berno!« ruft Magister Ludger. »Das ist allerdings mehr als Hofkaplan.« Der junge Rutbert eilt herbei; freudig erregt beglückwünscht er seinen ehemaligen Lehrer. »Wie gerne würde ich mit Euch ziehen!« »Vielleicht wird sich dieser Wunsch erfüllen, Bruder Rutbert. Unser neuer

Abt geht bestimmt nicht allein zur Augia...« »Zur Augia deserta«, verbessert Berno. Inmitten der Mönchsgemeinde kommt er sich allein und verlassen vor. Keiner kann empfinden, was er an Furcht, an Abscheu und an Hilflosigkeit fühlt, wenn er an die Augia denkt.

Er überläßt dem Abt die Auswahl der Paramente, Altargeräte und Schriften für die Augia. Er bittet ihn nur, ihm den jungen Rutbert als Begleiter mitzugeben. »Er wird mich gern begleiten und mir in die Verbannung folgen.« Abt Urold sieht nicht erfreut aus. »Ihr redet von Verbannung, Herr Berno, und das bei einer solch ehrenvollen Ernennung?« Da lacht der Mönch ein hartes, unmelodisches Lachen. »Jawohl, es ist eine Verbannung, wenn ein Mönch aus der Reichsabtei zu Prüm zur Augia deserta gehen muß. Ihr seht es auch nicht anders.« Urold widerspricht ihm nicht und entläßt ihn in die Eifelwälder, die er tagelang durchstreift. Aus seinem anfänglichen inneren Verstummen ist längst ein Ringen im Gebet geworden, seit er den Lederbeutel des Königs geöffnet hat. Das goldene Brustkreuz und der goldene Ring mit dem blutroten Stein, kostbare Kleinodien und Zeichen der Würde, sind für ihn die Zeichen des Unausweichlichen, das auf ihn zukommt. Fortan trägt er den Lederbeutel unter der Kutte auf der Brust. Bei jedem Schritt spürt er das Pochen des kleinen Beutels wie eine Erinnerung an seine Bürde. In langen Nächten fleht er um Ergebung in Gottes Willen und um die Kraft, der Aufgabe gerecht zu werden, die sein natürliches Vermögen so weit übersteigt. Sein Antlitz wirkt verschlossen und abweisend. »Ist er jetzt schon so hochmütig, daß er nicht mit uns sprechen will?« argwöhnt der Magister Ludger, den der Abt zum zweiten Begleiter für Berno bestimmt hat.

Dabei fühlt sich der Erwählte allein mit einer Not, die niemand mit ihm teilen kann. »Ob das immer so sein wird? Ist das der Preis, den man für ein solches Amt zu zahlen hat?« grübelt er, als ihn sein Pferd nordostwärts durch die Eifelwälder trägt. Er will von seinen Eltern und seinen Geschwistern Abschied nehmen. Er gönnt dem klaren Wildwasser neben seinem Pfad und dem Gold des Ginsters zwischen den Felsen kaum einen Blick. Mit dem nüchternen Verstand des Gelehrten überprüft er seine Lage. »Ich leide unter meiner Einsamkeit. Habe ich mich zuvor meinerseits um die Brüder bemüht über das rein Pflichtmäßige hinaus? Während ich mit den Brüdern sprach, weilten meine Gedanken oft ungeduldig bei der nächsten Textstelle, bei einem neuen Hymnus oder bei Versen. Ihre Ausführungen über alltägliche Vorgänge und Sorgen waren mir nicht selten lästig. Sie störten mich bei der Arbeit, hemmten meinen Gedankenflug oder ließen mich eine Melodie vergessen. Ich lebte mit ihnen in Fleury, in Gorze und in Prüm, aber ich weilte eigentlich nur bei ihnen. War ich nicht oft nur mit den Büchern und Schriften in Communio?« Ein Bedauern überkommt ihn, weil er so Jahre der Gemeinsamkeit vergeudet hat, obwohl er die Ordensregel treu befolgte. »Ob der Herr mich darum all dem entreißt, was mir lieb und teuer ist? Ob er mir deshalb meine Arbeit nimmt? Wenn das so ist, will ich ihm versprechen, daß ich nicht mehr zu Buch und Feder greifen will, bis ich mit meinen Brüdern in Communio bin... mit meinen Brüdern auf der Reichenau.«

Als er in seinen Gedanken bis zu diesem Punkt gekommen ist, möchte er vor dem großen Wagnis eines solchen Versprechens zurückscheuen. Aber am nächsten Wegkreuz, einer verwitterten Darstellung des Herrn in heimatlichem Buntsandstein, schwingt er sich aus dem Sattel, kniet auf dem steinigen Pfad nieder und legt aus ehrlichem Herzen sein Versprechen ab. Unwillkürlich breitet er dabei die Hände aus wie der Priester beim heiligen Meßopfer. Lange verweilt er so. Ruhiger geworden, reitet er weiter.

In einer Lehmhütte fragt er um einen Becher Wasser. »Ich bin doch auf dem rechten Weg nach Reginbach?« erkundigt er sich bei der alten Frau. Sie grinst hexenhaft mit ihrem zahnlosen Mund und kichert vor sich hin. »Ja, seid auf dem rechten Weg, Herr. Auf dem rechten Weg. Werdet noch ein großer Herr, ein berühmter Herr.« Das Geschwätz stößt ihn ab. Er sucht nach einer Münze. Die Alte kichert erneut und krächzt: »Haha, wollt es nicht hören, Herrchen? Wollt's nicht, aber es geschieht. Werdet ein großer Herr am großen See.« Mit der klauenartigen Hand greift sie nach ihm und schüttelt sich vor heiserem Gelächter. »Großer Herr am großen See!« Da verspürt er ein Grausen. Der Becher entfällt seiner Hand. Hastig steigt er auf das Pferd und treibt es an. Noch im Davonreiten hört er das irre Gekicher der Alten. Nach einer Weile zügelt er sein Pferd. Er ärgert sich über seine Flucht vor dem törichten Gerede eines alten Weibes. Doch woher wußte die Alte, daß er zu einem großen See reisen wird? Als müsse er etwas Ungutes und Unheimliches abschütteln, dehnt und reckt er sich im Sattel. »Großer Herr am großen See!« Unsinn! Das leichte Pochen des Lederbeutels erinnert ihn daran, daß zumindest die Bürde, die ihn am großen See erwartet, harte Wirklichkeit und nicht nur leeres Gerede ist.

In dem kleinen Gehöft unweit Reginbach weilt Berno als wortkarger Gast bei seinen Eltern und Geschwistern. Aufmerksam hört er ihnen zu, wenn sie die Erinnerung an die verlorene Heimat aufleben lassen. Seine Rechte spielt mit dem Becher. Seine Linke umfaßt den kleinen Lederbeutel unter dem Stoff der Kutte. Nach einiger Zeit wundern sich die Eltern und die Geschwister über seine Schweigsamkeit. Sie sehen einander fragend an. »Was ist mit Berno los?« Gunt-

ram, sein Vater, fragt schließlich offen: »Welcher Anlaß führte dich nun wirklich zu uns, Berno? Du kamest nicht nur hierher, um uns Grüße deines Abtes zu bestellen?« Berno hebt den Kopf und sieht die Seinen an. »Ihr irret Euch nicht, Herr Vater. Mein Kommen hat einen wichtigen Grund«, gesteht er ein. »Ich muß in Kürze eine weite Reise antreten, die es fraglich macht, ob ich Euch und dieses Land je wiedersehen werde.« Neugierig forscht Walburg, die ältere Schwester: »Geht deine Reise nach Rom? Als Junge hast du immer davon gesprochen, daß du einmal am Grab des heiligen Petrus beten wolltest.« Die Erinnerung an seinen Kindertraum ruft ein flüchtiges Lächeln hervor. »Nein, liebe Walburg. Meine Reise verläuft anders. Sie führt mich in die Wüste.« Erschrocken ruft seine Mutter, Frau Richlind: »Pilgerst du in das Heilige Land?« Er blickt in ihr verhärmtes Antlitz. »Nein, Frau Mutter. Das wäre ein schönes Ziel. Meine Wüste ist ganz anderer Art.« Gebannt lauschen alle, als er von dem Auftrag König Heinrichs berichtet. Von dem eigenen Widerstreben spricht er kaum. Die Begegnung mit der Alten im Eifeldorf und ihre Voraussage verschweigt er. »Großer Herr am großen See«. Einfach lächerlich!
Auf den Wunsch der Verwandten zeigt er ihnen den Ring und das Kreuz. Zu ihren bewundernden Ausrufen schweigt er. Herr Guntram, der landlose Freie aus Lotharingien, hat zu dem ganzen Bericht seines Sohnes geschwiegen. Frau Richlind kredenzt zur Feier des Tages Wein, den sie aus der Heimat mitgenommen hat. Der Hausherr nimmt ihn in nachdenklichem Schweigen zu sich. »Gehst du mit mir noch ein wenig nach draußen?« fordert Guntram seinen Sohn auf, als sich die anderen zur Ruhe begeben. Dunkel und sternlos bedeckt Nacht das Voreifelland. Vater und Sohn stehen schweigend nebeneinander im Dunkel. Lauschen sie in die

Stille hinaus? Wandern ihre Gedanken zum verlorenen Heimatland, zur fernen Augia oder viel weiter?
Endlich bricht Guntram das Schweigen. Seine Stimme klingt bewegt. Im Dunkel hat er nach der Schulter des Sohnes getastet, und er läßt seine Hand darauf ruhen.
»Berno, mein Sohn, seit wir Haus und Hof und Heimat verloren haben, lernte ich manches anders sehen und bewerten. Es wurde mir bewußt, daß alle Menschen, denen ein Gut anvertraut wird, Diener und Verwalter auf Zeit sind und das in Gottes Auftrag. Von mir hat Er die Erde in Lotharingien zurückgefordert. Auch die Augia wird dir nur auf Zeit von Ihm geliehen. Verwalte sie darum nur für Ihn, dann wird es dir gelingen, sie wieder zur Heimstatt Gottes zu machen!« Noch einmal legt Guntram seine Hand mit festem Druck auf die Schulter des Sohnes. Dann geht er davon. Der Mönch bleibt vor der Tür. Er wartet auf jemanden, und er wartet nicht vergeblich. Er erkennt die etwas mühsamen Schritte, die sich ihm nahen. Der alte Wolfram will auf seine Weise von ihm Abschied nehmen. Wieder schweigen zwei Männer lange Zeit in der Stille des Voreifellandes.
Dann bittet der alte Stallmeister mit seiner müden Stimme, aus der seine Güte und Zuneigung klingen: »Darf ich Euch ein letztes Mal so nennen, wie ich Euch immer nannte, als Ihr ein kleiner Bub waret? Bern... Wißt Ihr, was ich Euch damals sagte, als Euch das Reiten nicht leicht wurde?« »Ich habe es nicht vergessen, guter Wolfram. Wenn ich stürzte, und das kam oft vor, sagtest du: ›Mach dir nichts daraus, Bern! Hinfallen ist nicht schlimm. Man darf nur nie liegenbleiben. Hörst du! Du mußt immer wieder aufstehen.‹ Das habe ich auch trotz blauer Flecken und schmerzender Muskeln sofort getan.« Der alte Stallmeister räuspert sich. »Es steht mir nicht zu, Euch einen Rat zu geben, Bern. Ich bin nur ein einfacher

Mann. Aber ich möchte es dennoch tun. Euer Vater ließ mich eben wissen, daß Ihr einen schweren und gefährlichen Ritt wagen müßt . . . in eine gefährliche Wüste. Was soll ich Euch da anderes sagen, als meinen alten Rat zu wiederholen: Einfach immer wieder aufstehen!«

DER VATER DER ARMEN

Die Abreise des designierten Abtes Berno, seiner Begleiter Ludger und Rutbert und der vier Knechte steht unmittelbar bevor. Die Reisebündel sind geschnürt. Am Abend wird ein feierliches Abschiedsmahl, eine Agape, die Scheidenden mit der ganzen Mönchsgemeinde von Prüm vereinen. Abt Urold läßt Berno zu sich rufen. Der Mönch kommt der Aufforderung mit innerem Widerstreben nach. Nun wird er wieder eine der zahlreichen Belehrungen über die Rechte und Pflichten eines Abtes erhalten! Diese gutgemeinten Worte helfen ihm nicht. Er weiß, daß es auf der Augia ganz anders sein wird, und daß ihn dort Schwierigkeiten erwarten werden, denen sich Abt Urold nie zu stellen brauchte.

»Setzt Euch einmal in Ruhe zu mir, lieber Bruder!« fordert ihn Urold freundlich auf. Mit dieser Einleitung haben die Belehrungen stets begonnen. Unbehaglich betrachtet der Mönch das breite und zugleich ausgeprägte Antlitz seines bisherigen Vorgesetzten. Mit gedämpfter Stimme beginnt Abt Urold: »Ich möchte Euch um etwas bitten, Bruder Berno.« Unwillkürlich machen die Hände des Angesprochenen eine kleine Geste der Ratlosigkeit. Was kann der mächtige Reichsprälat von ihm erbitten? Er hat nichts zu geben. Nach kurzem Zögern fährt der Abt fort: »Erlaubt mir, daß ich ganz offen zu Euch spreche? Ich halte es für notwendig. Seit Ihr von Lotharingien zurückkehrtet, habt Ihr Euch verändert, Bruder.« Berno wendet seinen Blick ab und murmelt: »Kann

Euch das verwundern? Wenn wir Mönche auch freiwillig Heim und Heimat verlassen, so ist es dennoch ein einschneidendes Erlebnis, vor den Trümmern seines Elternhauses zu stehen, und die Seinen in Not und Elend zu finden. Habe ich Euch genügend dafür gedankt, daß Ihr den Meinen den Hof bei Reginbach überlassen habt?« Abt Urold seufzt ungeduldig. »Als ob es mir um Dank zu tun wäre, Bruder! Es war mir ein Bedürfnis, Euren Angehörigen zu helfen, und ich verspreche Euch, daß es auch weiterhin geschehen wird. Es geht mir um Euch, lieber Freund. In dieser kurzen Zeit ist zuviel auf Euch eingestürmt. Ihr habt Euch innerlich verkrampft. Euer Ja zur Reichenau ist nur ein Willensakt. Euer Herz ...« Ein bitteres Lachen unterbricht ihn. »Mein Herz? Habe ich überhaupt noch eins? Ich weiß es nicht! Jedenfalls schweigt es, seit ich meine Frau Mutter in armem Gewand, staubbedeckt und verhärmt, in den Trümmern unserer Burg nach etwas Brauchbarem wühlen sah. Meine Frau Mutter, die stille, gütige Herrin, sah aus wie eine Landstreicherin. Das Bild verfolgt mich.« Mitleidig sieht der Abt ihn an. »Ich habe Eure Verstörtheit bemerkt. Ich sage erneut, daß Ihr in kurzer Zeit zuviel erleben mußtet. Eine Arzenei kenne ich nicht. Die Augia braucht einen Abt, der sie mit ganzem Herzen annimmt und ihr neues Leben schenkt. Hört meine Bitte: Darf ich Euch Eure Reise etwas erleichtern? Ich möchte Euch bis Mainz begleiten und bis dahin von jeder Pflicht entbinden. Seid Ihr damit einverstanden?« Bewegt greift Berno nach der Hand des Abtes. »Wie gut Ihr seid, Vater Abt!« Herr Urold wehrt verlegen ab. »Schon recht, lieber Freund! Versprecht mir dafür, daß Ihr Eure Sorgen, Nöte und Probleme auf dem weiten Ritt hintansetzt, einfach von Tag zu Tag lebt und mit offenen Augen aufnehmt, was Euch begegnet.«

Unter der Führung des Abtes bewegt sich der stattliche Reiterzug durch die Täler der Eifel zur Mosel. Irgendwo im Troß reitet Berno mit. Er läßt die Schönheit des frühsommerlichen Landes auf sich wirken. Meist ist Rutbert an seiner Seite. So sind sie unter den letzten Leuten aus Prüm, die ein Fährmann bei Cues über die Mosel setzt. Gespannt beobachten sie, mit welcher Kraft und mit welchem Geschick der Mann die Fähre gegen das Drängen und den Sog des grünen Wassers an das andere Ufer bringt. Am Ufer warten die anderen Prümer auf die Nachzügler. »Wir wollen eine längere Rast einlegen«, ordnet Abt Urold zur Freude der Seinen an. Mönche und Reisige scharen sich um ihn. Seine lebhafte und leutselige Art sichert ihm die Zuneigung seiner Untergebenen. Im Rahmen des Erlaubten läßt er jedem ein großes Maß an persönlicher Freiheit. Mönche und Knechte gehorchen ihm gern. »Ob es mir je möglich sein wird, ein solch großzügiger Abt zu werden?« fragt Berno sich, als fröhliches Gelächter ertönt. »Wie grundverschieden waren die Äbte, die mich in Fleury, in Gorze und in Prüm führten! Der größte Gegensatz besteht zwischen Abt Immo und Abt Urold.« Mit Rutbert geht er am Moselufer auf und ab. Gerade legt ein Fischerkahn an. »Hattet Ihr einen reichen Fang?« Seine Frage beantwortet sich sogleich, denn auf dem Boden des plumpen Kahnes häufen sich silbrige Fischleiber. Die Fischer, halbnackte, sehnige Gestalten, befestigen den Kahn am Ufer. Dann bergen sie ihren Fang in Weidenkörben. Der ältere Fischer legt einige besonders schöne Tiere beiseite. »Die sind für Euch.« Berno sucht in seiner Tasche nach einer Münze. Als designierter Abt trägt er Zehrgeld bei sich. Der junge Fischer breitet Huflattichblätter in einem kleinen Korb aus, befeuchtet sie und legt die Fische darauf. Er deckt sie mit großen Blättern zu. Berno will ihm die Münze reichen. »Wir möchten Euch die Fische schenken«, sagt der ältere Fischer mit schlichter Würde. Dankbar nimmt Berno die Gabe der einfachen Menschen an. Sie wurde mit Freimut gegeben. Die beiden Mönche bleiben am Moselufer und sehen den Männern zu. Die Fischer säubern und flicken ihre Netze. Sie schweigen bei dieser Arbeit, aber es ist ein zufriedenes Schweigen. Ihre Bewegungen sind ruhig und ausgeglichen. Sie sind im Einklang mit der Natur, die sie umgibt. Stille und Harmonie teilen sich den Mönchen mit. Berno vergißt seine Sorgen und seine Pläne. Er gibt sich der wohltuenden Stille hin und erlebt ein Gefühl der Zeitlosigkeit.

Leider läßt Abt Urold zum Aufbruch rüsten. Der Lärm beendet den Frieden am Moselufer. Berno zögert, bis Rutbert schließlich mahnt: »Herr Berno, wir müssen weiter! Die anderen sind schon ein gutes Stück entfernt.« Mit einem verstohlenen Seufzer erhebt sich der Mönch. Seine Glieder sind vom langen Sitzen steif geworden. »Danke!« sagt er freundlich zu den Fischern. »Gott segne Euch!« Rutbert nimmt den Korb mit den Fischen vor sich aufs Pferd. »Wenn ich kein Mönch wäre, möchte ich wohl Fischer sein!« stellt Herr Berno fest. Erstaunt blickt Rutbert ihn an. Erstmals seit langer Zeit lächelt Berno. »Auf der Reichenau werdet Ihr gewiß beides sein müssen«, bemerkt der junge Mönch. Berno antwortet ihm nicht. Eine steile Falte steht zwischen seinen dunklen Brauen.

Es ist bereits dämmerig, als Berno und Rutbert in das Pfarrdorf einreiten. In den Hütten und Häusern herrscht reges Leben. Überall sieht man Gäste aus Prüm. Wartet Herr Urold auf ihn im Pfarrhof? Am Schluß dieses schönen Tages möchte Berno nicht die Geschichte seiner Ernennung durch Heinrich II. hören. »Vielleicht gibt es irgendwo ein Eckchen für uns«, hofft er. Am Waldrand finden sie eine ärmliche Hütte mit schadhaftem Strohdach und windschiefen Stallungen.

Rutbert betrachtet die wenig einladende Unterkunft mißbilligend. »Soll ich nicht doch für Euch im Pfarrhof ...« »Untersteht Euch, Bruder!« unterbricht ihn Berno heftig. »Wir nehmen mit dem vorlieb, was hier ist!« Ihre Gastgeber sind fast so krumm und verwittert wie ihre Hütte. »Wir sind arm, Herr«, klagt der Mann. »Wir haben nur Hirsebrei und Ziegenmilch«, beteuert die Frau. Sie nestelt an ihrem ärmlichen Gewand aus ungebleichtem Linnen. »Darum wollte auch keiner Eurer Herrn Brüder bei uns Quartier nehmen.« »Für uns ist es gerade darum recht.« Berno steigt vom Pferd und läßt Rutbert den Weidenkorb mit den Fischen in die Hütte bringen. »Die Fische sind für Euch und für uns. Bereitet uns ein Mahl, gute Mutter!« Dann löst er einen Tonkrug vom Sattel und reicht ihn dem alten Bauern. »Und diesen Wein werden wir miteinander trinken.« Die Frau sieht zu ihm auf. Trotz des Halbdunkels bemerkt er das freudige Aufleuchten der hellen Augen in dem Altfrauengesicht. Es gibt der Frau Würde und zeitlose Schönheit. Da muß er an ein anderes Augenpaar denken, das bei seinem Anblick aufleuchtete. Auch diese Frau trug ein ärmliches Gewand aus ungebleichtem Linnen, und sie hatte graublondes wirres Haar. Seine Mutter!
In der niedrigen dunklen Küche löffeln sie ihre Abendsuppe, in die sie Schwarzbrot brocken. Der Duft der Fische, die auf dem Herdfeuer in einer eisernen Pfanne bruzzeln, erfüllt den kleinen Raum. Die beiden alten Leute essen mit Hingabe. Ein so reichhaltiges Mahl haben sie selten. »Ihr seid schon lange unterwegs?« fragt der Bauer, während er das Fischfett mit einem Brotbrocken auftunkt. »Ich habe die Tage gar nicht mehr gezählt«, antwortet Berno wahrheitsgemäß. »Wir kommen von Prüm und wollen nach Mainz.« »Zu Bischof Willigis?« erkundigt sich der Mann neugierig. »Ihr kennt ihn? Euer Ort gehört nicht zu seinem Bistum.« »Wer sollte ihn

nicht kennen?« meint der Bauer und schlürft genußvoll einen Schluck Wein. »Es sind viele Geschichten über ihn im Umlauf.« Berno beugt sich vor und stützt sein Kinn auf die gefalteten Hände. »Erzählt«, bittet er. Der Bauer läßt sich nicht lange bitten. Eine Mischung aus legendärer, volkstümlicher Erzählung und tatsächlichen Geschehnissen trägt er vor. Er redet mit Eifer, denn der ungewohnte Wein hat seine Zunge gelockert. Seine Frau beschränkt sich auf zustimmendes Murmeln oder Nicken. Der Bischof von Mainz ist von einfacher Herkunft, Sohn eines Bauern oder – und das ist legendär – eines Wagners und Stellmachers. »Jedenfalls führt er ein Rad im Wappen«, versichert der Alte. Ein wenig wirr sind seine Ausführungen über den Bischof in der Welt der Großen als Erzkanzler des Reiches und Berater von Kaisern und Fürstinnen. Die Namen der Herrscher und Herrscherinnen sind dem Mann nicht sehr geläufig. »Das mag ja wichtig sein, Ihr Herren, aber für uns kleine Leute ist es viel mehr von Bedeutung, daß dieser Bischof ein Vater der Armen ist.« Lange blickt der Bauer stumm in das Züngeln des Herdfeuers. Rutbert füllt ihm den Becher mit dem letzten Wein. Berno möchte mehr hören. »Vater der Armen nennt Ihr den Bischof Willigis. Warum führt er neben den Ehrentiteln Vater des Kaisers und Vater des Reiches auch diesen Namen?« Die knochige Hand des Bauern fährt einige Male über sein Kinn, als helfe ihm dies, seine Gedanken zu ordnen. Dann trinkt er genußvoll einen Schluck Wein und murmelt mit feuchten Lippen: »Bis in unser Dorf ist die Kunde davon gedrungen, daß Erzbischof Willigis den Großen und den Kleinen dient. Er macht darin keinen Unterschied. Zu ihm hat jeder Zutritt, und er fertigt niemanden mit frommen Sprüchen ab. Er hilft. Wenn es um Recht und Gerechtigkeit geht, scheut er keinen. Er ist jetzt alt und gebeugt, aber die Großen werden klein vor ihm, wenn er für die geringen Leute kämpft. Erzbischof Willigis ist für die Armen, die Kleinen und Geringen einfach ein Vater.« Einfach ein Vater? Nun ist Berno voller Erwartung, wenn er an die Begegnung mit Erzbischof Willigis denkt. Vater des Kaisers, Vater des Reiches und Vater der Armen? Kann ein Mensch das alles in sich vereinen? Nach der langen und ungewohnten Rede und dem schläfrig machenden Wein will das Bauernpaar den beiden Mönchen unbedingt sein ärmliches Lager aus Stroh und Binsen überlassen. Es bedarf des standhaften Einspruchs der Mönche, bis es sich damit abfindet, daß sie ein Heulager im halboffenen Schuppen vorziehen. Durch das schadhafte Dach kann Berno in den Sternenhimmel blicken. »Ein kluger Mann, dieser kleine Bauer hier«, murmelt Rutbert im Einschlafen. Berno betrachtet noch lange den Sternenhimmel.

Beim Mittagsmahl an den Ufern der Nahe trifft Berno wieder mit Abt Urold zusammen. Prüfend betrachtet der Abt das gebräunte, entspannte Gesicht des Mönchs. »Mir will es scheinen, daß der Ritt Euch gut getan hat, Herr Berno. Heute abend werden wir Mainz erreichen.« Berno bricht das Fladenbrot und nickt stumm. Soll er sich auf das Ende ihres gemeinsamen Rittes freuen? Die Unbeschwertheit und Zeitlosigkeit des weiten Rittes sind dann vorbei. »Wir alle brauchen eine ausgiebige Rast in dieser herrlichen Stadt am Rhein. Es will mir scheinen, als sei ich mein Leben lang nur geritten.« Herr Urold verzehrt den letzten Bissen Brot. »Ach, lieber Bruder, wenn es Euch jetzt schon so vorkommt, wie wird es dann erst in Zukunft werden? Seit mich König Heinrich vor zwei Jahren mit der Abtei Prüm betraute, habe ich viele Wochen zu Pferd gesessen. Ihr dagegen habt in Fleury, Gorze und Prüm ein fast beschauliches Leben führen dürfen.« »Und nun wird es mir gegeben, die Welt kennenzulernen«, sagt Berno. »Jedenfalls

habe ich diesen Ritt von Herzen genossen.« Über den Rand seines Bechers blickt ihn der Abt wie prüfend an. »Von Herzen? Ihr freutet Euch an diesem Ritt. Ihr durftet einfach mitreiten und ließet Euch führen. Das wird bald anders sein.« Er läßt zum Aufbruch rüsten.
Warum hat der Abt ihn nur so nachdrücklich an das Kommende erinnert? Hat er ihm die friedlichen Tage nicht gegönnt? Die Augia ist nun wieder nah, nachdem sie wochenlang nur ein Schemen zu sein schien und keine bedrohliche Wirklichkeit. Wird der helle Tag mit einem Mal trüb? Schwillt das Murmeln der Nahe bedrohlich an? Sind die grünen Wälder nicht düster und gefährlich? Die Nahe, deren Ufern sie folgen, mündet in den Rhein. Der Rhein fließt nach Norden, aber seine Wasser kommen aus dem Bodensee. Sie umspülen auch die Augia. Seit Tagen nimmt Berno erstmals wieder die Last des kleinen Lederbeutels wahr. Bei jedem Schritt des Pferdes pocht er wie ein Einlaßbegehrender an seine Brust. Unwillkürlich läßt Berno das Tier langsamer gehen. Rutbert bleibt an seiner Seite.
Der Wächter am Stadttor von Mainz macht sich gerade bereit, das Tor für die Nacht zu verschließen, als der Reiterzug aus Prüm dort ankommt. »Graf Urold, Abt zu Prüm, möchte mit seinen Begleitern zu Erzbischof Willigis. Wir werden erwartet.« Die Torflügel öffnen sich weit. Pferdehufe klappern laut über das holperige Kopfsteinpflaster in den engen Straßen. Neugierige Mainzer treten vor ihre Haustüren oder schauen aus den Fenstern und tauschen ihre Mutmaßungen über den stattlichen Reiterzug aus Reisigen und Mönchen aus. Vor einem großen Haus in der Nähe des romanischen Domes zügeln sie die Pferde. Bediente mit Laternen und Fackeln eilen herbei. Der Haushofmeister des Erzbischofs verbeugt sich tief vor Abt Urold. »Der Hochwürdigste Herr läßt sich vorerst

entschuldigen. Er wurde zu einem Sterbenden gerufen.« Offensichtlich verwundert es den Abt, daß sich ein so hoher Herr zu später Stunde an ein Sterbelager begibt. Freundlich und huldvoll nimmt er den Willkommensgruß des Haushofmeisters entgegen. Der Diener führt sie zu einem Saal, in dem ein reiches Mahl auf sie wartet. Danach werden die Gäste in ihre Zimmer und Kammern begleitet. Für die beiden Mönche Berno und Rutbert steht ein kleineres Zimmer, mehr eine Kammer, zur Verfügung. Mit dieser Regelung scheint Abt Urold nicht einverstanden zu sein. »Ihr brauchtet ein eigenes Gemach, Herr Berno. Soll ich den Haushofmeister bitten, Euch in Anbetracht Eures Ranges ...« Berno fährt heftig auf. »Nein, bitte, nein! Tut nichts dergleichen. Es ist gut so ...« Leicht gekränkt wendet der Abt sich ab. »Wie Ihr meint! Ich will Euch nichts aufdrängen.«
Nach den Anstrengungen des langen Rittes schlafen die Gäste aus Prüm fest und traumlos. Sie nehmen nicht wahr, daß Erzbischof Willigis erst gegen Morgen heimkehrt. Mit melodischem Klang rufen die Glocken im nahen Dom die Frommen zur Frühmesse. Berno erwacht, besinnt sich kurz, steht auf und kleidet sich an. Rutbert schläft noch fest. Sein junges Gesicht ist friedlich und entspannt. Mit Hilfe eines Dieners findet Berno eine Seitentüre und betritt eine menschenleere Straße, die zum Dom führt. Vom Rhein her weht kühle Luft. Nach einigem Suchen erreicht Berno das Domportal. Er öffnet die schwere Türe, tritt in den mächtigen, von starken Pfeilern begrenzten Raum ein und schreitet nach vorn zum Chorraum. Die frühen Beter in den Bänken blicken auf beim Hall seiner Schritte und schauen hinter der hohen Gestalt her, die durch das dunkle Habit fremd und feierlich wirkt. Lange verharrt Berno in andächtiger Kniebeuge. Am Hochaltar bringt ein Priester das heilige Meßopfer dar. Gesammelt folgt

der Mönch der heiligen Handlung. Nach dem Schlußsegen des Priesters begibt er sich in die Sakristei. Als er groß und dunkel im Türrahmen steht, kann sich der Dompfarrer eines abergläubischen Schauers nicht erwehren. Er denkt an die Legende vom großen Mönch, der immer dann erscheinen soll, wenn ein Angehöriger des Domkapitels sterben soll. »Wer seid Ihr?« stottert er und weicht ein paar Schritte zurück. Der Mönch verneigt sich und antwortet mit durchaus irdischer und wohllautender Stimme: »Berno, Mönch der Reichsabtei vom heiligen Erlöser zu Prüm. Abt Urold und einige meiner Brüder sind zu Gast bei Erzbischof Willigis. Dürfte ich jetzt zelebrieren? Wenn meine Brüder erwachen, könnte es schwierig werden.« Der Dompfarrer hat erleichtert aufgeatmet, als er begreift, daß sein Besucher ein Mensch aus Fleisch und Blut ist. Er nickt verständnisinnig. »Ihr könnt gerne nach mir zelebrieren, Herr Berno. Ansonsten kommt Ihr als jüngerer Mönch vielleicht gar nicht mehr an die Reihe.« Der Sakristan zeigt sich weniger erfreut. Er hat Mühe, für Berno ein passendes Gewand zu finden. »Unter unseren Herrn vom Dom gibt es keine Riesen«, murrt er mißvergnügt. Jetzt muß er wieder bei einer Messe ministrieren! Er hatte sich so auf das Frühmahl verlassen. Und seine Schwägerin aus dem Taunus hat gestern Schinken und Eier mitgebracht.
Als Berno am Altar steht, weiß er nicht mehr um seine Umgebung. Mit der gleichen Hingabe und Innerlichkeit wie am Tag seiner Priesterweihe bringt er das Opfer Christi dar. Alle seine Anliegen, vor allem die Abteien zu Prüm und auf der Augia, legt er in Gottes Hände. Der Dom füllt sich mit Betern. Die meisten von ihnen tragen dunkle Kutten. Ein nur mittelgroßer Priester mit einem gütigen Antlitz nimmt im Chorgestühl Platz. Mit väterlicher Milde betrachtet er das Gesicht des jüngeren. Als der Sakristan den Greis bemerkt,

vergißt er beinahe, dem Priester zu antworten. Was tut Erzbischof Willigis zu früher Stunde hier? Bis zum Morgengrauen hat der kränkliche Greis am Bett eines Sterbenden ausgeharrt. Der Sakristan kann seine Neugier nicht bezähmen. Er blinzelt immer wieder zu dem betenden Erzbischof hinüber. Warum sieht dieser nur so aufmerksam den großen Mönch an? Ob dieser Mönch etwa selbst eine hochstehende Persönlichkeit ist? Diese Gedanken bewegen den Sakristan so sehr, daß er überhört, als Berno sagt: »Ite missa est!« Statt seiner antwortet ein ganzer Chor geschulter Männerstimmen einmütig: »Deo gratias!« Sorgfältig legt der Mönch die heiligen Gewänder ab und faltet sie zusammen. »Wären nur alle hohen Herren so ordentlich wie Ihr, dann könnte ich mir viel Arbeit ersparen«, meint der Sakristan wohlgefällig. Er möchte zu gerne fragen, ob der Mönch einen besonderen Rang besitzt. Die Sakristeitüre öffnet sich. Rasch kniet der Sakristan nieder. Erstaunt wendet Berno sich um und gewahrt den alten Priester mit den Insignien eines Bischofs. »Erzbischof Willigis?« staunt er und will niederknien. Eine freundliche Geste des alten Kirchenfürsten hindert ihn daran. »Gott grüße Euch, mein Bruder«, sagt der Erzbischof freundlich und nimmt Bernos Rechte in seine beiden Hände. »Man hat mir im Dom bereits zugeflüstert, wer Ihr seid. Würdet Ihr mir vielleicht ministrieren, Herr Berno? Unser guter Sakristan ist schier ganz schwach vor Hunger.« Behutsam hilft der Mönch dem Erzbischof beim Anlegen der Meßgewänder. Dann begleitet er ihn an den Altar. Der nur mittelgroße, etwas gedrungene Greis und sein hochgewachsener junger Ministrant, das ist fürwahr ein eigenartiges Bild. Die Würde, die jeder der beiden Priester besitzt, läßt bei keinem der Anwesenden auch nur ein belustigtes Schmunzeln aufkommen.

Beim Frühmahl im Bischofspalais nimmt Berno irgendwo an der langen Tafel Platz. Sein zweiter Begleiter, der Mönch Ludger, sitzt ihm gegenüber. »Ihr wurdet heute morgen von Erzbischof Willigis bereits geehrt. War das nicht eine gute Vorübung für Euer hohes Amt, Herr Berno?« Ein Kleriker aus Mainz horcht auf. »Was sagt Ihr da? Hohes Amt? Was werdet Ihr für ein Amt bekleiden, wenn ich fragen darf? Wir in Mainz warten schon seit längerer Zeit auf einen Bischof-Koadjutor.« Ludger lacht schadenfroh. »Bischof von Mainz? Nein, dies Amt wartet nicht auf unseren Bruder Berno. Er ist nur der designierte Abt der Augia.« Der Mainzer Priester ist sichtlich betroffen. »Abt der Augia deserta? Der Herr möge Euch beistehen!« Berno verhehlt seinen Unwillen nicht. »Es war überflüssig, das jetzt zu erwähnen, Bruder Ludger!« Gelassen antwortet der Mönch: »Ach, sollte ich ein Geheimnis daraus machen? Ihr betrachtet es doch nicht etwa als üble Nachrede, wenn ich jemandem verrate, daß Ihr der Abt der Augia seid?« Bernos Antlitz ist wieder ablehnend und verschlossen. Ludger hat ihn seiner Gelassenheit beraubt, die er während des langen Rittes besessen hatte. War sie nur scheinbar sein eigen gewesen, weil er das Unangenehme fortschob? Jetzt bemächtigt sich die innere Not seiner wieder. Seine Linke krampft sich um den Lederbeutel. Durch seine Gedanken ziehen nur zwei Worte in einem unerträglichen raschen Rhythmus: »Augia deserta.«
Nach dem Frühmahl eilt er durch die betriebsamen Straßen und Gassen von Mainz zum Rhein. Lange wandert er an den Ufern des breiten Stromes auf und ab. Gegen Mittag erreicht ihn ein atemloser Rutbert. »Hier finde ich Euch endlich!« stößt er hervor. »Ich habe die ganze Stadt nach Euch abgesucht.« »Verzeiht mir, Bruder Rutbert, daß ich Euch solche Mühe machte! Ich wollte nur ein wenig allein sein.« »Erzbi-

schof Willigis verlangt nach Euch, Herr Berno.« Der Haushofmeister führt den Mönch in einen saalartigen, karg ausgestatteten Raum. »Würdet Ihr hier warten, Herr? Der Besucher wird den Hochwürdigsten Herrn bald verlassen.« Berno setzt sich in einen der schweren Eichenlehnstühle, steht bald wieder auf und wandert unruhig durch das weite Gemach. An der Rückwand des Raumes hängt ein holzgeschnitztes Kreuz. Der Künstler hat Christus als Lebenden dargestellt, als Sieger und zugleich als Gütigen, als Wissenden, als Herrn und Bruder. Die Augen des Gekreuzigten scheinen dem ruhelosen Gast zu folgen. Unwiderstehlich fühlt sich Berno zu dem Kreuz hingezogen. Schritt für Schritt geht er darauf zu, ohne seinen Blick von den seltsam zwingenden Augen des Gekreuzigten zu lösen. Schließlich stößt er an einen abgenutzten Betschemel. Er kniet nieder. Seine Hände, eben verkrampft ineinandergeflochten, lösen sich. Sie ruhen geöffnet auf dem Betpult.

In seinen zehn Klosterjahren hat Berno viele Kreuzdarstellungen gesehen. Manches Bild des Herrn hat ihn ergriffen und zu frommen Gedanken angeregt. Bei diesem Kreuz ist es anders. Er kann das Gefühl nicht benennen, das sich in ihm regt. Dieses Kreuzbild führt zu einer innigen Begegnung mit dem Herrn. Er vermeint, die Fragen zu hören, die Christus durch dieses Kreuz an ihn stellt. »Sag mir, Mönch Berno, wem folgst du? Suchst du wirklich Mich und Meine Ehre? Oder sucht dein rastloses Herz deine Ehre und deinen Ruhm? In Fleury, in Gorze und in Prüm waren deine gelehrten Werke anerkannt. In diesen Klöstern hat der Name Berno einen guten Klang. Ist das der Grund, warum du dich wehrtest, als König Heinrich dir die Augia deserta anvertraut hat? Dort hast du keinen Namen. Sie bringt dir keine Ehre ein. Wäre dir der Befehl des Königs nicht hochwillkommen gewesen, wenn die Reichenau noch die berühmte Augia dives wäre? Bedenke dies, Berno! Bedenke ferner, zu wem Ich gekommen bin! Ich kam zu den Armen und Kranken, zu den Kleinen und Einfältigen, zu den Bresthaften und Sündern.«

Der Mönch auf dem Betschemel senkt das Haupt, bis seine Stirn zwischen den geöffneten Händen ruht. Er schaut nicht auf, aber er vermeint, daß der Blick des Herrn bis in sein Inneres dringe. Was kann er anderes tun, als sich Gott anheimzugeben?

Weniger denn je weiß der zukünftige Abt der Augia, wie er seiner Sendung entsprechen soll. Er kann nur blind vertrauen und sich der Führung durch den Herrn überlassen.

Er weiß nicht, wie lange er vor dem Kreuz gekniet hat, als ihn die warme, etwas brüchige Stimme des Erzbischofs erreicht: »Darf ich Eure Zwiesprache mit unserem Herrn unterbrechen, Herr Berno?« Ehrerbietig beugt der Mönch sein Knie und küßt den Ring an der welken, stark geäderten Hand des Greises. Die blaßblauen Augen in dem breiten, faltigen Antlitz sehen ihn gütig an. »Ich kenne einige Eurer Schriften, die Ihr in Gorze und Prüm verfaßt habt, Herr Berno. Abt Urold sagte mir zudem, daß Ihr ein vortrefflicher Magister waret.« Berno atmet tief. »Ich war Magister, Herr Erzbischof. Das ist Vergangenheit. Nun weiß ich fast nicht mehr, was ich eigentlich bin.« »Unser Herr nahm Euch Eure bisherige Sicherheit. Nicht zu wissen, wer Ihr seid, das ist der rechte Ausgangspunkt für einen Neubeginn einer Abtei, die fast nicht mehr ist.« Die seltsamen Worte des Erzbischofs, in denen deutlich hörbar Mitleid durchklingt, rufen Bernos Widerspruch hervor. Er möchte sich auflehnen und seine Entscheidung für die Augia erneut in Frage stellen. »Aber ich ...«, beginnt er und wird sogleich unterbrochen. »Ihr habt oft rebellische Gedanken, mein Sohn. Stellt Gottes Weisung trotz Eures Widerwillens dagegen nicht in Frage! Bringt das Opfer bewußt und ohne Abstrich! Macht Euch nichts vor. Es wird hart werden. Freut Euch, daß der Herr es Euch zutraut.«

Da zerbricht der Damm, den Berno gegen seine Ängste und Gefühle nach außen hin errichtet hat. Er kann und darf endlich vorbehaltlos zu einem Menschen sprechen. Der greise Erzbischof erlebt mit ihm das ganze Ausmaß seiner Not und Unsicherheit. Schließlich fragt Berno, atemlos wie nach einem raschen Lauf: »Was bringe ich der Augia, das ihr von Nutzen sein könnte? Herr Erzbischof, kann Bücherweisheit helfen, wenn das geistliche Leben und der wirtschaftliche Bestand in Trümmern liegen? Was kann ein Gelehrter der Augia deserta bringen?«

Der Erzbischof hält gelassen seinem drängenden Fragen stand. Er bestätigt ruhig: »Bruder Berno, Ihr kommt mit leeren Händen. So ist es. Aber seht mich an. Als ich vor 33 Jahren nach Mainz kam, war ich verwirrt und unsicher und zudem verachtet. Ich bin bäuerlicher Herkunft. Einem jungen Priester gab man den Bischofssitz zu Mainz, einen der ehrenvollsten im Reich. War das nach menschlichem Ermessen nicht unsinnig und zum Scheitern verurteilt?« Berno beugt sich vor und forscht in seinem Antlitz, als könne er dort die Antwort lesen. »Was machtet Ihr in dieser Lage vor 33 Jahren?« Der Erzbischof weist zum Kreuz. »Ich überließ mich dem Herrn und gab Ihm meine Armut. Ich tat es ganz bewußt und ohne Vorbehalt. Und Er gab Sich mir, damit ich andern geben konnte. Er füllte meine leeren Hände für meine Mainzer, für Kaiser und Könige, für das Reich und für meine lieben Armen.« Zaghaft meint der Mönch: »Es ist schwer, sich dem Herrn vorbehaltlos auszuliefern ...« Der Erzbischof sieht, wie es im Gesicht des andern arbeitet. »Wir wollen miteinander und füreinander beten, lieber Bruder. Die Tage hier in

Mainz sollen nicht nur eine willkommene Rast für Euren Leib sein, sondern auch eine wichtige Statio für Eure Seele.« Ehe sie den Saal verlassen, um sich wieder zu den anderen Gästen aus Prüm zu begeben, zeigt Erzbischof Willigis noch einmal auf das Kreuz. »Hier habt Ihr immer Zutritt, lieber Bruder.« Seit Berno seine innere Not offenbaren konnte, gibt er sich freier und gelöster im Kreis seiner Mitbrüder und der Mainzer Kleriker. Er hat sein Versprechen nicht vergessen, das er am Wegkreuz in der Eifel abgelegt hat. Nun zeigt er sich als angenehmer Gesprächspartner, aufgeschlossen, geistvoll und heiter. Abt Urold atmet insgeheim auf. Er hat um seinen Mitbruder gelitten, seit der verstört aus Lotharingien gekommen ist, und er hat mit ihm getragen, als ihn der Ruf des Königs traf. Er hat ihn ganz bewußt nach Mainz geführt. Erzbischof Willigis ist der Freund des Königs, aber zugleich der vorbildliche Oberhirte seiner Diözese und somit der beste Ratgeber für einen zukünftigen Abt. Berno muß als Abt der Reichsabtei dem König und der Kirche dienen, ein schweres und gefahrvolles Amt in Zeiten der Gegensätze zwischen Reich und Kirche.

Nach einer Woche treten die Mönche von Prüm den Heimweg an. »Behaltet Berno noch etwas bei Euch, Herr Erzbischof! Rüstet ihn in jeder Weise für seine Aufgabe auf der Augia aus.« Dankbar genießen die drei Mönche Berno, Ludger und Rutbert die großzügige Gastfreundschaft in Mainz. Sie sind stets mit dem Erzbischof und seinen Klerikern zusammen. An den Abenden speisen sie allein. »Ich habe dann andere Gäste«, meint der Kirchenfürst mit einem feinen Lächeln entschuldigend. »Wahrscheinlich sind wir für diese anderen Gäste nicht gut genug«, mutmaßt Ludger. »Der Erzbischof ist überhaupt nicht verpflichtet, uns zu Tisch zu laden«, widerspricht Rutbert aufgebracht dem Gefährten, in dessen magerem Gesicht

der Mißmut seine Zeichen gegraben hat. »Wann seid Ihr endlich mit etwas zufrieden, Ludger? Ihr seht immer nur das Negative. Was meint Ihr dazu, Herr Berno.« Der Angesprochene nickt nur und beschäftigt sich zerstreut mit seinen Speisen. »Unser zukünftiger Herr Abt hat gar nicht gehört, was Ihr gefragt habt, Rutbert!« spöttelt Ludger. »Lebt er nicht in einer anderen Welt? Stundenlang betet er vor dem Kreuz im Saal, vor dem Hochaltar im Dom, oder er läuft am Rheinufer auf und ab. Bereitet er sich etwa so auf sein hohes Amt vor?« »Ganz ohne Zweifel«, erwidert Rutbert ruhig. Vor Erstaunen über diese Worte fällt Ludger keine Gegenrede ein. Nach einigen Tagen bittet Berno den Erzbischof um eine Unterredung. »Herr Erzbischof, ich fühle mich bei Euch sehr wohl und würde gerne lange bei Euch bleiben. Gerade darum weiß ich, daß es an der Zeit ist, daß ich Euch verlasse.« »Das habe ich von Euch erwartet, lieber Freund! Die Wasser des Rheines haben Euch täglich gefragt, wann Ihr zur armen Augia kommen würdet, nicht wahr? Sie verlangt sehnlichst nach ihrem Abt.« Beim letzten Wort ist Berno zusammengezuckt. Erzbischof Willigis lächelt. »Der Titel bereitet Euch Unbehagen? Ihr müßt Euch daran gewöhnen, ihn zu tragen – und ihn mit Leben zu erfüllen. Eure Brüder sollen Euch jetzt schon so nennen. Habt Ihr je über diesen Titel nachgedacht?« Berno sagt unentschieden: »Das habe ich wohl getan. Abba, so nannte unser Herr den himmlischen Vater. Er lehrte uns, daß auch wir zu Ihm Abba, lieber Vater, sagen dürfen.« »Und jedwede Vaterschaft auf Erden hat Anteil an Gottes Vaterschaft, ist uns von Ihm für eine Zeit geliehen, besonders die geistliche Vaterschaft eines Abtes gegenüber seinen Söhnen in Christo. Im Kloster sagt ihr es übrigens gleich doppelt ... Vater Abt, also Vater im Namen des Vaters im Himmel.«
Der Erzbischof unterbreitet am gleichen Tag den beiden Mön-

chen den Vorschlag, Berno bereits mit dem Titel eines Abtes anzureden. Rutbert stimmt begeistert zu. Ludgers Ja folgt zögernder. Später meint er: »Hat unser Vater Abt so sehr nach seinem Titel verlangt, daß er den Erzbischof um seine Vermittlung gebeten hat?« Ärgerlich weist Rutbert ihn zurecht: »Deutet doch nicht immer alles und jedes so negativ! Seid nicht so kritisch, Bruder!« Ludger wirft dem jüngeren Mönch einen fast verächtlichen Blick zu. »Es ist mir nicht gegeben, alles so unkritisch zu glauben wie Ihr. Nicht jeder hat ein kindliches Gemüt.«

Berno trifft Vorbereitungen zur Abreise. Er will von dem romanischen Kreuz Abschied nehmen. »Es wird mit Euch zur Augia gelangen, Herr Berno. Wehrt Euch nicht dagegen! Nehmt es als Gabe und Vermächtnis eines alten Mannes an. Ich habe vor diesem Kreuz einst betend zum Eigentlichen meiner Berufung gefunden. Möge das auch Euch geschehen, wenn Ihr bald am Ort Eures Wirkens angelangt seid.« Bald? Nun möchte Berno den Abschied hinauszögern. Hundert wichtige Gründe dafür fallen ihm ein. Er nennt keinen von ihnen, sondern er sagt nur schlicht: »Dank für diese kostbare Gabe, Herr Erzbischof Willigis, und für jede Stunde, die ich bei Euch verbringen durfte!« »Wahrlich, Ihr habt die Tage gut genutzt, mein lieber Bruder. Ehe Ihr mich verlaßt, möchte ich Euch etwas Besonderes anvertrauen. Euch möchte ich es nicht vorenthalten. Es ist in meinem Leben wichtig und bedeutend. Ich hoffe und bete, daß es auch in Eurem Leben wertvoll werden möge. Kommt Ihr nach der Vesper bitte allein zu mir?«

Nach der Vesper begibt sich der Mönch voller Erwartung zu den Gemächern des Erzbischofs. Herr Willigis begrüßt ihn mit seinem gewohnten stillen und gütigen Lächeln und führt ihn dann in einen der Säle. Erwartet er Gäste? Eine lange

Tafel ist mit feinem Linnen gedeckt und mit Speisen aller Art versehen: Teller mit weißem, grauem und dunklem Brot, Platten mit Geflügel, Braten und Fischen, Schüsseln mit Obst, mit Gemüse und Hirsebrei. Bei den großen Eßtellern aus Zinn stehen glänzende Becher. Hat der Erzbischof ihn zum Abendessen der Mainzer Kleriker geladen? Soll das bedeutend und wertvoll sein? Nun, er wird als Abt täglich mit seinen Mönchen speisen. Das braucht er keinesfalls zu lernen. Ein Gefühl der Enttäuschung macht sich in ihm breit.

Diener öffnen die Türen des Saales. Eine eigenartige Prozession zieht ein: alte Männer und Frauen, Krüppel, Halblahme, fast Erblindete. Alle tragen das Gewand der Armut. Sie humpeln, hinken und tappen vorbei. »Seid willkommen, meine lieben Gäste!« begrüßt der Erzbischof und Erzkanzler des Reiches die Elendsgestalten. Jeder Arme sucht sich, ohne erst zu zögern, einen Stuhl. Erzbischof Willigis spricht ein kurzes Tischgebet und segnet die Speisen. Dann bindet er sich eine grobe Leinenschürze um und bedient die dreißig Armen seiner Stadt, die allabendlich seine Gäste sind. Der Mönch steht da, als könne er seinen Augen nicht trauen. Um jeden der Greise und Krüppel kümmert sich der Erzbischof, reicht Speisen an, legt sie vor und findet dabei Worte, die von Herzen kommen. Die Bettler und Krüppel greifen tüchtig zu. Sie kauen, schmatzen und schlürfen mit sichtlichem Wohlbehagen. Diener schenken Getränke ein. Erzbischof Willigis wirft Berno einen kurzen Blick zu. Dann drückt er ihm eine schwere Kanne in die Hand. »Übernehmt bitte den Wein!« Gehorsam geht Berno von Gast zu Gast und füllt die Becher, wenn Wein verlangt wird. »Nicht so sparsam, junger Freund!« rügt ihn ein listiger Alter. »Du hast mir den Becher nur halb gefüllt.« Ein Weib, dessen zahnlose Häßlichkeit ihn an die Frau im Eifeldorf erinnert, schielt zu ihm auf. »Du tust das

aber nicht gern, Söhnchen. Man sieht es dir an. Nimm dir ein Beispiel an unserem Vater Willigis!« Ihr lahmer Nachbar stößt ihn mit seiner Krücke an und ruft: »Auf unseren Erzbischof laß' ich nichts kommen! Der hat ein Herz für unsereinen, der Vater der Armen.«
Gewissenhaft versieht der Mönch sein Amt und ist Mundschenk der Armen. Nach langer Zeit, wie es ihm scheint, sind sie endlich satt und zufriedengestellt und verlassen nach wortreichem Dank das Haus. Berno fühlt sich erschöpft. »Dreißig Arme meiner Stadt sind jeden Abend meine Gäste. Ihr habt Euch bei Eurem Dienst sehr angestrengt, nicht wahr?« Dreißig Arme und das an jedem Abend? Berno betrachtet das befleckte Tischtuch und die unordentlichen Speisereste auf Tisch und Boden und die säuerlich riechenden Lachen verschütteten Weines. Die Frage nach dem Sinn eines solchen Tuns drängt sich ihm auf. Kann der Erzbischof seine Gedanken lesen? Während er seine Schürze zusammenfaltet, sagt er: »Ich wollte Euch heute abend kein Schauspiel bieten, Abt Berno.« Erstmals gibt ihm Herr Willigis seinen Titel. Die nun folgenden Worte werden bedeutsam für sein Amt auf der Augia sein. »Ich diene jeden Abend diesen geringen Brüdern und in ihnen Christus. Ihr wißt, daß man mir Achtung entgegenbringt und manche Ehre erweist. Darum brauche ich diesen abendlichen Dienst, bei dem es keinesfalls um Macht und Ansehen, um Ruhm und Ehre oder um Gewinn und Schönheit geht. Dieser Dienst, wie ihn mir der Herr aufgetragen hat, ist für mich der wertvollste. Könnt Ihr das verstehen? Abt Berno, vielleicht sind Eure Brüder, die Euch auf der Augia mit bangem Herzen erwarten, auch solch eine Schar, arm an Leib und Seele, siech und bresthaft, ohne Hoffnung auf eine Zukunft. Wurden sie es durch Not, durch Leid oder durch Schuld? Was soll's! Sie sind arm und brauchen Eure Hilfe.

Seid jenen Armen Vater... Abbas... Abt! Dienet ihnen in Barmherzigkeit. Sättigt sie. Tröstet sie. Verbindet ihre Wunden. Gebt ihnen in Eurer Liebe wieder Hoffnung und Zukunft. Für unseren Herrn in den Menschen auf der Augia sei Euch kein Dienst zu schwer und zu gering. Laßt sie durch Euer Tun erfahren, daß unser Gott ein Gott der Güte und der Liebe ist.«

Von Alter und Müdigkeit bezwungen, will sich der greise Erzbischof entfernen. »Gebt mir zuvor Euren Segen«, bittet Berno. Er ahnt zumindest etwas von der inneren Größe und Freiheit dieses vielgerühmten Mannes.

Am anderen Tag legt Berno letzte Hand an sein Reisebündel. Erzbischof Willigis tritt in sein Gemach und läßt sich in dem Lehnstuhl nieder. »Ihr seid schon ganz gerüstet, Vater Abt? Ich komme gleichsam im letzten Augenblick Eures Hierseins mit einer großen Bitte.« Sofort merkt der Mönch auf und ist voller Bereitschaft. »Was darf ich für Euch tun, Herr Erzbischof?« »Der Sohn meiner Schwester Gertrud, mein Neffe Wipold, möchte Priester werden und zugleich Benediktiner. Ich habe mir in den Kopf gesetzt, daß dies auf der Augia geschehen muß. Verübelt mir den Altersstarrsinn nicht, der mich an diesem Plan festhalten läßt! Nehmt Wipold bitte als Scholaren an!« Die Bitte des Erzbischofs ist nichts anderes als ein Zeichen des Vertrauens in die Zukunft der Abtei auf der Reichenau. Sie soll den jungen Abt ermutigen und stärken und zugleich das geistliche Band zwischen Mainz und der Augia festigen. Lächelnd betrachtet Herr Willigis das Antlitz des Abtes. Es ist wie immer ein klares Spiegelbild seiner inneren Empfindungen. Ein Diplomat und Höfling wird Berno nie. Man sieht ihm an, was er denkt und fühlt. »Nun?« fragt der Kirchenfürst mit gespielter Ungeduld. »Fällt Euch die Entscheidung so schwer? Ein klares Ja oder ein klares

Nein! Nehmt Ihr Wipold als Scholaren mit zur Augia?« »Von Herzen gern ... aber es wird nicht einfach für ihn werden.« Die blaßblauen Augen des Erzbischofs sind heiter, als er sagt: »Das soll es auch nicht. Wer ein einfaches, gemütliches Leben verlangt, der soll weder Priester noch Ordensmann werden.«
Mit unerwarteter Behendigkeit eilt der Erzbischof aus dem Zimmer und kommt gleich darauf mit seinem Neffen zurück. Das offene Gesicht des jungen Menschen strahlt vor Freude. Bischof Willigis sagt feierlich: »Abt Berno, hiermit übergebe ich Euch zu treuen Händen meinen Neffen Wipold! Möge er unter Eurer Obhut ein guter Sohn des heiligen Benediktus werden und zum Segen der Reichenau wirken!« Anschließend erläutert er den von ihm geplanten Verlauf der Reise. »Ein Treidelschiff wird Euch morgen früh stromaufwärts bringen. Am Oberrhein, etwa auf der Höhe von Straßburg, verlaßt Ihr es und reitet durch den Eritgau zum Bodensee. Das ist allerdings ein Umweg. Ich möchte dennoch diese Reiseroute für Euch vorziehen. Ich habe sie früher selbst benutzt. Der Eritgau ist gut besiedelt, und man wird Euch dort gerne aufnehmen. Ihr werdet bis zum Bodensee weder Not noch Mangel leiden.« Am frühen Morgen des nächsten Tages begeben sich die Reisenden auf das Treidelschiff. Langsam setzt es sich stromaufwärts in Bewegung. Die Stahltrossen werden von schweren Gäulen gezogen. Ein letztes Mal grüßen Abt Berno und seine Begleiter das vertraute Stadtbild von Mainz und den Erzbischof. Sein Brustkreuz funkelt in der Sonne. Er hebt segnend die Rechte. Als die Stadt Mainz in der Ferne versinkt, steht Abt Berno immer noch unbeweglich da und schaut zurück. Er nimmt von einem Freund Abschied. Er wird ihn nicht wiedersehen.

ALTSHAUSEN

Am Oberrhein verlassen Abt Berno und seine Begleiter das Treidelschiff. Der wohlmeinende Schiffer hat sie zuvor gewarnt: »Man redet allerorten von Räuberhorden und Diebsgesindel in den Wäldern. Wollt Ihr nicht lieber bis Basel mit mir fahren?« Abt Berno fühlt sich an die Wünsche und Pläne von Erzbischof Willigis gebunden. Ohne besondere Vorkommnisse erreichen die Reiter das freundliche Hügelland des Eritgaues mit seinen schilfumsäumten Seen und saftigen Weiden, gut bestellten Feldern und großen Laubwäldern. Suchen sie in einem Dorf Unterkunft für die Nacht, wird sie ihnen gern gewährt.

»Bald sind wir am Ziel. Unser letzter Gastgeber hat mir versichert, daß wir den Bodensee in etwa zwei Tagesritten erreichen werden.« »Das wird aber auch Zeit!« murrt Ludger. »Ich bin des ewigen Reitens müde.« Rutbert lacht. »Mir macht es nichts aus. Natürlich freue ich mich auf den Bodensee. Manchmal rieche ich schon das Wasser.« Wipold, der zukünftige Scholar, geht auf seine Worte ein. »Habt Ihr eine gute Nase, Bruder Rutbert!« staunt er. »Meine Sehnsucht gaukelt mir mancherlei vor, Wipold. Nachts träume ich sogar von der Reichenau.« »Dann habt Ihr einen furchtbaren Alptraum, Bruder Rutbert.« Ludger wirft dem fröhlichen Mitbruder einen tadelnden Blick zu. Da wendet sich Berno im Sattel um und fragt nicht ohne Schärfe: »Seid Ihr bereits auf der Insel gewesen, weil Ihr solches behauptet, Bruder Ludger?« Mit hochgezogenen Augenbrauen erwidert der Mönch: »Wenn ich mich nicht sehr irre, sprachet Ihr selbst immer von der Augia deserta, Vater Abt.« Genüßlich und betont dehnt er die Anrede. Mit Genugtuung bemerkt er, daß Röte in die von Sonne und Wind gebräunten Wangen des Abtes steigt. Berno will zuerst spontan und heftig antworten. Dann preßt er die Lippen zusammen und reitet weiter. »Es ist leicht, ihn zu verunsichern«, denkt Ludger und nimmt sich vor, dazu keine Gelegenheit zu versäumen. »Warum wählte der König einen jungen und unerfahrenen Mann für ein solches Amt aus? Die Schwierigkeiten sind vorauszusehen.«

Die Reiter kommen nur langsam voran. Das Erdreich ist weich, und sie müssen darauf bedacht sein, nicht wieder in sumpfiges Gelände zu geraten. Am frühen Morgen haben sie sich nur mit Mühe aus einem Moor befreien können. Ein Knecht nähert sich dem Abt. »Habt Ihr die Burg gesehen, Herr? Könnte das nicht Burg Altshausen sein?« »Du magst recht haben, Oswin. Wollen wir uns beeilen, daß wir sie vor Anbruch der Nacht erreichen!« Er lenkt sein Pferd in den Laubwald, der sie von dem Ziel des anstrengenden Tagesrittes trennt. »Als ob das Altshausen wäre!« wendet Ludger ein. »Nach meinen Berechnungen liegt es weiter südlich.« Hat sich der Mönch vorgenommen, stets zu widersprechen? Warum tut er das und stört immer wieder den Frieden der kleinen Reisegesellschaft? Sein bisheriges Verhalten läßt nichts Gutes von ihm auf der Augia erwarten. Warum hat Abt Urold ihn ausgewählt? Viele wären gern an seiner Stelle mitgeritten. »Notfalls sende ich ihn wieder nach Prüm«, beschließt Berno. Er hört Wipolds Knabenstimme hinter sich: »Heute bin ich rechtschaffen müde.« »Das kann ich nur bestätigen«, gähnt Rutbert. »Wie freue ich mich auf eine Nacht in Altshausen!«

Die Mönche und ihre Begleiter müssen einzeln hintereinander reiten. Der Pfad ist schmal. Zu beiden Seiten verwehrt dichtes Unterholz die Sicht. Es wird zunehmend dämmeriger. Mit einem Mal raschelt es im Gebüsch. Knackend und prasselnd zerbrechen Äste und Zweige. Einige Männergestalten springen schreiend und knüppelschwingend auf den Pfad und stürmen auf die Reiter zu. Das Tier des Abtes bäumt sich auf. Ein hünenhafter Mann mit rußgeschwärztem Gesicht greift in die Zügel und zwingt das Pferd nieder. Berno setzt sich mit bloßen Fäusten zur Wehr. Seine Rechte trifft das schwarze Gesicht. »Das sollst du büßen, Pfaffe!« brüllt der Wegelagerer und schleudert einen kurzen Speer. Berno spürt den Aufprall in der linken Brust und einen furchtbaren Schmerz. Dann schwinden ihm die Sinne. Von dem Getümmel des ungleichen Kampfes nimmt er nichts mehr wahr. Ludger und die Knechte können entkommen. Rutbert und Wipold liegen wie der Abt verletzt und ohne Besinnung im Gebüsch. Die Räuber haben ihre Pferde und Packtiere erbeutet. Lachend und johlend knoten sie die sorgsam verschnürten Bündel auf. Bücher und Schriften fliegen achtlos beiseite. Mit Triumphgeheul begrüßen sie die kostbaren Altargeräte, Paramente und Stoffe, schnüren die Bündel neu und beladen die Gäule damit. Der Anführer geht zu Abt Berno. Er liegt regungslos und blutüberströmt im Gras. Der Mann stößt ihn mit dem Fuß an. »Was willst du von dem, Ullo?« fragt einer seiner Spießgesellen erstaunt. »Der vermaledeite Pfaffe hat es gewagt, mich ins Gesicht zu schlagen«, brummt Ullo und tritt heftiger zu. »Ach, laß ihn! Der ist ohnehin hinüber. Komm, wir müssen uns sputen! Abends streifen die Reisigen des Altshauseners durch die Wälder.« Widerstrebend läßt Ullo von seinem Opfer ab. Die Wegelagerer traben mit ihrer Beute davon. Umhergestreute Schriften und Pergamente, zertretenes Gras und

abgebrochene Zweige liegen um die drei Opfer des Überfalls herum.
Es ist Nacht, als Abt Berno kurz sein Bewußtsein wiedererlangt. Verschwommen nimmt er ein Licht wahr, das über seinem Haupt zu schwanken scheint. Er weiß nicht, daß es der Mond ist zwischen dem Blattwerk eines Baumes, das sich im Wind bewegt. Um seine Brust liegt ein Ring wie von Eisen. Er kann kaum atmen. Er möchte fragen: »Wo bin ich?« Seine Lippen bewegen sich lautlos. Er vernimmt das Rauschen des Windes, kann es aber nicht deuten. Sein Mund ist ausgetrocknet. Seine Zunge liegt dick und pelzig im Mund. Seine schwach tastende Hand fühlt etwas Kaltes, Glattes – Gras und Steine. Er friert und zittert und will sich aufrichten, um eine Decke zu holen. Da durchfährt ihn ein furchtbarer Schmerz in Brust und Schulter. Er stöhnt und wird erneut besinnungslos.
Als er zum zweiten Mal seine schweren, verquollenen Lider öffnet, ist heller Tag. Undeutlich nimmt er über sich eine Zimmerdecke wahr, weißgekalkt mit schweren braunen Holzbalken. »Wo bin ich?« Er kann sich an nichts erinnern. Sein Kopf schmerzt. Mühsam tastet seine Rechte nach der linken Brust, in der es schmerzt, brennt und pocht. Er fühlt Leinenbinden. »Was ist mit mir? Bin ich krank?« Seine aufgesprungenen Lippen mühen sich um ein Wort. »Wasser«, haucht er. Jemand beugt sich über ihn, und eine helle Stimme sagt freudig: »Gott sei Dank! Er ist endlich zu sich gekommen.« Umrißhaft nimmt er eine lichte Gestalt wahr. *»Wasser!«* fleht er leise. Behutsam hebt jemand seinen Kopf an und setzt einen Becher an seinen Mund. Wasser, kühles, klares Wasser, welch köstliches Getränk! Er kann nur mit Beschwerden schlucken, aber er trinkt, bis der Becher geleert ist. Sein Helfer legt ihn sanft auf das Kissen nieder und trocknet mit

einem weichen Tuch sein schweißnasses, fieberrotes Gesicht. »Wo... wo?« flüstert er fragend. »Ihr seid auf Burg Altshausen, Abt Berno. Ihr seid krank. Ihr wurdet von Wegelagerern überfallen und verletzt.« »Abt Berno?« denkt er mühsam. Es ist ihm, als wate er durch dichten Nebel. »Bin ich das etwa – Abt Berno?« Aus seinem Unterbewußtsein steigt eine ferne Erinnerung auf. Abt Berno? Gehörte dazu nicht ein Lederbeutel mit einem Ring und einem Kreuz? Unruhig wandert seine Rechte über die Decke, tastet und sucht. Erneut stammelt er: »Wo? Beutel?« »Ihr sucht nach Eurem Lederbeutel? Den haben die Räuber zum Glück nicht entdeckt. Hier ist er.« Man legt ihm den Beutel in die schwache Hand. Mit dem Anflug eines Lächelns im stoppelbärtigen Gesicht schließt er die Augen.

Nach einem längeren, erquickenden Schlaf erwacht der Kranke. Er nimmt seine Umgebung deutlich wahr, die Kammer, die alte Frau, die an seinem Lager wacht und die junge Frau, die ihn verbindet und füttert. Ohne Widerspruch trinkt er die bitteren Heiltränke, die sie ihm reicht. Bald besuchen ihn Rutbert und Wipold. Außer etlichen Schrammen und Beulen ist ihnen nichts mehr anzumerken. »Unsere Verletzungen waren nur geringfügig«, berichtet Rutbert. Abt Berno freut sich darüber. »Und wie geht es Bruder Ludger?« Die beiden Gefährten tauschen einen unbehaglichen Blick. Rutbert räuspert sich. »Bruder Ludger und die Knechte sind wie vom Erdboden verschwunden.« Rutbert möchte dem schwerkranken Abt nicht das ganze Ausmaß ihres Verlustes sagen. Er atmet auf, als wie auf ein Stichwort der Burgkaplan eintritt, um sich nach dem Befinden des Kranken zu erkundigen. »Wie ich sehe, geht es Euch wieder besser, Herr Berno. Bei der Pflege durch unsere Herrin, die heilkundige Frau Hiltrud, ist das freilich kein Wunder. Sie vermag Mensch und Tier zu helfen.« Frau Hiltrud? Das ist gewiß die ältere Frau, die oft an seinem Lager sitzt mit ruhiger und freundlicher Besorgtheit. Er wird sich bei ihr bedanken. Als er das nächste Mal die Augen aufschlägt, sitzt die Frau auf einem Schemel neben ihm. »Endlich kann ich Euch danken, edle Frau Hiltrud«, beginnt er mühsam und stockend. Da lacht die Frau hell auf und schlägt die kräftigen Hände zusammen. »Nein, nein, Herr Abt, macht nicht die Magd zur Herrin! Ich bin die alte Sanna. Die junge Herrin hat Euch gepflegt. Ich habe sie nur abgelöst, weil sie für ihre Familie und ihr Hauswesen zu sorgen hatte.« Lächelnd denkt Berno über seinen Irrtum nach. »Dann danke ich Euch für Eure treue Mithilfe, liebe Sanna.«

Frau Hiltrud kommt mit Rutbert, um seinen Verband zu erneuern. Sie tut es mit Behutsamkeit und Sachkenntnis. Dennoch muß sie ihm Schmerzen bereiten. Er unterdrückt mit Mühe ein Stöhnen, als sie die letzte festgeklebte Binde von der großen Wunde löst. »Eure Wunde sieht bereits besser aus, Abt Berno. Ihr hattet Glück im Unglück.« Sie reinigt die Wunde, legt eine Kräutersalbe auf eine Leinenbinde und erneuert mit Rutberts Hilfe den Verband. Zum ersten Mal betrachtet der Kranke seine Pflegerin bewußt, als sie sich über ihn beugt. Sie ist jung, zart und mädchenhaft. Ist sie wirklich schon Ehefrau und Mutter? »Und zum guten Schluß die Bitterkräuter!« Unwillkürlich verzieht er sein Gesicht, als er den Becher mit dem scharf schmeckenden Getränk leert. Sie lacht. Er sieht ihr in die leuchtend blauen Augen. »Herrin, ich möchte Euch danken! Warum habt Ihr meine Pflege übernommen? Es ist doch schwere Arbeit.« Unbeschwert erwidert Frau Hiltrud: »O, des Rätsels Lösung ist denkbar einfach. Ich bin der einzige Mensch in weitem Umkreis, der in der Heilkunde bewandert ist. Meine gute Frau Mutter hat es mich gelehrt. Ruht Euch aus und schlaft. Ihr müßt viel Kraft zurückgewinnen.« Fürsorglich glättet sie Kissen und Decken. »Ist Ludger inzwischen mit unserem Reisegut eingetroffen?« Sie schüttelt das Haupt mit den schweren blonden Flechten. »Nein, er traf nicht hier ein. Unsere Knechte fanden Bücher und Pergamente im Gebüsch, sonst nichts.« Ein armer, ausgeplünderter Abt wird zur Augia kommen, die selbst arm und ausgeplündert ist. »Wahrlich, da passe ich vortrefflich hin«, sagt er halblaut. Besorgt betrachtet Frau Hiltrud sein eingefallenes, bärtiges Gesicht. Steigt sein Fieber wieder? Wahrscheinlich hätte sie ihm die schlechte Kunde noch nicht sagen dürfen! Da fällt ihr ein, daß sie ihm auch eine Freude bereiten kann. »Unsere Leute entdeckten in einem Haselstrauch ein wunderschönes Kreuz mit einem ausdrucksvollen Christus. Wollt Ihr das haben?« Da leuchten die dunklen Augen auf. »Das Kreuz des Erzbischofs Willigis! Würdet Ihr dieses Kreuz in meine Kammer bringen lassen?« Sie eilt davon, trägt das große Kreuz herbei und stellt es so auf einen Stuhl vor ihn hin, daß er es betrachten kann, ohne den Kopf zu heben. Hat er ihre Gegenwart vergessen? Sein Blick sucht den des Gekreuzigten. Auf leisen Sohlen verläßt Frau Hiltrud die Kammer. Sie weiß ihn in guter Obhut.

Am Abend des gleichen Tages lernt Abt Berno den Burgherren kennen, den Grafen Wolfrad II. von Altshausen. Polternd betritt der große, derbgesichtige Mann die Krankenstube. »Was macht Ihr für Sachen, Vater Abt, und das so nahe bei der Reichenau!« Seine tiefe, kräftige Stimme dröhnt laut durch den kleinen Raum. »Euretwegen bin ich mit meinen Leuten tagelang durch die Wälder gestreift auf der Suche nach dem Raubgesindel und habe es nicht zu fassen bekommen. Ich bin indes zufrieden, daß es wieder aufwärts mit Euch geht. Als wir Euch am Morgen nach dem Überfall fanden, weil Euer

treuer Rutbert uns gerufen hatte, hätte ich keinen Heller für Euer Leben gegeben. Der Speer traf Euch nah am Herzen. Ihr habt viel Blut verloren.« Bei dem Gedanken an die Todesnähe, in der er sich befunden hat, überläuft den Abt ein Frösteln. Graf Wolfrad lacht. »Keine Sorge! Ihr waret nicht reif für den Himmel. Den werdet Ihr Euch auf der Reichenau verdienen... Die Reichenau...« Er macht eine geringschätzige Handbewegung. »Diese elende Reichenau! Für den ganzen Adel rings um den See ist sie inzwischen zum Greuel geworden, zu einer Stätte der Verwüstung.« Der Kranke will zum Sprechen ansetzen, muß aber zuerst die trockenen Lippen netzen. »Was ist denn gar so Schlimmes an der Abtei?« fragt er und wartet ängstlich auf die Antwort. Mit offenem Mund starrt der Graf ihn an und schlägt sich dann mit beiden Händen auf die Schenkel. »Das fragt Ihr mich? Das finde ich lustig. Seid Ihr denn nicht unterrichtet worden, als man Euch das Amt übertragen hat? Gegen früher zählt die Abtei kaum Mönche. Die anderen sind unter dem allzu gestrengen Abt Immo entlaufen. Sie haben Kelche, Paramente und Schriften mitgenommen. Die Hauptkirche des Klosters ist nach dem großen Brand von 1006 nur notdürftig geflickt. Feierliche Gottesdienste gibt es ohnehin nicht mehr. Der Prior kümmert sich kaum darum, auch nicht um die Bewirtschaftung der Ländereien. Sie liegen zum großen Teil brach. Das, mein lieber Herr, ist Eure ehedem so reiche Aue. Wir Herren aus den Landen rund um den See hatten just beschlossen, den König um die Aufhebung der Abtei zu bitten, als er Euch zum Abt ernannte. Beeilt Euch mit Eurer Genesung! Ihr werdet auf der Insel Wunder wirken müssen.«
Wie Schläge haben die Ausführungen des Grafen den Wehrlosen getroffen. In seiner Schwäche sieht er in der ihm übertragenen Aufgabe eine Gefahr, der er entfliehen möchte. In

der Nacht steigt sein Fieber. Wipold, der bei ihm gewacht hat, ruft aufgeregt nach Frau Hiltrud. Der Kranke wälzt sich stöhnend hin und her. Als sie ihm ihre kühle Hand auf die Stirn legt, wird er ruhiger. Zieht sie die Hand fort, will er aufstehen. So bleibt sie Stunde um Stunde an seinem Lager sitzen. Was er in seinen Fieberträumen stammelt, verrät ihr den Grund für seinen Rückfall. Seine wirren Reden kreisen um die Reichenau, die Augia deserta. »Ich kann es nicht!« fleht und stöhnt er ein um das andere Mal. »Laßt mich gehen, König Heinrich! Das Erbe ist zu schwer für meine geringe Kraft. Wenn Ihr es mir nicht glauben wollt, so fragt den Grafen Wolfrad. Nein, nicht zur Reichenau, nein, nein ...«
Gegen Morgen öffnet der Fiebernde weit die Augen, sieht die Frau, deren gelöste blonde Flechten sie wie einen Mantel umhüllen. Er erkennt sie nicht, denn er betet: »Liebe Mutter Maria, lege du Fürbitte bei deinem Sohne ein, daß dieser Kelch an mir vorübergehen möge.«
Sanna löst Frau Hiltrud am Morgen ab. Unverzüglich begibt sie sich zu ihrem Gatten. »Was habt Ihr dem Leidenden Furchtbares erzählt, Graf Wolfrad? Er erlitt einen schweren Rückfall.« »Nur die Wahrheit über die vermaledeite Insel. Konnte ich ahnen, daß dieser Mann ein Schwächling ist?« Ihre Augen leuchten in verhaltenem Zorn auf. »Sobald es um andere Menschen geht, verläßt Euch Euer Ahnungsvermögen reichlich oft, Herr Wolfrad.« Seine dichten Brauen ziehen sich zusammen. Er wirft ihr einen finsteren Blick zu. »Sorgt Ihr Euch nicht zu sehr um diesen Pfaffen? Ist es dieser Mönch etwa wert, daß wir uns streiten, liebes Weib? Ich rate Euch, nicht zu gut für ihn zu sorgen! Er sei hier Gast bis zu dem Tag, an dem er reisefähig ist. Laßt im übrigen seine Leute für ihn sorgen.« Sie richtet sich gerade auf und sieht ihm fest in die Augen. »Ihr wißt genau, daß nur ich in der Burg heilkun-

dig bin, Herr Wolfrad. Ich werde weiter für ihn sorgen, wie es mir meine Christenpflicht gebietet.« Unwillig wendet er sich ab und stapft aus dem Zimmer. Hart fällt die Türe hinter ihm ins Schloß. Dann reißt er sie wieder auf und brüllt: »Wie es die Christenpflicht gebietet und kein Jota mehr!« Krachend schlägt die Türe zu. Eine ganze Weile steht Frau Hiltrud unbeweglich mitten in der Stube, ein helles Rot auf den Wangen und einen unergründlichen Ausdruck in den Augen. So trifft Sanna sie an. Sie muß ein paarmal rufen, ehe sie sich ihr zuwendet. »Frau Hiltrud! Frau Hiltrud!« Wie eine Erwachende fährt sie sich über Stirn und Augen. »Ja, Sanna, was gibt es denn?« »Er verlangt nach Euch.« Gräfin Hiltrud folgt der Magd in die Krankenstube. Beiden ist nicht aufgefallen, daß Sanna keinen Namen genannt hat.

Langsam bessert sich Bernos Befinden. Nach drei Wochen kann er mit Rutberts Hilfe sein Lager verlassen und eine Stunde im Lehnstuhl sitzen. Dann wagt er die ersten Schritte auf dem langen Flur der Burg. Er ist unbeholfen wie ein kleines Kind und zitterig wie ein hochbetagter Greis. Er übt mit Ausdauer und Hingabe. Die Zeit wird ihm zu lang. Die Ernte ist eingebracht, und bald werden sich die Blätter herbstlich färben. Er möchte zur Augia. Mit der Kraft, die er Tag für Tag zurückgewinnt, hat er wieder das innere Ja zu seinem Auftrag gefunden. Die Schwierigkeiten haben sich nicht verringert, aber Gott hat sein Leben erhalten. Nun will er es für Ihn auf der Augia einsetzen.

An einem warmen Sommertag geht er an Rutberts Arm ins Freie. Zum ersten Mal kann er die frische Luft einatmen. Er wagt noch nicht, ganz durchzuatmen. Bei jedem tieferen Atemzug meldet sich die kaum vernarbte Wunde in seiner linken Brust. Im Burggarten lädt eine steinerne Bank zu einer Ruhepause ein. Sie steht inmitten blühender Heilkräuter.

»Ihr habt Euch einem starken Abt verschrieben, Bruder Rutbert«, scherzt Berno mit bitterem Unterton. »Ob wir die Augia vor dem Winter erreichen werden?« Er seufzt ungeduldig. »Ihr macht jeden Tag Fortschritte, Vater Abt«, tröstet Rutbert ihn. »Frau Hiltrud meint aber, Ihr dürftet Euch nicht zuviel zumuten und nichts erzwingen wollen.« Nachdenklich sieht Berno in das bunte Blühen um ihn her. »Meinte sie dies? Sie hält meine Genesung für abgeschlossen. Sie schaut nicht mehr nach mir.« Der junge Mönch macht ein trauriges Gesicht. »Ihr seid mit meinen Diensten nicht zufrieden, Vater?« Hastig wehrt Berno ab: »Nein, so meinte ich das nicht.« Er gibt keine weitere Erklärung. Seit die unmittelbare Lebensgefahr vorüber ist, hat ihn Frau Hiltrud den Gefährten überlassen. Wäre ein aufmunterndes Wort von ihr nicht hilfreich für ihn gewesen?

»Da kommt Frau Hiltrud«, sagt Rutbert freudig. Vorsichtig wendet der Abt sich um. Da naht die Frau. Sie trägt in jeder Hand einen Korb. Hinter ihr kommt die alte Sanna. Sie hält den kleinen Wolfrad auf dem Arm. Wipold folgt den beiden Frauen. Er schleppt schwer an vollen Körben. Bei der Steinbank verhält Frau Hiltrud den Schritt. »Wie geht es Euch, Abt Berno?« erkundigt sie sich freundlich. »Jeden Tag etwas besser, Frau Hiltrud«, antwortet er leise und befangen. Rutbert verrät ihn. »Der Vater Abt ist ungeduldig. Ihm geht es zu langsam voran.« Das freundliche Antlitz der Burgherrin wird streng. Sie sagt tadelnd: »So, Ihr seid ungeduldig? Schämt Euch dessen und dankt unserem Herrn dafür, daß Ihr noch am Leben seid!« Ehrlich zerknirscht senkt der Abt den Kopf. »Verzeihet mir die Ungeduld, Frau Hiltrud! Ihr habt recht, aber man wird auf der Augia nach mir Ausschau halten ...« Ein wenig atemlos eilt der Burgkaplan herbei: »Herrin, Vater Abt, die Boten, die unser Herr Graf zur Augia gesandt hat, kamen gerade zurück. Ich soll Euch bestellen, Vater Abt, daß Bruder Ludger schon wochenlang auf der Insel weilt.« Ludger seit Wochen auf der Augia? Rutbert und Wipold schauen einander betroffen an. »Nehmt es Euch nicht zu Herzen, Vater Abt«, sagt Frau Hiltrud in mitleidigem Verstehen. Müde und traurig schaut er zu ihr auf. »Ihr verlangt zuviel von mir, edle Fraue! Mein Bruder Ludger floh vor den Wegelagerern, das war sein gutes Recht. Doch er überließ uns einfach unserem Schicksal, und seine Flucht führte ihn bis zur Reichenau. Nennt Ihr das Treue?« Sie weicht seinem Blick nicht aus. »Treue ist es wahrlich nicht. Ich kann verstehen, daß Euch dies Verhalten schmerzlich berührt. War Euch Gott dafür nicht hier in Altshausen gut, Herr Berno?« Da weiten sich seine Augen, als habe er mit einem Male etwas ganz Neues und Schönes erkannt. Ehe er etwas sagen kann, fährt die junge Frau hastig fort: »Dankt Ihm für Seine Güte, indem Ihr auf der Augia zu den Menschen gütig seid, auch zu Bruder Ludger! Nun muß ich zu meinen Armen.« Sie eilt davon, als müsse sie vor etwas fliehen. Er schaut ihr nach. »Ja, ich habe Gott zu danken.«

Er bittet Rutbert, ihn in den Burghof zu bringen. Dort betreut Frau Hiltrud ihre Armen. Es ist eine große Schar aus dem Eritgau: Männer und Frauen, Greise und Kinder, arme oder bresthafte, ausgemergelte und mit allerlei Krankheiten behaftete Elendsgestalten. »Die Armen wissen, unsre Herrin zu finden«, erzählt die alte Sanna. »Von weither pilgern sie nach Altshausen.« »Und Graf Wolfrad duldet das so ohne weiteres?« fragt Rutbert erstaunt. Sanna zuckt die Achseln. »Er sieht es freilich nicht allzu gern, aber was will er dagegen tun? In ihrer Güte ist unsere Herrin stärker als er. Sie ist die Mutter der Burgleute und die Mutter der Menschen im ganzen Land.« Mutter Hiltrud! Unermüdlich teilt sie Brot,

Fleisch und Suppe an die Armen aus. Mutter Hiltrud! Und sie ist so jung und erscheint zart und verletzlich. Sie spricht mit jedem der armen Menschen oder hört ihm zu, geduldig, liebreich und mütterlich. Dem Bettler schenkt sie eine warme Jacke; die alte Frau erhält ein großes Stück gewebten Tuchs. Die Kranken bekommen Kräuter, Salben und heilsame Tränke. Einem Kind verbindet sie kniend den verletzten Fuß. Einen Greis, der sich schwach und zitterig auf seinen Knotenstock stützt, fragt sie: »Hast du ein Obdach, alter Vater?« Er brabbelt Unverständliches. Sofort ruft Frau Hiltrud einen Knecht herbei. »Bereite ihm ein Lager in einer der leeren Kammern. Ich sehe später nach ihm.« Die Sonne sinkt bereits, als der letzte Arme den Burghof verläßt. Abt Berno hat die ganze Zeit, auf den Brunnenrand gekauert, ausgeharrt. Wie groß ist die mütterliche Liebe dieser Frau! Jung und reich und schön könnte sie ihr Leben unbeschwert genießen, und sie dient den Armen. Hiltrud von Altshausen und Bischof Willigis von Mainz! Er denkt an die Worte des Kirchenfürsten nach der Speisung der Bettler: »Dient ihnen! Sättigt und tröstet sie! Verbindet ihre Wunden! Laßt sie durch Euer Tun erfahren, daß unser Gott ein Gott der Güte und der Liebe ist!«

Am Abend bringt Frau Hiltrud ihm seine Kutte, die er bei dem Überfall durch die Wegelagerer getragen hat. Das Gewand ist gewaschen und geflickt. »Wollt Ihr die Kutte überhaupt verwahren, Vater Abt? Durch den großen Flicken sieht sie trotz aller Mühe ärmlich und mitgenommen aus. Überzeugt Euch selbst!« Auf der Vorderseite, dort wo Ullos Speer sie zerfetzte, ist der große Flicken aufgesetzt. »Die Kutte nehme ich mit. Sie ist mir eine bleibende Erinnerung an Altshausen und an Eure Güte und Fürsorge, Frau Hiltrud. Habt Ihr den Flicken selbst verfertigt?« Sie nickt. Seine Fin-

gerkuppen fahren leicht darüber hin. Die Bewegung ist fast zärtlich. Ein Erschrecken huscht über das Gesicht der Frau, als sie sein unbewußtes Tun bemerkt. Wortlos verläßt sie das Zimmer. Der Mönch sitzt in seinem Lehnstuhl mit der geflickten Kutte auf dem Schoß. Was sehen seine Augen, die seltsam groß zu staunen scheinen? Bruder Rutbert bringt ihm die Abendsuppe. »Legt die Kutte bitte sorgsam unter das Kreuz des Herrn Willigis«, bittet er. Beim Essen schaut Abt Berno einmal auf. Im Kerzenschimmer sieht der hölzerne Christus wie lebendig aus. Seine Augen scheinen zu fragen. Plötzlich sagt Abt Berno: »Ja, Herr, ich habe Dich verstanden. Ich danke Dir . . . für alles . . . Rutbert, wir müssen bald, ganz bald zur Augia! Gewiß schenkt mir der Herr die Kraft dazu.«
Fortan zwingt Abt Berno seinen widerstrebenden Körper zum Gehorsam. Er überwindet Kraftlosigkeit und Schwäche. Täglich wird er beweglicher, geht allein und dehnt seine Wege aus. Graf Wolfrad bewundert ihn insgeheim. Welche Schmerzen muß die Narbe dem Mönch bereiten!
Als er nach einem weiten Weg erschöpft zur Burg kommt, mahnt ihn Frau Hiltrud besorgt: »Ihr müßt Euch mehr schonen, Herr Berno. Ihr übernehmt Euch. Die kaum verheilte Wunde könnte sich wieder öffnen.«
Graf Wolfrad lacht darüber. »Kleine Mutter Hiltrud, Ihr dürft nicht zu besorgt um Euren Schützling sein. Ein Mann will sich bewähren und beweisen, welche Kraft in ihm steckt. Wenn mich nicht alles täuscht, treibt es Euch mit Macht nach Süden, Vater Abt. Ihr wollt uns baldmöglichst verlassen, nicht wahr?« Mit einer angedeuteten Verneigung antwortet der Mönch zustimmend: »Ihr habt meinen Wunsch erraten, Graf Wolfrad. Ich bin Euch viel zu lange zur Last gefallen. Bald wird es Herbst. Ich will und muß zur Augia! Habt Ihr ein ruhiges Pferd im Stall? Ich möchte versuchen, ob ich wieder

reiten kann.« Unwillkürlich geht Frau Hiltrud einen Schritt auf ihn zu. Sie ruft: »Nein, Herr Berno, das dürft Ihr nicht! Das ist viel zu früh!« Mit einer besitzergreifenden Geste, die ohne jede Zärtlichkeit ist, legt ihr der Graf den Arm um die Schultern und zieht sie an sich. »Nicht übertreiben, Frau Hiltrud! Abt Berno hat sich an mich gewandt. Ja, Herr Berno, ich verstehe Eure Eile. Ihr müßt Euch sputen. Zu später Jahreszeit könnten Stürme und andere Wetterunbilden die Überfahrt zur Reichenau erschweren. Darum ist jeder Tag kostbar. Ihr habt keine Zeit mehr zu verlieren. Kommt mit mir! In meinem Stall steht eine sanfte Schimmelstute. Sie hat einen besonders ruhigen Gang.«

Am nächsten Tag unternimmt Abt Berno seinen ersten Reitversuch. Der Graf hat nicht zuviel versprochen. Die alte Stute geht bedächtig und geruhsam. Dennoch spürt er jeden ihrer Huftritte wie ein schmerzhaftes Echo in seiner Narbe. Nach kurzer Zeit ist er blaß und schweißgebadet. In der nächsten Nacht lassen ihn die Schmerzen in Brust, Schulter und Arm kaum Ruhe finden. Mit Wipolds Hilfe steigt er am nächsten Morgen wieder in den Sattel. Er dehnt seinen Ritt aus und läßt den alten Gaul erstmals traben. Rutbert und Wipold begleiten ihn. Sein Gesicht ist vor Anstrengung und Schmerzen verzerrt. Besorgt meint Rutbert: »Vater Abt, man sieht Euch an, wie Euch das Reiten angreift.« Behutsam holt Berno Luft. Das Durchatmen bereitet ihm immer noch erhebliche Schmerzen. »Ich will nicht leugnen, daß es eine echte Buße für mich ist, aber ich muß sie auf mich nehmen.«

Vor dem Burgtor treffen die drei Reiter Frau Hiltrud, Sanna und den Burgkaplan. Sie haben im Dorf Alte und Kranke besucht und gehen mit leeren Körben heimwärts. Die Reiter zügeln ihre Pferde und steigen ab. Mühsam unterdrückt der Abt einen Schmerzenslaut. Er hat sich unbewußt mit dem linken Arm aufgestützt. Einen Augenblick lehnt er mit geschlossenen Augen am Pferdeleib. »Wollt Ihr nicht doch mit dem Reiten warten, Vater Abt?« In den leisen Worten der Frau Hiltrud liegt ein flehentliches Bitten. »Es wäre wirklich besser und vernünftiger, edle Fraue«, gesteht er freimütig ein. Er sieht sie an. Ihre Augen sind so leuchtend blau wie ihr Gewand und der hohe Himmel über dem Hügelland. Wie atemlos stehen die beiden Menschen voreinander. Dann wendet sich der Abt zur Seite und sagt tonlos: »Ihr versteht auch, daß ich bald reisen muß.« Frau Hiltrud nickt wortlos. Es muß sein ...

Sie eilt durch das Tor in den Burghof. Die anderen folgen ihr. Es ist ein seltsamer Zug, der in den äußeren Burghof einzieht. Voran schreitet die Frau im blauen Gewand. Ihr folgt, mit der Schimmelstute am Zügel, der Abt. Dann kommen Sanna und der Burgkaplan. Wipold und Rutbert bilden das Schlußpaar. Auf dem Hof hält Graf Wolfrad einem verschüchterten Bauern eine seiner dröhnenden Reden. Da erblickt er die Ankömmlinge. »Welch eine Prozession! Habt Ihr eine Wallfahrt gemacht und für meine schwarze Seele gebetet?« Anscheinend erwartet er nicht, daß jemand seinen vermeintlichen Scherz beantwortet. Er packt den Bauern am Arm und schüttelt ihn. »Seht nur, Frau Hiltrud, einer Eurer geliebten Bauern! Ulf hat zum dritten Mal den Zehnten nicht entrichtet. Nun jammert er mir die Ohren voll wegen seiner alten Eltern und seiner kranken Frau. Mit diesem faulen Pack war ich allzu nachsichtig ... Euretwegen. Jetzt ist endgültig Schluß. Ich jage ihn von seinem Hof.« Frau Hiltrud geht zu dem Wütenden. »Nein, bitte nicht! Entscheidet nicht übereilt, mein Gemahl! Hört mich zuvor an ...« »Wenn ich Euch zuhöre, bin ich verloren«, fällt ihr der Altshausener ins Wort und will den Bauern fortzerren. Verzweifelt stemmt der Mann seine Füße in den Boden und winselt unter den Fäusten des Grafen: »Herrin, helft mir! Bitte, helft!« Mutig stellt sich die schmächtige Frau ihrem erzürnten Gatten in den Weg. Mit einer einzigen Handbewegung könnte er sie beiseite schleudern. Ihre Augen sind unverwandt auf ihn gerichtet. Drohend starrt er zurück und befiehlt mit rauher Stimme: »Geht mir aus dem Weg, Frau Hiltrud!« Sie bleibt stehen, ganz ruhig und ganz aufrecht. Sie schweigt. Nur ihre Augen sprechen. Es dauert lange. Zuerst löst der Graf seinen harten Griff vom Arm des Bauern. Dann streicht er verlegen über sein bärtiges Kinn und senkt die schweren Lider. Nun spricht Frau Hiltrud zu ihm, sanft und freundlich: »Mein Herr Gemahl, was Ulf Euch von seinen Eltern und seiner Frau erzählt hat, ist wahr. Wir kommen nämlich gerade von dort. Not und Elend sind seine Hausgenossen.« Graf Wolfrad fährt zu dem Bauern herum und befiehlt barsch: »Verschwinde rasch von hier! Die Schuld ist dir erlassen. Bedank' dich bei der Herrin! Mach', daß du fortkommst, ehe ich es mir anders überlege!« Ulf läßt sich kein zweites Mal auffordern. Er stürzt davon, so schnell ihn seine Beine tragen. Mit einem unfrohen Lachen begleitet der Graf den eiligen Rückzug.

Jetzt denkt er wieder an die Umstehenden. Mißmutig betrachtet er sie, die Zeugen seiner Niederlage. Sein Blick verheißt nichts Gutes. Am längsten ruhen seine Augen auf Abt Berno. »Nach Euren Vorübungen könnt Ihr sicherlich bald die große Reise wagen, nicht wahr?« Wider besseres Wissen bestätigt Berno dies. »Wir reisen in einigen Tagen, Graf Wolfrad.« »Bei Gott, das hoffe ich«, entfährt es dem Ritter. Er mildert seine deutliche Grobheit, indem er hastig hinzufügt: »Sollte das Reiten für Euch zu beschwerlich sein, stelle ich Euch einen Wagen zur Verfügung. Für alles, was Ihr auf der Reise nötig habt und was Ihr als Ersatz für Euer verlorenes Reisegut

braucht, wird meine Gattin Sorge tragen.« Frau Hiltrud äußert keinen Widerspruch. Sie nickt mit einem starren Lächeln, neigt kurz ihr Haupt und wendet sich rasch dem Hause zu.
Zwei Tage später reisen die Mönche ab. Graf Wolfrad schenkt dem Abt die sanfte Schimmelstute. Ein Trupp Reisige wird unterwegs für die notwendige Sicherheit Sorge tragen. »Damit Euch vor Eurem Ziel nichts mehr zustößt«, meint Graf Wolfrad bei der Abschiedsmahlzeit. »Wie sollen wir Euch für Eure Großzügigkeit und die so lange gewährte Gastfreundschaft danken«, beginnt Abt Berno. Der Ritter schneidet ihm das Wort ab. »Ihr braucht mir nicht zu danken. Bemüht Euch um die Augia, damit sie uns nicht länger zum Ärgernis wird! Wer weiß, ob ich später einmal auf Eure Dankesschuld gegen Altshausen zurückkommen werde.« Als Abt Berno von Frau Hiltrud Abschied nehmen will, kniet sie vor ihm nieder und sagt mit fester Stimme: »Vater Abt, ich bitte Euch um Euren priesterlichen Segen!« Er erfüllt ihren Wunsch mit großer Innigkeit. Dabei ist sie ihm ganz nah und zugleich ganz fern. »Gottes Liebe sei Euer Lohn, Frau Hiltrud!«

INSEL IM NEBEL

Am frühen Nachmittag des ersten Tages kann sich Abt Berno kaum noch im Sattel halten. Er ist vor Müdigkeit und Schmerzen wie benommen. Sie nähern sich einem Dorf mit einer kleinen, wehrhaften Kirche. Kunold, der Anführer der Altshausener Reisigen, teilt dem Abt ehrerbietig mit: »Frau Hiltrud hielt es für erforderlich, daß wir hier in Weidhofen eine Rast einlegen. Der Pfarrer wurde von unserem Kommen unterrichtet.« Der Abt lächelt etwas mühsam und dehnt die schmerzenden Schultern. Er wehrt sich nicht gegen die Fürsorge. »Wenn dem so ist, wollen wir der edlen Fraue gehorsamen, Kunold.« Im Pfarrhof ist bestens für die Gäste vorgesorgt. Berno spricht nur mäßig den Speisen zu und begibt sich bald zur Ruhe. Als Rutbert ihm einen Schlaftrunk bringt, ist er bereits eingeschlafen. Auf dem Schemel neben dem Lager liegt der Lederbeutel. In der Küche sitzen Rutbert, Wipold, Kunold und der Pfarrer lange beisammen am offenen Herdfeuer. »Der heutige Ritt war für Euren Vater Abt viel zu anstrengend. Manchmal befürchtete ich, er würde vom Pferd fallen. Dabei sind wir so langsam geritten, als nähmen wir an einem Begräbnis teil«, stellt Kunold bedauernd fest. Rutbert beißt sich auf die Lippen. »Wenn Ihr ihm dies sagt, wird er es nicht einsehen wollen. Ein inneres, ein ehernes Gesetz zwingt ihn zur Augia. Dagegen läßt sich nichts ausrichten, was wir auch planen mögen.« »Wenn wir recht leise sind, verschläft der Abt vielleicht den halben Tag, und dann bleibt Ihr morgen einfach hier, weil Ihr den nächsten Ort vor Anbruch der Nacht nicht mehr erreichen könnt«, schlägt der Pfarrer von Weidhofen vor. »Das wird Euch bei Abt Berno nicht gelingen!« ruft Wipold spontan und errötet ob seines Vorwitzes. Der Mönch weist ihn nicht zurecht. Er nickt nur und hebt mit einer hilflosen Geste die Hände. »Es wird so kommen, wie Wipold sagte. Herr Berno ist unser Abt. Er hat die Weiterreise zu bestimmen. Warten wir ab. Gebe Gott, daß die Natur ihr Recht verlangt!«

Schon beim ersten Hahnenschrei erwacht der Abt. Es ist halbdunkel in der Kammer. Er muß sich zuerst darauf besinnen, wo er sich befindet. Seine Glieder sind steif und schmerzen. Seine Gedanken sind klar. Langsam erhebt er sich von seinem Lager, findet den Weg in den Hof und erfrischt sich am kalten Brunnenwasser. »Ihr...Ihr seid schon aufgestanden?« Erschrocken begrüßt der Pfarrer seinen Gast, als habe er einen Geist vor sich. »Wie Ihr seht!« Berno lächelt verständnisinnig. »Ihr wolltet mich lange schlafen lassen und in Weidhofen behalten, nicht wahr? Aus diesem Plan wird nichts.«

Im kleinen Kirchlein bringt Abt Berno das heilige Opfer dar vor der müden Gemeinde seiner Begleiter. Innig betet er für seine Wohltäter, vor allem für Frau Hiltrud. Beim Frühmahl wagt Rutbert die Frage: »Wäre eine längere Ruhepause in Weidhofen nicht besser, Vater Abt?« Mit fast grimmigem Spott antwortet Berno: »Für wen sollte sie besser sein? Für Euch? Seid Ihr so müde?« Trotz dieser Absage stammelt der Pfarrer: »Es wäre eine Ehre für Weidhofen, wenn Ihr länger hier verweilen würdet, Vater Abt.« Nun lacht der Mönch und meint: »Was Ihr für Ränke spinnt! Denkt Ihr wirklich, ich würde Euch nicht durchschauen? Laßt es gut sein. Ich muß weiter. Sagt mir, Kunold, hat nicht Frau Hiltrud bestimmte

Tagesritte und Ruhepausen vorgeplant?« Verlegen gesteht der Mann es ein. Vergnügt schmunzelnd, beendet der Abt das Thema: »Halten wir uns also an die Weisungen der edlen Herrin!«

Der beschwerliche Ritt wird fortgesetzt. Abt Berno steht die langen Ritte durch, ohne zu klagen. Sein tiefgebräuntes Antlitz wird hager und hohlwangig. Am Abend des vierten Reisetages erreichen sie den Bodensee. Die Sonne ist untergegangen. Am Himmel leuchtet die Mondscheibe. Ihr Licht glänzt metallen auf der Wasserfläche. Mit gleichmäßigem Plätschern rollen kleine Wellen an das Ufer. Im Ried raschelt der Nachtwind. Die Männer möchten in Jubel ausbrechen, aber sie schweigen, weil Abt Berno schweigend am Ufer entlang reitet. Sagt er ein stilles Dankgebet? Kunold spricht ihn an und weist auf ein paar Lichter in der Nähe. »Da ist der Hof des Freien Hademar, unsere letzte Rast vor der Überfahrt zur Insel Reichenau.« Wie auf jeder Station ihrer Reise haben auch hier Frau Hiltruds Boten das Nötige veranlaßt. Hademar und seine Frau nehmen die Gäste herzlich auf und bewirten sie vortrefflich. »Wie gelangen wir morgen auf die Insel, Herr Hademar?« fragt Berno beim Mahl seinen Gastgeber. »Meine Knechte werden Euch zur Augia rudern, Vater Abt. Die Pferde werden derweil auf meinem Hof betreut.« »Kehrt Kunold mit den Reisigen nicht von hier aus nach Altshausen zurück?« Kunold strahlt über sein breites Gesicht. »Dann wäre ich nicht gehorsam, Vater Abt. Frau Hiltrud hat mir nämlich aufgetragen, Euch zu begleiten, bis Ihr die Augia erreicht habt.« Wieder einmal gibt Berno schmunzelnd nach. Er sagt dabei wie in Weidhofen: »So halten wir uns an die Weisungen der edlen Herrin.«

Seine Lagerstatt in einer geräumigen Kammer ist besonders gut, aber der Schlaf will sich nicht einstellen. Im ersten Mor-

gendämmern steht Abt Berno auf, legt den Lederbeutel um den Hals und streift nach kurzem Besinnen die alte, geflickte Kutte über. Sorgsam legt er das neue Gewand zusammen und packt es in sein Reisebündel. Vorsichtig tastet er sich aus dem dämmrigen Haus. Kühle, frische Morgenluft umfängt ihn. Er fröstelt und spürt ein Ziehen in der Narbe. Unwillkürlich legt er seine Rechte auf die schmerzende Stelle, nimmt den Flicken wahr und läßt die Hand kurz darauf ruhen. Dann schlägt er ein großes und festes Kreuzzeichen. »In nomine Domini!«
Nebel wallen dicht und grau über der Wasserfläche. Nur zögernd wird es heller. Außer dem leisen Plätschern der Wellen ist es still. Er steht allein im Nebelgrau am See, so allein, als wäre er der einzige Mensch auf der Welt. Er lauscht, und er vernimmt das monotone Lied der Wellen. Er strengt seine Augen vergeblich an, um den Nebel zu durchdringen. Der See im Nebel, verhüllt und schweigend... Ist das nicht wie eine Vorahnung dessen, was ihn auf der Augia erwartet, dieses Alleinsein, dieses Gefühl des Verlassenseins und der Hilflosigkeit? Wird es so auf der Augia deserta sein?
»Mein Gott«, betet er fast stammelnd, »wenn Du es willst, soll es sein. Sieh, meine Hände sind leer! Fülle sie und mein zages Herz mit den Gaben Deines Erbarmens!«
Auf Wunsch des Herrn Hademar lassen die Reisenden ein paar Stunden verstreichen. Er hat die Hoffnung, daß die Nebel sich lichten. Schließlich rät er zum Aufbruch. »Leider kennt der Herbst solche Tage, bei denen der See im Nebelgrau verschwunden ist. Wir müssen fahren, wenn wir bis zur Augia kommen wollen.« Langsam gleiten die Kähne durch eine unwirkliche Nebelwelt. Herr Hademar steht am Bug des ersten Kahnes und gibt mit lauten Rufen die Richtung an. Mit gleichmäßigen Schlägen fallen die Ruder ins Wasser. Die Fahrt dauert lange, bis er ruft: »Wir sind auf der Höhe von

Konstanz und nähern uns nun durch Niedrigwasser mit viel Ried der Insel Reichenau. Fahrt ganz langsam und bleibt dicht zusammen!« Kaum merklich bewegen sich die Kähne voran. Manchmal streifen die Ruder das Ried, das raschelnd zurückweicht. Wasservögel fliehen flügelschlagend und schreiend. Mit einem Mal vernehmen die Menschen in den Kähnen Glockengeläute. »Das sind die Glocken der Münsterkirche. Gott sei Dank, wir sind im Gnadensee!« sagt Hademar mit spürbarer Erleichterung. Schemenhaft ist das Ufer zu sehen. Sie gleiten dicht daran vorbei. Mit traumwandlerischer Sicherheit findet Hademar die Anlegestelle, die Herrenbruck. Ein Knecht bindet den ersten Kahn an. Herr Hademar springt auf die Planken und hilft dem Abt beim Aussteigen. Berno geht über die schadhaften Planken, die unter seinen Schritten erzittern, bis auf den kiesigen Uferrand. Er macht noch ein paar unsichere Schritte und kniet nieder. An diesem nebeligen Herbsttag hat er endlich das Ziel erreicht, das Ziel einer Reise, die im Frühling begonnen hatte. Am Ziel und am Anfang. Er möchte danken und bitten, und er findet keine Worte. Stumm breitet er die Hände aus. Adsum! Nach allem, was geschehen ist, seit er Prüm verlassen hat, fühlt er sich leer, arm und verausgabt. Die ausgebreiteten Hände sind Bitte und Hingabe. Leere Hände . . .

Die Stimmen seiner Begleiter mahnen ihn, daß er nicht länger verweilen darf. Er hat die Augia betreten, und es ist die Augia deserta und nicht das Gelobte Land. Wie ehedem Moses muß er den Weg in die Wüste wagen. Er erhebt sich und geht zu den Gefährten. Sie laden die Reisebündel aus, die dank Frau Hiltruds Güte und Fürsorge recht zahlreich und stattlich sind. »Wir bringen Euch in die Abtei«, sagt Hademar. »Wollt Ihr bei diesem Nebel die Rückfahrt wagen? Ich würde Euch gern Gastfreundschaft gewähren. Ich weiß nicht einmal, ob das hier möglich sein wird.« Aus dem Nebel tauchen schattenhaft knorrige Weiden und niedrige Hütten auf. Wassertropfen hängen schwer an Blättern und Gräsern. Der verunkrautete, unebene Weg steigt etwas an. Als dunkle Silhouette steigt ein großer Bau im Nebelwallen auf. »Die Abtei Maria von der Au«, sagt Hademar. Warum hat er dabei geflüstert? Macht es die bedrückende Atmosphäre? Die Abteigebäude wirken geisterhaft und drohend. Unwillkürlich beginnt das Herz des Abtes in schnellerem Rhythmus zu klopfen. Er atmet hastig. Kurz verhält er den Schritt. In dem kleinen Haus dürfte der Pförtner wohnen. Berno klopft an und betritt einen niedrigen, moderig riechenden Raum. Töpfe, Schüsseln und Teller stehen ungeordnet neben erdigen Gartengeräten. Ein Greis in fleckiger Kutte schlurft herbei. Mißtrauisch äugt er zu dem großen Fremden auf. Statt ihn willkommen zu heißen, fragt er mit brüchiger Stimme: »Wer bist du denn?« Mitleidig blickt Berno in das Runzelgesicht unter dem spärlichen weißen Haupthaar. Er läßt seine Blicke durch die häßliche Kümmerlichkeit des Raumes schweifen. Er bemerkt abbröckelnden Mörtel, feuchte Stellen, Spinnweben und Mäusespuren. »Sieht es überall in der Abtei so aus?« Der Alte greift nach seiner Kutte, zerrt daran und kreischt empört: »Wer bist du? Was willst du hier?« Gelassen befreit sich der Abt aus seinem Griff und fragt ihn: »Wer leitet die Abtei?« Der Alte kichert bösartig und wackelt mit dem Kopf. »Das ist gut! Leitet! Hihihi, ja, wir haben einen Prior, wenn du das meinst, sogar einen *Herrn* Prior, Vater Diemuth. Ja, ja, so heißt er – Diemuth. Mit Demut hat das freilich nichts zu tun.« Er kichert in sich hinein und hat den Ankömmling scheinbar vergessen. Berno wendet sich ab. Er fröstelt wieder. »Halt! Ich weiß noch immer nicht, wer du bist«, kreischt der Greis hinter ihm her. »Ihr werdet es bald erfahren, Bruder.«

Draußen kommt ihm die feuchtkalte Luft nach dem Modergeruch im Pfortenraum klar und köstlich vor. »Geht Ihr mit mir in die Kirche?« bittet er die Gefährten. Die Knechte bleiben bei den Reisebündeln. Sie gehen durch das Paradeis. Kaum eine der Säulen ist nicht angeschlagen und beschädigt, die Bodenfliesen sind zersprungen. Um den Brunnen wuchert Unkraut. Mit lautem Kreischen dreht sich der rissige Holzflügel des Kirchenportals in den Angeln. In der Kirche fallen Lichtbahnen durch das nur notdürftig geflickte Dach. Es riecht nach Brand und feuchtem Mauerwerk. Laut hallen die Schritte der Männer auf den ausgetretenen Steinplatten. Soweit sie es im Halbdämmern erkennen können, scheinen die Wandfresken unbeschädigt zu sein. Über dem Hochaltar ragt ein großes, eindrucksvolles Kreuz auf. Das Linnen auf dem Altartisch ist verknittert und vergilbt. Ein paar Kerzen stehen in ungeputzten Leuchtern. Unter dem Altartisch hat eine Kreuzspinne ihr Netz gewebt. »Mein Herr und Gott, was hat man Dir auf der Reichenau getan?« betet Berno. »Wahrlich Augia deserta! Nun ahne ich das Ausmaß dieser Wüste. Herr, erbarme Dich meiner und hilf mir!«
»Darf man wohl erfahren, wer Ihr seid, und was Ihr hier wollt?« fragt jemand scharf und schneidend, vermutlich Herr Diemuth, der Prior. Betont langsam steht Berno auf. Seine Rechte zieht den Lederbeutel hervor. Während er sich umwendet, öffnet er ihn. Ohne zu antworten, streift er die Kette mit dem Kreuz über sein Haupt. Es geht mühsam, denn bei jeder ausholenden Bewegung schmerzt die Narbe. Er steckt den Ring an die Hand. Aufrecht steht er in seiner geflickten Kutte vor dem Hochaltar. Der mittelgroße, gedrungene Mönch, der mit zorngerötetem Gesicht auf ihn zukommt, verhält jäh den Schritt. Blässe überzieht seine Wangen. »Ihr ... Ihr seid der neue Vater Abt?« stammelt er, und seine

feisten Wangen zittern. Er befeuchtet seine vollen Lippen mit der Zunge und reibt unruhig seine Hände. »Ihr seid bereits genesen? Wir dachten nicht... wir wußten nicht...«, stottert er. Offenbar hat Frau Hiltrud keinen Boten zur Insel geschickt. Das ist gut so! »Welche Freude«, behauptet Diemuth nun. Seine Augen verraten blankes Entsetzen. »Welche Freude, daß Ihr nun bei uns seid! Herzlich willkommen auf der Augia!« Mit seltsamem Lächeln antwortet Abt Berno: »Ich weiß nicht einmal, wem ich für diese Begrüßung danken soll.« »Verzeiht, ich bin Diemuth.« »Das habe ich vermutet, Herr Prior Diemuth.« Der Prior zieht den Kopf zwischen die Schultern. Sein Gewand ist neu und fleckenlos sauber. Mehrmals setzt er vergebens zum Sprechen an, bis ihm die Frage gelingt: »Wollt Ihr Euch zuerst erfrischen, Vater Abt?« »Danach verlangt mich nicht. Zuerst möchte ich die Mönche begrüßen. Ruft sie zusammen! Tragt aber Sorge, daß Herr Hademar, Herr Kunold, der Scholar Wipold und die Knechte bewirtet werden.« Die Reichenau besitzt keinen Klosterschüler mehr. Darum wiederholt der Prior wie ein Narr: »Scholar? Scholar Wipold aber...« Eine heftige Bewegung des Abtes läßt ihn verstummen. Er wagt keinen Einwand mehr. »Es wird geschehen, wie Ihr es wünscht, Vater Abt. Würden die Herrn mir bitte folgen?« Auch die beiden Mönche aus Prüm verlassen die Kirche. Der Nebel hat sich gelichtet. Eine bleiche Sonne taucht zwischen eilenden Wolken auf. Unten schimmert matt der Gnadensee. »Ich habe es mir schlimm vorgestellt, Bruder Rutbert, aber das übertrifft meine Befürchtungen bei weitem. Zu Prüm hat auch der ärmste Knecht eine saubere Stube.« Abt Berno läßt den Kopf sinken und bleibt lange stumm. Da läßt ein Sonnenstrahl den Gnadensee aufleuchten. Er hebt sein Haupt und umfaßt mit den Händen sein Brustkreuz. »Lieber Bruder, unser Herr wohnt auf der

Augia wie seinerzeit zu Bethlehem . . . in einem Stall. Hier ist die Augia deserta. Er traut uns zu, sie für Ihn wieder zur Augia dives zu machen. Die Reichenau ist ein großes, ein schweres Kreuz, das Er auf unsere Schultern legt. Tragen wir es willig, werden wir auch den Segen des Kreuzes erfahren. Was können wir in dieser Stunde Innigeres beten als die Worte, die unser Herr am Kreuz gebetet hat: ›Vater, in Deine Hände empfehle Ich Meinen Geist?‹«

Die Klosterglocke ruft die kleine Mönchsgemeinde in den Kapitelsaal. Der aufgeregte Prior geleitet Abt Berno und Bruder Rutbert in den hohen Raum, der auch deutliche Spuren des Verfalls zeigt. Wie eine Schafherde, der sich der Wolf naht, drängen sich die Mönche zusammen, Greise, Männer in den besten Jahren und einige jüngere. Unter ihnen befindet sich Ludger von Prüm, trotzig in Antlitz und Haltung. Wird er sich gleich für seine »Flucht« verantworten müssen? Abt Berno bemerkt bei den Mönchen Furcht, bange Erwartung und große Unsicherheit. »Wie können sich erwachsene Männer vor ihrem Abt fürchten?« denkt er mitleidig. »Wie muß Immo seine Macht mißbraucht haben, und das im Namen Jesu Christi! Könnte ich zu ihnen sagen: ›Fürchtet euch nicht. Ich bin es!‹« Sie kennen ihn nicht und fürchten ihn darum seit der Herrschaft des Abtes Immo. Dabei bilden sie die kleine Herde der Getreuen, die auf der Insel trotz auswegloser Situation in Tapferkeit ausgeharrt hat. Prior Diemuth will zu einer großen Rede ansetzen. Mit einer leichten Geste wehrt Berno ab. Er möchte keine unechten Dankes- und Freudenworte hören. Er beginnt selbst zu sprechen. Seine Stimme ist ruhig, mild und von ehrlichem, werbendem Wohlwollen erfüllt: »Meine lieben Brüder in Christo, nun sind wir, mein Begleiter Rutbert und ich, endlich bei Euch auf der Reichenau. Ihr habt durch unseren Bruder Ludger bereits vernommen . . .« Sein

Blick streift den Genannten, der schuldbewußt zusammenzuckt. ». . . wie gefahrvoll der Weg hierher für uns war. Darum brauchten wir auch lange Zeit. Wir freuen uns, daß wir bei Euch sind. Wir wollen uns bemühen, meine lieben Brüder, den Willen unseres himmlischen Vaters zu sehen in dem Neubeginn, den wir nun miteinander wagen wollen. Laßt uns, und darum bitte ich Euch von Herzen, fortan unseren Weg miteinander und füreinander gehen, Schritt für Schritt und Tag für Tag. Unser Wandern wird mühevoll sein, denn es ist der Weg des Herrn, Sein Kreuzweg. Ja, laßt uns ihn miteinander gehen im Geiste standhaften Glaubens, mit fester Hoffnung und brüderlicher Liebe. Dann segnet Gott jeden unserer Schritte durch Seinen Heiligen Geist. Lasset uns beten: ›Herr lasse durch Deinen Heiligen Geist neue Quellen lebendigen Wassers aufbrechen auf diesem armen Eiland im Gnadensee! Gib uns die Gnade, Dir auf der Augia und im Herzen ihrer Bewohner eine neue Heimstatt zu bereiten! Deine heilige Mutter Maria, die Schutzherrin unserer Abtei, sagte einst ihr Fiat und lebte es in Treue. Gib uns die Gnade zu einem neuen, großherzigen Ja und zu einem Leben aus diesem Versprechen! Wir wollen uns in besonderer Weise Mariens Schutz anvertrauen und in ihre gütige Fürbitte empfehlen.‹« Feierlich erteilt Abt Berno den Mönchen den Segen. Manchen stehen Tränen in den Augen wegen der ungewohnten Milde seiner Worte und der Hoffnung, die sie hervorrufen. Gibt es einen Neuanfang für die darniederliegende Abtei? Prior Diemuth stellt dem Abt die Mönche vor. Zu jedem beugt sich der Abt in der geflickten Kutte nieder und findet gute Worte und ein warmes Lächeln. Der Prior in seiner schmucken Kutte erledigt seine Aufgabe, ohne wirklich beteiligt zu sein. Bei Bruder Ludger findet auch Abt Berno nicht gleich ein Wort. Sein Lächeln unterbleibt. Er fragt nichts.

Wie könnte sich Ludger für seine Flucht rechtfertigen? Gestern hat er zu Prior Diemuth hoffnungsvoll gesagt: »Ich glaube nicht mehr daran, daß Berno bis zur Reichenau kommt. Wenn er genesen ist, kehrt er gewiß nach Prüm zurück.« War es ein Wunschtraum von Bruder Ludger?
Als letzter nähert sich Bruder Altfrid dem Abt. Gelangweilt sagt Prior Diemuth: »Bruder Altfrid von Eschenrode, ein ehemaliger Magister unserer Klosterschule.« Der alte Mönch verbeugt sich tief und sieht dann den Abt mit braunen Augen aus einem kleinen, blassen Gesicht an. Durch die spitze Nase hat es etwas Vogelähnliches an sich. »Jetzt begrüßen sich zwei ehemalige Magister«, meint Abt Berno freundlich. Altfrid legt den Kopf ein wenig schief. Er muß sich anstrengen, um Berno ins Antlitz schauen zu können. Er tut es lange und eindringlich, bis der Abt scherzend meint: »Seid Ihr in etwa mit dem zufrieden, was Ihr da seht, lieber Bruder?« »Ich freue mich, daß Ihr nun bei uns seid, Vater Abt«, antwortet der alte Mann schlicht und aufrichtig. »Die Abtei bedarf Eurer sehr.« »Aber was kann ein armer Mönch wie ich ihr bringen, Bruder Altfrid?« Unwillkürlich zeigt Berno seine leeren Hände. »Ich bin ganz arm.« »Dann vermögt Ihr uns vieles zu bringen, Vater Abt. Wer sich nicht selbst bringt, der bringt uns Gott.« Verständnislos lauscht der Prior dem Zwiegespräch. Ist der neue Abt etwa ein Mystiker? »Ich will gern nur Sein Mittler sein«, erwidert Berno ernst.
Die Sonne strahlt in warmem Glanz, als sich Abt Berno von Herrn Hademar und Kunold verabschiedet. Im hellen Sonnenlicht sehen die Zerstörungen und Schäden an den Abteigebäuden weit schlimmer aus. Der Abschied ist kurz und herzlich. Der getreue Kunold wird Grüße mit nach Altshausen nehmen. Ehe sich die Kähne von der Herrenbruck lösen, geht Berno zum Kloster zurück. Die Reisebündel liegen in der

Abtswohnung. Bruder Rutbert hilft beim Auspacken. Ein Bündel enthält schneeweißes Linnen. »Das ist willkommen«, frohlockt der Abt und hält den Stoffballen hoch. »Nun haben wir reichlich Linnen, um Altartücher daraus zu bereiten.« Rutbert teilt seine Freude, aber er wendet zögernd ein: »Vater Abt, können wir dieses feine Linnen in die verwahrloste Kirche bringen?« Rasch läßt Berno den Leinenballen sinken. »Die Kirche! Ja, damit müssen wir beginnen. Dank Euch, Bruder!« Er wartet nicht lange, sondern er ruft die Mönchsgemeinde erneut zusammen. »Unser erstes Tun soll dem Haus des Herrn gelten. Wir müssen Ihm wieder eine würdige Wohnung auf der Augia bereiten. Dafür darf uns keine Mühe zu groß sein.« Verblüfft erkundigt sich der Prior: »Ihr meint wohl nicht, daß wir Mönche fegen und putzen sollen, Vater Abt? Das ist Arbeit für Knechte, Hörige und Weiber.« Da unterbricht der Abt brüsk: »Ihr irrt, Herr Diemuth! Es ist traurig, daß sich Gottes Haus auf der Insel in einem solchen Zustand befindet. Darum haben wir allen Grund, die Buße zu verrichten. Holt alles herbei, was erforderlich ist!« »Bereits heute? Ihr seid doch erst am Morgen hier angekommen und ...« »Und? Was soll das?« fährt Abt Berno zornig auf. Seine dunklen Augen funkeln. »Denkt Ihr, ich könnte mich ausruhen, wenn Gott hier keine würdige Heimstatt hat?« Der Prior duckt sich förmlich, wagt aber einen letzten Widerspruch. Der junge Abt darf nicht so ohne weiteres seinen Willen durchsetzen. Auch das Amt des Priors ist von Bedeutung. »Keine würdige Heimstatt? Seht Ihr das nicht zu streng?« Erneut möchte der Abt aufbrausen, zwingt sich mit verkrampften Händen zur Ruhe und atmet so tief durch, daß es ihn schmerzt. Er löst seine Hände und weist mit der beringten Rechten in den staubigen Kirchenraum. »Nennt Ihr das Heimstatt für unseren Herrn und Gott, Prior Diemuth?«

Er nimmt einen der herbeigebrachten Reiserbesen und beginnt zu fegen. Mit gleichmäßigem Schwung kehrt er Staub, Schmutz und Mörtel zusammen. Die Mönche folgen seinem Beispiel. Nach einigem Zögern beteiligt sich auch der Prior an den Reinigungsarbeiten. Wipold und Bruder Altfrid schleppen Körbe mit Schmutz aus der Kirche. Jeder hilft, so gut er kann. Ein greiser Mönch säubert die Schnitzereien und Statuen. Ein anderer putzt die Bronzeleuchter. Bruder Florian säubert die Tonvasen. Mitten in der Arbeit muß Abt Berno innehalten. Seine Hand verkrampft sich an der Stelle im Stoff der Kutte, wo sich die kaum vernarbte Brustwunde befindet. Rutbert will ihm den Reiserbesen abnehmen. »Hört bitte auf, Vater Abt! Ihr seid dazu nicht stark genug.« Mit blutleeren Lippen lächelt der Abt und öffnet die Augen. »Es geht wieder, Rutbert. Ihr wißt, warum es einfach gehen muß.« Er setzt die Arbeit fort, bis das Gotteshaus gesäubert ist. Feierlich bringt er ein Stück Linnen, das Frau Hiltrud gewebt hat, in die Kirche und legt es auf den Altar. In den glänzenden Leuchtern stehen hohe Kerzen. Bruder Florian bringt Vasen leuchtender Herbstblumen herbei. »Ich danke Euch, liebe Brüder! Nun haben wir miteinander den ersten Schritt getan. Wenn wir so weitergehen, wird aus der Augia deserta wieder die Augia dives.« Todmüde, aber aufrecht und mit erhobenem Haupt, begibt sich Abt Berno in die Abtswohnung.
Mit gerunzelter Stirn sieht Prior Diemuth hinter ihm drein. »Es wird nicht leicht mit ihm sein«, murmelt er vor sich hin. »Das hätte ich Euch gleich sagen können. Ich kenne ihn. So wie er als Magister von den Scholaren das letzte Strichlein forderte, wird er es auch hier als Abt von den Mönchen tun«, meint Ludger schadenfroh. Der Prior seufzt unbehaglich. Wie gemütlich konnte er sich sein Leben einrichten, nachdem der König Immo abberufen hatte! Zwei schöne Jahre ohne Abt . . .

Er hat die Dinge einfach laufen lassen, wie sie liefen. Voller Mißbehagen denkt er an die zukünftige Entwicklung, und er reckt dabei den schmerzenden Rücken. Wer weiß, was sich der neue Abt morgen wieder ausdenkt!
Nach dem kargen Frühmahl am nächsten Tag werden im Kapitelsaal, im Refektorium, im Dormitorium und in den Krankenzellen die Reinigungsarbeiten fortgesetzt. In der Küche, in den Werkstätten und Vorratsräumen dürfen die Knechte helfen. Bruder Altfrid leistet auch weiterhin seinen Anteil. Er setzt sich auf einen niedrigen Schemel mitten in das Meer von Unkraut und verwilderten Blumen im Paradeis und beginnt zu jäten. Dabei ist er guter Dinge. Ein lächelndes Schmunzeln verschönert sein kleines Vogelantlitz. »Was freut Euch so innig, Bruder Altfrid?« forscht Abt Berno. Die klugen Vogelaugen mustern den Abt in der geflickten Kutte mit eitel Wohlgefallen.
»Wenn man für Euch ein Symbol zu Eurer Statue ersinnen müßte, wäre es statt des Hirtenstabes ein Reiserbesen. Abt Berno, durch Euch ist die Reichenau aus ihrem Schlaf der Erstarrung erwacht, der beinahe tödlich gewesen wäre. Wenn wir das Zerfallene und Morsche beseitigt haben, wird überall neues Leben entstehen.« »Das walte Gott!« wünscht der Abt. Er weist auf den Brunnen, den eine schwere Steinplatte zudeckt. »Warum hat man ihn zugedeckt?« Er tritt näher und bemüht sich vergeblich, die Steinplatte zu heben. Der Alte zupft an einem Unkrautbüschel und sagt: »Man behauptet, der Brunnen sei versiegt. Bei dem Brand von 1006 füllte man ihn aus unerfindlichen Gründen mit Schutt, verkohlten Balken und ähnlichem Abfall. Übrigens gibt es eine alte Legende um diesen Brunnen.« »Erzählt sie mir«, bittet der Abt und setzt sich auf die Steinplatte. »St. Pirmin soll im Jahre 724 diesen Brunnen aus dem dunklen Schoß der Erde zum Leben

erweckt haben. Sein Wasser soll heilende Wirkung haben und von mancherlei Schmerzen befreien. Die Abtei würde – so heißt es in der Legende – nur bestehen, so lange seine Wasser fließen.«

»Legende, Bruder Altfrid? Vielleicht auch mehr. Die Reichenau, die zur Wüste gewordene Reichenau, braucht lebendiges Wasser, und sie braucht den Geist ihres Gründerbischofs Pirmin.« Abt Berno ruft einige Mönche herbei. In gemeinsamer Anstrengung können sie die schwere Steinplatte entfernen. Der Brunnenschacht ist angefüllt mit Schutt und verkohlten Balken. Der Abt läßt alle Reinigungsarbeiten der Knechte unterbrechen und bittet sie, zuerst den Unrat aus dem Brunnen zu schaffen. »Als ob das eilen würde!« murrt der Prior. Er ist erzürnt über die scheinbare Sprunghaftigkeit des Abtes. »Es gibt nichts Vordringlicheres, Herr Prior«, stellt Bruder Altfrid fest. Die Knechte entfernen Balken und Steinbrocken aus dem Brunnenschacht und heben Eimer um Eimer voll kleineren Gesteins und Mörtels heraus, eine harte und scheinbar vergebliche Arbeit. Als der Brunnenschacht vom Unrat befreit ist, zeigt sich auf seinem Grund kein Wasser. Mit unverhohlenem Triumph ruft Diemuth aus: »Ich habe gleich gesagt, daß der Brunnen versiegt ist.« Hat Abt Berno es nicht gehört oder will er nicht aufgeben? Auf seine Weisung steigt einer der Knechte in den Brunnen und lockert die Erde auf. »Sie wird langsam feucht«, meldet er mit dumpfer Stimme. »Komm wieder herauf«, ordnet der Abt an. »Ich steige nach unten.« Höhnisch fragt Ludger: »Wollt Ihr wie weiland Moses Wasser aus dem Felsen schlagen?« Der Abt macht ein Kreuzzeichen und steigt die Sprossen der Leiter hinab. Im Halbdämmern des engen, stickigen Schachtes hackt und gräbt er. Seine Narbe schmerzt, wenn er zuschlägt. Wird er aufgeben müssen? Er holt mit dem Mut der Verzweiflung zu einem letzten Schlag mit der Hacke aus, da sprudelt Wasser um seine Füße. »Gott sei Dank! Lebendiges Wasser.« Eine Weile lehnt er erschöpft an der Brunnenwand, während das Wasser sprudelt. Seine Kutte ist bis zu den Knien naß, als er nach oben steigt. Mit Spannung erwarten ihn Mönche und Knechte. Er schwingt sich über den Brunnenrand und setzt sich auf die Einfassung. Dabei fährt er mit der Hand über die schweißbedeckte Stirn. Er beschmutzt sein Gesicht mit Lehm. Keiner lächelt darüber. »Der Brunnen füllt sich. Wir haben lebendiges Wasser auf der Augia, und es ist der Brunnen des heiligen Pirmin.« Aber nur Bruder Altfrid versteht wirklich, was dieser Brunnen für Abt Berno bedeutet.

Er hat gerade Gesicht und Hände gereinigt und will seine Kutte wechseln. »Vater Abt!« Im Türrahmen steht der aufgeregte Bruder Pförtner. »Drei Brüder warten an der Pforte auf Euch.« Befremdet sieht Abt Berno ihn an. »An der Pforte? Führt sie herein!« Die Antwort fällt dem Bruder schwer. »Das geht nicht so ohne weiteres, Vater Abt. Es sind nämlich drei ehemalige Brüder. Sie haben unter Abt Immo die Insel verlassen.« Mit einem Mal vergißt Abt Berno seine Müdigkeit und seine Schmerzen und auch seine halbnasse Kutte. Er strafft seine hohe Gestalt. »Gehen wir zu ihnen, lieber Bruder, und hören wir uns ihr Anliegen an.« Im Pfortenraum warten drei Männer im Mönchshabit. Sie sind ängstlich und verlegen. Der hochgewachsene Fremdling in der geflickten und teils nassen Kutte schüchtert sie ein. Die Worte, die sie sich zurechtgelegt haben, sind vergessen. Der Abt kommt näher, steht vor ihnen und blickt sie einzeln an. Seine Augen sind gütig, und ein Lächeln erhellt sein müdes Gesicht. Er breitet seine Hände aus, hält sie ihnen entgegen und sagt nur ein Wort: »Kommt!« Da bricht der Bann. Sie eilen zu ihm, mit Tränen in den Augen, fassen nach seinen Händen und nach seinem Gewand und reden alle gleichzeitig. Er bleibt gelassen. Als sie Atem schöpfen müssen, spricht er wieder: »Ich konnte zwar Eure Worte nicht verstehen, weil Ihr auf einmal gesprochen habt, aber ich weiß dennoch um Euer Anliegen. Ihr kehret heim zur Augia, Ihr lieben Brüder.« Einer der Männer, der Mönch Rabolt, bittet: »Vater Abt, nennt uns zunächst das Ausmaß der Buße, die wir auf uns nehmen müssen.« »Ihr habt seinerzeit die Insel freiwillig verlassen, und nun seid Ihr freiwillig heimgekehrt. Diesen neuen Anfang wollen mir miteinander wagen und fortan zum Lobe des Allerhöchsten und zum Besten der Abtei miteinander beten und arbeiten. Kommt mit mir in die Kirche! Wir wollen Christus und seiner Mutter für Eure Heimkehr danken.« Staunend hat der Pförtner das Geschehen verfolgt. Keine Strafe, kein Wort von Buße? Bei Abt Immo wären Stockschläge und Geißelhiebe und andere schwere und demütigende Bußübungen den Heimgekehrten sicher gewesen. Dieser Abt Berno ist ein unbegreiflicher Mensch. Muß man diesen Abt nicht bewundern und lieben? In der kurzen Zeit seines Hierseins hat das Kloster ein anderes Aussehen bekommen. Die Armut besteht fort, aber alle Räume sind sauber, auch die Pfortenstube. »Drei Brüder kamen soeben zurück!« ruft der Pförtner beglückt dem greisen Altfrid zu. »Wenn das so weitergeht...« »Das wird geschehen, Bruder Dankwart. Die Reichenau soll nicht länger ein Gegenstand des Spottes und der Verachtung in Konstanz und St. Gallen sein.«

Der Prior zeigt sich nicht recht erfreut, als der Abt die Heimgekehrten in der Mönchsgemeinde willkommen heißt. Ein Becher guten Inselweins schenkt der einfachen Mahlzeit einen festlichen Charakter. Abt Berno hebt das Stillschweigen auf. Die Rekreation bei Tisch ist etwas ganz Außergewöhnliches, das gelegentlich an Hochfesten gestattet wird. »Wäre nicht eine gewisse Strenge bei einem solchen Vergehen angemessener gewesen, Vater Abt?« erkundigt sich Diemuth scheinheilig. Abt Berno pocht zwei-, dreimal mit seinem Ring auf die Tischplatte. Seine Augen werden schmal. Ohne ein anderes Anzeichen von Erregung fragt er liebenswürdig: »Ist Euch die Heilige Schrift bekannt, Herr Diemuth?« Überrascht zuckt der Prior zurück, als habe Berno ihn bedroht. Bruder Altfrid lächelt still vor sich hin. Er ahnt, was kommen wird. »Natürlich kenne ich die Heilige Schrift«, erwidert Bruder Diemuth steif, »das Alte und das Neue Testament.« Abt Berno nickt und blickt gedankenvoll in seinen Becher mit Inselwein. »Das ist vortrefflich, ganz vortrefflich, lieber Bruder. Dann kennt Ihr auch das Gleichnis vom Verlorenen Sohn.« Der Abt hebt seinen Becher und trinkt dem Prior zu. »Beim nächsten Mal erwarte ich von Euch ein Mastkalb.«

Abt Berno sitzt an seinem Tisch und sinnt über einen Brief nach, den er Urold von Prüm seit langem schuldet. »Was soll ich Abt Urold schreiben? Etwa, daß die Armut der Abtei mir größere Unternehmungen verbietet?« Er muß lächeln. »Schließlich kann ich ihm auch nicht schreiben, daß ich nicht zum Schreiben komme. Meine Pergamente, Schriften und Bücher sind fein säuberlich ausgepackt und geordnet, lieber Abt Urold, aber Euer ehedem so schreibeifriger Magister hat keinen Vers verfaßt und kein Lied komponiert. Dagegen hat er den Ertrag der Getreide- und Traubenernte überprüft, reiche Fischfänge bewundert und das Einbringen des Brennholzes für den Winter überwacht. Ihr meinet gewiß, das sei nicht die Sache des Abtes? Was die Reichsabtei zu Prüm angeht, möget Ihr recht haben. Hier auf der Augia liegen die Dinge anders. Alles braucht hier das wachsame Auge und das mitfühlende Herz des Abtes. Bei unserer Armut kann die Belohnung oft nur in einem guten Wort bestehen. Aber, lieber

Mitbruder in Christo, Ihr würdet Euch mit mir freuen, wenn Ihr an unseren Gottesdiensten und an den frohen Rekreationen teilnehmen könntet! Unsere kleine Klosterschule zählt wieder vier Scholaren. Lächelt Ihr darüber? Nein, Ihr wißt, daß auch ein bescheidener Neubeginn Hoffnung in sich trägt. Aber eines will ich Euch verraten: wie gern wäre ich wieder nur Magister und ließe mich führen, statt selbst führen zu müssen! Manchmal überwältigt mich die Sehnsucht nach Unterricht und Studium beinahe. Unser guter Herr gibt mir dann zu verstehen, daß Er mit mir andere Pläne hat, und daß ich ohne Ihn nichts vermag. Lieber Abt Urold, mein Brief an Euch, der wahrscheinlich ungeschrieben bleiben wird, müßte auch enthalten, daß sich unsere Leute in unseren Besitzungen auf dem Festland, so in Allensbach, in Gottlieben und Ermatingen, wieder an ihre Verpflichtungen gegen die Abtei erinnern. Ihre Gaben erleichtern unser bescheidenes Leben ein wenig. Übrigens hat mich Bischof Lantpert in einer stillen Feier und ohne Prunk zum Abt geweiht. So entsprach es am besten unserer Lage. Wie es auf der Augia weitergehen soll, wollt Ihr wissen? Das kann ich Euch nicht beantworten, Herr Urold. Manches muß ich auf mich zukommen lassen, weil unsere Mittel so beschränkt sind. Ich weiß nur, daß unser Herr immer für eine Überraschung gut ist. Ihm fällt bestimmt wieder etwas für mich ein ...« Mit einem leisen Seufzer greift Berno zur Schreibfeder. Einen Gruß, Dank und Segenswunsch ist er seinem ehemaligen Abt schuldig.

Ein bescheidenes Pochen an der Tür. Auf seinen Ruf tritt Bruder Altfrid ein. »Habt Ihr etwas Zeit für mich, Vater Abt?« »Für Euch immer, lieber Bruder.« Der Abt bietet dem Alten seinen Lehnstuhl an und setzt sich auf einen Schemel. »Was führt Euch zu mir?« fragt er freundlich. Mit schiefgelegtem Köpfchen äugt der Greis ihn an. »Heute habe ich eine ganz große Bitte. Ich habe beinahe nicht den Mut, sie auszusprechen.« Abt Berno wartet geduldig, bis der Mönch weiterspricht. »Drüben in Allensbach, jenseits des Gnadensees, wartet einer, Vater Abt. Im Grunde seines Herzens ist er voller Heimweh nach der Augia, aber er trägt viele Wunden.« Berno schweigt. Sein Antlitz wirkt verschlossen. »Es ist unser Bruder Gerwin.« Mit zusammengezogenen Brauen betrachtet der Abt den Greis, obwohl dieser keine Bitte ausgesprochen hat. »Und ich soll ihn holen? Ich soll bitten und betteln, er möge heimkommen? Habe ich ihm seine Wunden zugefügt?« Berno steht auf und wendet sich dem Kreuz zu. »Ihr verlangt viel von mir, Bruder!« Sanft schüttelt der Greis das Haupt, obwohl der Abt es nicht wahrnehmen kann. »Nein, Vater Abt, ich verlange nichts von Euch. Unser Herr, der Gute Hirte, bittet Euch darum. Er läßt die 99 Schafe in der Wüste und zieht aus, um das eine verirrte Schäflein zu suchen, befreit es aus dem Dorngestrüpp und trägt es auf den Armen heim zur Herde.« Hat Berno diese Worte überhaupt vernommen? Regungslos verharrt er vor dem Kreuz. Dabei fällt ihm die Stelle aus dem erdachten Brief an Abt Urold ein: »Ich weiß nur, daß unser Herr immer für eine Überraschung gut ist. Ihm fällt bestimmt wieder etwas für mich ein ...« Der Herr will diese Fahrt nach Allensbach von ihm. Er dreht sich nach Altfrid um. »Ich danke Euch für Euren Mut und für Eure Liebe, Bruder Altfrid! Mein Stolz wollte mich am Guten hindern. Heute noch rudere ich nach dort. Ihr habt die Pflicht, ganz innig für mich zu beten.«

Ein frischer Wind bläst von Nordwesten. Wellen kräuseln den See unter dem tiefblauen Himmel. Abt Berno sucht sich einen kleinen Kahn aus. Aber er muß sich anstrengen, um das Gefährt über den See zu rudern. Wind und Wellen erschweren sein Vorwärtskommen. Er hat kaum gerudert und hat

Mühe, die Ruder gleichmäßig zu führen. Die Schmerzen in seiner Narbe melden sich. Allzu langsam nähert sich das andere Ufer. Er ist müde, läßt den Kahn treiben und trocknet sich den Schweiß von der Stirn. Danach muß er den Kahn wieder auf den richtigen Kurs bringen. Er rudert verbissen weiter. In seinen Handflächen bilden sich Blasen. Er rudert weiter. Als der Kahn den kiesigen Uferrand erreicht, bleibt er sitzen, bis sich das rasch pochende Herz beruhigt hat. Schließlich steigt er aus und zieht den Kahn mit Mühe an Land. Drüben liegt sie, breit und fruchtbar im Sonnenlicht, seine Insel! Vor einigen Monaten war sie ihm fremd. Nun fühlt er eine tiefe Bindung an sie. Er bückt sich und kühlt seine zerschundenen Hände im See. Auf den groben Ufersteinen stolpert er dem Dorfe zu. Altfrid hat ihm die Hütte des Bruders Gerwin beschrieben. »Gleich neben der Kirche mit einem hölzernen Brunnentrog davor!« Aus einer der Hütten tritt eine junge Frau. Sie sieht den Mönch mit dem Goldkreuz und flüchtet mit einem erstickten Ruf wieder in die Hütte. »So erschreckt mein Anblick die Menschen. Was hat Immo nur mit den Leuten gemacht? Vor Winteranbruch besuche ich alle unsere Dörfer, um den Leuten ihre Angst zu nehmen.« Bruder Altfrid hat ihm Immos Verhalten geschildert: »Er traute keinem, mißtraute jedem, setzte das Schlechte voraus und war ängstlich darauf bedacht, jede Eigenständigkeit im Denken und Handeln zu unterdrücken. Er wollte herrschen. Um seine Macht zu festigen, bediente er sich der Spitzel und Zuträger. Vermeintliches Unrecht bestrafte er hart und unbarmherzig. Eigenes Versagen gab er nicht zu.« Und dabei soll ein Abt der Vater der ihm Anvertrauten sein. »Werde ich das jemals sein können?« Auf dem Gang durch Allensbach ist der Abt verunsichert. Wie gerne wäre er wieder umgekehrt! »Der Mietling flieht, weil ihm nichts an den Schafen liegt.«

Dem Hirten muß es Schmerz bereiten, ein verirrtes Schäflein aus den Dornen zu lösen. Das Haus des Gerwin duckt sich hinter eine dichte Hecke. Berno klopft an die Tür und wartet. Er klopft ein zweites Mal. Die klobige Tür öffnet sich. Vor ihm steht ein finsterer Mann in einer zerschlissenen Mönchskutte. Der bärtige Mann verzieht den Mund. »Welch eine Ehre wird meiner bescheidenen Hütte zuteil!« höhnt er. »Der hochwürdigste Herr Reichsprälat und Vater Abt bemühen sich in persona zu mir.« In spöttischer Übertreibung neigt er den Kopf mit dem wirren Haar. Dabei sprühen seine Augen förmlich vor Haß. Abt Berno möchte sich zur Wehr setzen. Er ist verletzt, aber er zwingt sich zur Ruhe. »Darf ich eintreten, Bruder Gerwin?« Mit einer noch tieferen Verbeugung gibt Gerwin die Tür frei. »Ihr fragt zuerst, Herr Abt? Die Hütte ist, wie alles und jedes hier, Eurer edlen Herrschaft unterworfen.« Im düsteren, niedrigen Raum riecht es scharf nach der Gemüsesuppe, die über dem offenen Feuer brodelt. »Geruhet Ihr, Platz zu nehmen, Vater Abt? Einen Thron kann ich Euch freilich nicht anbieten.« Am liebsten würde Berno den Spötter bei den Schultern nehmen und schütteln! Er setzt sich auf einen der grob gezimmerten Schemel an der gekalkten Wand. »Wo bleiben Eure Schergen, die mich mit Gewalt zur Augia schleppen?« Der Abt lehnt sich gegen die Wand. Er ist müde von der ungewohnten Ruderei, von der Arbeit der vergangenen Woche, von den zahlreichen Widerwärtigkeiten und auch von den häufigen Schmerzen. Unwillkürlich legt er die Handrücken auf die Knie, damit die zerschundenen Handflächen nicht mit dem rauhen Stoff in Berührung kommen. »Ich bin allein zu Euch gekommen, Bruder.« Ungläubig starrt Gerwin ihn an. »Wie? Was hör' ich da? Ihr kamet allein? Ihr rudertet über den See, Ihr, ein hoher Herr und Kirchenfürst?« Ohne Arglist sehen Bernos dunkle Augen ihn an. »Im Rudern bin ich freilich nur ein Lehrbub.« »Also seid Ihr wirklich allein gerudert. Warum dies?« Auf die scharfe Frage antwortet Berno einfach: »Ich möchte Euch bitten, heimzukommen.« »Heim?« Die arbeitsharte Hand des Gerwin zeigt zitternd in die Richtung, in der die Abtei liegt. »Heim? – Meint Ihr denn, sie könne mir je wieder Heimat sein, die Abtei? Da irret Ihr Euch, Herr Abt. Ich, Gerwin aus dem Geschlecht der Dillinger, ich wurde auf Geheiß des edlen Abtes Immo ausgepeitscht, weil ich mit einem Büchlein in Verzug geraten war. Das Bild der Gottesmutter wollt' mir nicht gelingen. Das Büchlein war nicht fertig, als der gnädige Vater Abt es verschenken wollte, da ließ er mich so grausam strafen.« Abt Berno will seine Empörung ausdrücken, als der Mönch fortfährt: »Da ich an die Gerechtigkeit glaubte und es vor den Brüdern wagte, mich zu verteidigen und mein Versäumnis zu begründen, wollte er einige meiner Schriften ins Feuer werfen lassen und mein Lebenswerk vernichten. Da lief ich, geprügelt wie ein Hund, mit meinen Schriften und Bildern fort. Bis Immo vom König seines Amtes enthoben wurde, verbarg ich mich im Bodanwalde. Nun wißt Ihr alles. Richtet mich!« »Ich bin nicht zu Euch gekommen, um Euch zu richten, lieber Bruder. Ihr habt viel gelitten, und ich bitte Euch: gebt mir Gelegenheit, das Unrecht gutzumachen!« Mit dem groben Schuh stößt der ehemalige Mönch ein Holzscheit zur Seite. »Könnt Ihr die Narben von meinem Rücken nehmen?« herrscht er Abt Berno an. »Nein, ich kann nichts ungeschehen machen.« »So eßt mit mir einen Napf Suppe und fahret heim auf Eure Insel. Mich laßt in Frieden.« Schweigend verzehren die beiden Männer die Suppe. »Ehe Ihr geht, werde ich Euch die Schriften holen. Dann kann man mich drüben wenigstens nicht länger des Diebstahls zeihen. Es wird etwas dauern, denn ich verwahre sie in einem sicheren Versteck.« Berno

lehnt sich gegen die Wand und schließt die Augen. Wie soll er eine solche Mauer von Bitterkeit niederreißen? Die Luft in der Hütte ist warm und abgestanden. Der Abt betet nicht. Seine Gedanken verwirren sich, rücken fern und immer ferner. Er schläft, die offenen Handflächen im Schoß.
So trifft ihn der Mönch an und bleibt bei diesem Anblick verwirrt stehen. Seine Schriften in der Hand haltend, betrachtet er den Schlafenden. Berno ist ein Bild der Erschöpfung und des Ausgeliefertseins. Er kam allein. Er ruderte über den Gnadensee. »Und ich fand nur bittere Worte für ihn und warf ihm Dinge vor, die er nicht verschuldet hat.« Da sieht er im Feuerschein die zerschundenen Hände auf den Knien des Abtes. Mit einem Mal weiß er, daß er zur Augia heimkehren wird. Dieser junge Abt ist kein Immo. Er ist ein Bruder, und er wird ein Vater der Seinen werden. »Vater Abt«, ruft er ihn behutsam an. Berno öffnet seine Augen und muß sich kurz besinnen, wo er sich befindet. Trauer überzieht sein Antlitz. »Ihr bringt mir Eure Schriften, Bruder Gerwin?« Nach kurzem Zaudern erwidert der Mönch: »Ja, Vater, meine Schriften und mich selbst. Findet Ihr es nicht besser, wenn ich den Kahn zur Insel rudere?« Er weist auf die Hände des Abtes. »Viel besser, lieber Bruder, viel besser!« Abt Berno spricht diese Worte wie einen Dankeshymnus.
Der Wind hat aufgefrischt. Langsam gleitet der Kahn durch das aufgewühlte Wasser. Auf der Herrenbruck wartet eine einsame Gestalt auf die Näherkommenden. Ihr weiter Mantel flattert wie eine Fahne. Bruder Altfrid schließt den heimgekehrten Gerwin in die Arme. »Ich hoffe, daß Ihr täglich nach mir ausgeschaut habt«, sagt Gerwin zu seinem ehemaligen Magister. »Mit meinem Herzen jederzeit«, antwortet der alte Mönch. »Die Gabe, mit dem Herzen zu schauen, ward Euch verliehen, Bruder Altfrid, Euch und dem Vater Abt.«

DER RING

Längere Zeit bleibt der Winter mild und schneelos. Bis zu den Weihnachtsfeiertagen holt Abt Berno siebzehn weitere Mönche heim zur Reichenau aus den Landen rings um den Bodensee. Darunter sind auch zwei Brüder, die im Herrschaftsgebiet des Altshauseners als Pfarrer tätig waren. »Graf Wolfrad wird Euch dafür Schwierigkeiten bereiten, Vater Abt«, sagt Bruder Rutbert in ehrlicher Besorgnis. »Er ist nicht Euer Freund. Seine ablehnende Haltung ist mir bereits aufgefallen, als wir seine Gäste waren.« Der Abt beruhigt ihn. »Die beiden Mönche kamen freiwillig zur Augia. Ich bin mir keiner Schuld bewußt.«

Am Weihnachtstag nimmt der Abt nach dem feierlichen Gottesdienst einen alten Brauch wieder auf. Während einer kleinen Feier beschenkt er alle Inselleute, die Fischer, die Bauern und Handwerker, die Knechte und Tagelöhner mit ihren Familien. Prior Diemuth stellt ihm die jeweilige Familie vor. Er hat Mühe, sich der Namen zu entsinnen, und braucht öfter die Unterstützung von Bruder Altfrid. Diemuth ist mißvergnügt. Mit dieser Schenkerei, die unter Abt Immo nicht stattgefunden hat, wird Klostergut vergeudet. Für jeden Familienvater hat Abt Berno einen Händedruck und einen Festwunsch. Dann überreicht er ihm den großen Weidenkorb mit Brot, Kuchen, Würsten und Wein. Es fällt ihm auf, daß die Leute auch am Hochfest ärmlich gekleidet sind. Sie nehmen die Gaben mit einem gemurmelten Dank entgegen und gehen rasch davon. Aus den Augen der Kinder, die den großen Mann mit der Goldkette anstaunen, spricht Furcht. Mit einem Mal muß Abt Berno an die elenden Gäste des Bischofs Willigis in Mainz denken. Spielt seine Erinnerung ihm einen Streich? In Mainz waren es städtische Bettler. Die Leute auf der Reichenau kennen keine Not. Sie haben ihre eigenen Hütten, ihre Gärten und Anteil an dem Ertrag von Feld, Wald und See. Trotz dieser Erwägungen fühlt der Abt sich unbehaglich. Warum sind die Menschen so scheu und wortkarg? »Inzwischen müßten sie wissen, daß sie mich nicht zu fürchten brauchen.« Als aus einem der Körbe ein dicker Apfel bis vor seine Füße rollt, bückt er sich und gibt ihn einem kleinen Mädchen. Das Kind greift schnell nach dem Apfel. Es sieht den Geber nicht an. »Was mache ich nur falsch?« fragt sich Abt Berno. Zu Bruder Altfrid haben die Leute Vertrauen. Mit ihm sprechen sie, mit ihm lachen sie. Er darf ihren Kindern die Hände auflegen. Abt Berno will danach fragen, aber er vergißt es wieder.

Im Januar setzt heftiges Schneetreiben ein. Das notdürftig ausgebesserte Kirchendach erweist sich als schadhaft. Stellenweise stehen Wasserlachen auf dem Steinboden. »Wir brauchen unbedingt ein neues Dach und eine neue Kirche«, sagt der Abt. »Eine solche Reparatur oder einen Kirchenneubau müssen wir bezahlen können. Unsere Abtei ist arm. Wir sind froh, wenn wir, ohne zu hungern, den Anschluß an die nächste Ernte erreichen«, erklärt ihm Prior Diemuth. Aber auch wohlmeinende Mönche versichern dies übereinstimmend. Bruder Altfrid stellt sachlich fest: »Meiner Meinung nach haben wir gerade das Lebensnotwendige für unsere wieder größer gewordene Klosterfamilie, aber wir besitzen kein Vermögen. Abt Berno, wir müssen mit den Bauplänen warten.«

Warten? Der Abt ist jung und voller Tatendrang. Warten fällt ihm schwer, besonders wenn es um Gottes Sache geht. »Wie könntet Ihr in ein paar Monden aufholen, was Immo und vor ihm Werinher in Jahren versäumt haben? Ihr müßt Euch wohl oder übel gedulden!« mahnt Bruder Altfrid erneut. Abt Berno hat ihn zu seinem Beichtiger gewählt. »Wenn es Euch um Gottes Sache geht, müßt Ihr Euch eurer Ohnmacht bewußt bleiben und auf Seinen Augenblick warten.«
Als der Schneefall aufhört und ein erstes Ahnen des kommenden Frühlings erkennbar ist, tritt Berno eine größere Reise an. Bei dem Pfarrer zu Ermatingen leiht er sich ein Pferd und reitet in seiner alten Kutte am Bodensee entlang nach St. Gallen. Kreuz und Ring ruhen wohlverwahrt im Lederbeutel. Die einfachen Leute am See geben ihm gern ein Obdach für die Nacht. Sie teilen mit ihm Fladenbrot, Hirsebrei und Fisch. Am dritten Tag erreicht er sein Ziel, das mächtige Kloster des heiligen Gallus. Stattlich und prächtig liegen Abteigebäude und Kirche vor ihm. Wie arm und unansehnlich ist dagegen seine Augia! Er denkt an sie mit einer tiefen, schmerzlichen Verbundenheit. Nach längerem Gebet in der Kirche begibt er sich zur Klosterpforte. Der Bruder Pförtner betrachtet den Fremden in der geflickten Kutte mißtrauisch. »Würdet Ihr die Güte haben und mir den Mönch Hildger rufen?« bittet Abt Berno bescheiden. »Seid Ihr etwa ein Reichenauer?« entfährt es dem Bruder. Aus der Betonung des Wortes ›Reichenauer‹ sprechen Ablehnung und Verachtung. Er schiebt ihm einen alten Becher hin und legt einen Kanten harten Brotes daneben. »Ich komme von der Reichenau«, gibt der Abt zur Antwort. »Will sehen, ob Bruder Hildger kommen kann«, sagt der Pförtner unfreundlich. Abt Berno hat den Becher sauren Weines erst halb geleert, als ein Mönch eintritt. Auf seiner neuen Kutte leuchtet ein juwelengeschmücktes Brustkreuz.

Es ist der Abt von St. Gallen. Der Reichenauer verneigt sich. Er übersieht die Hand, die der Abt ihm zum Kusse reicht. Der Abt von St. Gallen betrachtet ihn von Kopf bis Fuß ohne Wohlwollen. »Ihr seid von der Augia? Wie geht es dort?« »Mit Gottes Hilfe langsam aufwärts.« Der andere zieht die Brauen hoch. »Das wundert uns aber sehr ...« Er räuspert sich. »Es erfreut uns natürlich auch.« Ist das wirklich wahr? »Darf ich Bruder Hildger sprechen?« trägt Abt Berno erneut sein Anliegen vor. »Meinetwegen«, meint der Abt von St. Gallen lässig. »Ich ahne, was Ihr von ihm wollt. Gebt Euch keiner falschen Hoffnung hin. Wer das Glück hat, in St. Gallen leben zu dürfen, den verlangt es nicht nach der Augia deserta.« »Augia deserta? Der Name dürfte inzwischen Vergangenheit geworden sein.« Zu dieser Äußerung seines Besuchers nimmt der Abt von St. Gallen nicht Stellung. Grußlos verläßt er den Raum. Gewiß ist ihm die Unterhaltung mit einem einfachen Mönch der unbedeutenden Reichenau nicht wichtig genug, um ihr mehr von seiner kostbaren Zeit zu widmen. Kurze Zeit darauf kommt Bruder Hildger. Der junge Gelehrte hört sich geduldig an, was für seine Heimkehr zur Reichenau sprechen könnte. Die Worte Bernos berühren ihn anscheinend nicht. Er bleibt höflich und ablehnend. »In St. Gallen kann ich nach Herzenslust studieren und lernen. Unsere Klosterschule zählt mehr als hundert Schüler. Ihr sagtet, auf der Augia wären inzwischen wieder sechs Scholaren. Bruder, könnt Ihr mir versprechen, daß die Klosterschule auf der Insel in Kürze so blühen wird wie hier? Das könnt Ihr nicht? Nun, Ihr seid zumindest ehrlich. Nein, Bruder, ich danke für Euer Angebot. Ich bleibe in St. Gallen.« Abt Berno wendet sich traurig zum Gehen. »Ihr müßt Euer Tun vor Dem verantworten, Bruder Hildger, Dem wir alle dienen. Gewiß habt Ihr Euch ernstlich geprüft, ob Euer Hiersein dem

Willen Gottes entspricht.« Zornig fährt Magister Hildger auf: »Gott? Was hat Gott damit zu tun, ob ich Ihm hier diene oder auf der Augia.« »Alles, Bruder, alles«, erwidert Abt Berno ruhig. »Es geht dabei nur um Seine Sache.« Er verläßt den Pfortenraum. Hildger eilt ihm nach und ergreift seinen Kuttenärmel. »Wer seid Ihr eigentlich?« Ernst und eindringlich blickt Berno ihn an. »Abt Berno von Reichenau.« »Ihr kamet selbst, um mich zu holen?« »Ja, ich kam selbst, um Euch zu holen. Nun lebet wohl!« Er reitet davon, ohne sich umzusehen. Hildger steht lange da, ehe er dem Abt von St. Gallen Bericht erstattet. Der Abt schickt dem Reiter sogleich einen Boten nach, der ihn zur Umkehr bewegen soll. »Dankt Eurem Vater Abt für seine Einladung und bestellt ihm meine Grüße. Ich muß nach Hause.«

Am dritten Tag sieht Abt Berno jenseits im Untersee die Insel vor sich liegen. »Arm oder nicht. Hier gehöre ich hin. Was nützen Glanz und Macht, wenn der Wille Gottes nicht erfüllt wird? Für mich heißt er: AUGIA. Armer Bruder Hildger, du hast zwar nach Menschenmaß Sicherheit und äußeren Ruhm, aber stehst du dort in Gottes Willen?« Kurz verweilt er im Pfarrhaus zu Ermatingen, nimmt eine Mahlzeit zu sich und dankt dem Pfarrer für das Pferd. Dann rudert er mit festen, gleichmäßigen Schlägen zur Insel. »Mittlerweile habe ich sogar das Rudern gelernt«, denkt er lächelnd. Am Ufer sichert er den Kahn und steigt hügelan. Am zartblauen Himmel ziehen leichte Wolken. Wieder ist Vorfrühling. Vor einem Jahr verlebte er ihn in der mächtigen Reichsabtei zu Prüm. Ein Jahr ist es erst her, und doch liegt Prüm in weiter Ferne. Er geht an braunen Feldern vorbei, deren aufgebrochene Erde herb duftet. Er durchquert einen Buchenhain und sieht herab auf die Abtei Maria von der Au. Die Klostergebäude haben nichts von der Pracht in Prüm und St. Gallen. Sie sind fast

ärmlich. Auch auf die Entfernung hin zeigt die Kirche die nicht getilgten Wunden des Brandes von 1006.
Wenige Tage nach ihm trifft der Mönch Hildger auf der Reichenau ein. »Euer Kommen war ein Ruf, den ich nicht überhören konnte«, sagt er zu Abt Berno. Nun sind die meisten Mönche heimgekehrt.
Im Auftrag des Grafen von Altshausen schreibt ihm der Burgkaplan des Grafen Wolfrad einen unfreundlichen Brief. Er legt Verwahrung ein gegen die, wie er schreibt, gewaltsame Entfernung von zwei Mönchen, die als Pfarrer im Eritgau tätig waren. Abt Berno nimmt an, daß Frau Hiltrud nichts von diesem unfreundlichen Schreiben gewußt hat. ›Frau Hiltrud‹, auch die Erinnerung an die edle Frau ist ferngerückt, unwahrscheinlich geworden wie eine fromme Legende. Der scharfe Ton des Briefes läßt für die Zukunft vom Altshausener nichts Gutes erwarten.
Prior Diemuth bittet um eine Unterredung. »Was habt Ihr für ein Anliegen?« fragt der Abt und legt den unerfreulichen Brief zur Seite. Der Mönch zögert und wiegt sein Haupt abwägend hin und her. »Ich bezweifle, daß es eine gute Kunde ist, Vater Abt. Ich melde es nur, weil es meine Pflicht ist.« Abt Berno pocht mit seinem Ring auf die Tischplatte. »So erfüllet Eure Pflicht, Herr Diemuth. An schlechten Nachrichten herrscht bei uns kein Mangel. Wißt Ihr zum Beispiel, daß unser Vogt in unseren italienischen Landen seit längerer Zeit Schwierigkeiten mit dem Zehnten hat? Warum habt Ihr früher nie etwas unternommen?« Verlegen wendet und dreht sich der Prior. »Abt Immo legte keinen Wert auf die dortigen Besitzungen. Er bemühte sich ausschließlich darum, die strenge Disziplin in der Abtei wiederherzustellen.« »Und was führt Euch jetzt zu mir, Herr Prior?« »Dieses Mal geht es um Bruder Altfrid«, beginnt der Prior und stockt, als Berno sich

jäh aufrichtet. Wieder pocht der Abt mit dem Ring auf die Tischplatte. Diese Geste ist den Mönchen inzwischen vertraut. »Sprecht weiter!« fordert er. »Seit geraumer Zeit holt Bruder Altfrid Körbe voller Speisen und Getränke aus den Vorratsräumen des Klosters. Anfangs wollte ich diesbezüglichem Gerede keinen Glauben schenken, aber heute habe ich ihn mit eigenen Augen dabei gesehen.« Eifernd ist der Prior nähergekommen. Seine Augen funkeln. Mit welcher Freude macht er diese Aussage! »Körbe voller Speisen und Getränke«, wiederholt er triumphierend. »Wohin schleppt Bruder Altfrid diese Körbe? Bei seinem Alter und seiner geschwächten Gesundheit ist diese Leistung übrigens beachtlich.« Die Abweisung seiner Beschuldigung, die er dem letzten Satz des Abtes zu entnehmen glaubt, reizt den Prior. Er vergißt jede Vorsicht und ruft mit erhobener Stimme: »Ihr glaubt mir nicht? Nun wohl, ich kann es beweisen! Er schleppt das entwendete Klostergut in die Hütten am See und übt Werke der Barmherzigkeit an dem geringen Volk, das dort haust.« Geringes Volk? Die Armen des Erzbischofs Willigis, die Armen der Frau Hiltrud... und nun die Armen der Augia? »Mäßigt Euren Tonfall, Herr Prior Diemuth! Ich höre ganz vortrefflich. Bruder Altfrid übt Werke der Barmherzigkeit? Sind die auf unserer Insel vonnöten? Leiden Menschen Mangel, die unserer Obhut anvertraut sind?« Das Gespräch nimmt eine Wendung, die dem Prior nicht behagt. Undeutlich murmelt er: »Ich war lange Zeit nicht dort. Ich betrete die stinkenden Hütten nicht gern.« Mit undurchdringlichem Gesichtsausdruck lehnt Abt Berno sich zurück. Seine Hände ballen sich zu Fäusten. An seiner Schläfe pocht eine Ader. »Gehört die Betreuung unserer Inselleute nicht zu Euren Pflichten, Herr Prior?« fragt er gefährlich ruhig. Diemuth gestikuliert aufgeregt. »Erst zu Weihnachten haben sie alle einen großen Korb erhalten ...« Im Geist sieht Abt Berno die ärmliche, scheue Schar der Männer, Frauen und Kinder vor sich. Können sie nicht lächeln, weil Not und Elend ihre Weggefährten sind? »Ich diene dem geringsten meiner Brüder und in ihnen Christus«, hört er Erzbischof Willigis sagen. »Seid ihnen Vater, Abt, Abbas! Dienet ihnen, sättigt sie und tröstet sie. Laßt sie durch Euer Tun erfahren, daß unser Gott ein Gott der Güte und der Liebe ist.« Abt Berno hat sich um seine Brüder in der Abtei bemüht. Doch ist er nur der Vater der Seinen hinter den Klostermauern? Nein, er ist auch der Vater der Inselleute. »So – am Weihnachtsfest haben unsere Leute einen Korb erhalten, Herr Prior. Ihr meinet, das wäre genug? Mittlerweile haben wir Ostern.« Hastig wirft Diemuth ein: »Einmal im Jahr – das war immer Tradition.« »Tradition? Das mag sein, aber eine Tradition ist keine heilige Überlieferung, wenigstens nicht eine Tradition dieser Art. Der Apostel Paulus sagt: ›Prüfet alles, das Gute behaltet.‹ Ich spreche mit Bruder Altfrid. Bemüht Euch nicht weiter.« Eilig verläßt der Prior das Gemach. Er ist nicht zufrieden, denn es ist ihm nicht gelungen, das Vertrauensverhältnis zwischen dem Abt und Bruder Altfrid zu zerstören. Der Alte wird den Abt für seine Sache gewinnen, für seine ›Werke der Barmherzigkeit‹.

Nach der Vesper wartet Abt Berno auf den alten Mönch und bittet ihn freundlich: »Mein Bruder, geht Ihr mit mir ein Weilchen durch den Binnenhof?« Es ist ein milder Frühlingsabend. Schwalben stoßen zwitschernd durch die Luft. Auf dem Kirchendach gurren Tauben. Zartgrüne Blätter zieren die alte Linde im Binnenhof der Abtei. Wohlwollend sieht der Abt den kleinen, gebeugten Mönch an. »Sagt mir, lieber Bruder Altfrid, warum schleppt Ihr Speisen und Getränke körbeweise aus dem Kloster?« Der Angesprochene legt seinen Kopf schiefer und blickt mit den ausdrucksvollen Augen den

Abt unbefangen an. »Warum? Darf es sein, Vater Abt, daß wir Mönche jeden Tag eine einfache, aber wohlbestellte Tafel haben, derweil uns anvertraute Menschen, die mit uns auf unserer Insel leben und für uns arbeiten, sich nicht ausreichend sättigen können? Unsere Leute in ihren Hütten am Gnadensee leiden echte Not. Unter Abt Immo wurden ihre Bezüge beträchtlich gekürzt und ihre Abgaben erhöht. Männer, Frauen und Kinder arbeiten hart und können nicht einmal ihren Lebensunterhalt sichern. Sie dürfen kein Vieh halten. Ihre Gärtchen sind zu klein. Vom Ertrag der Äcker, Weinberge und vom Fischfang haben sie fast alles abzuliefern. Unter ihnen gibt es Alte, Schwache und Bresthafte, die nicht arbeiten können. Wenn Ihr mich bestrafen wollt, weil ich ihnen eigenmächtig geholfen habe, nehme ich jedwede Strafe dankbar auf mich. Um eines bitte ich: gebt Weisung, daß für die armen Menschen weiterhin gesorgt wird.« Bei Altfrids Worten hat sich das Haupt des Abtes immer tiefer gesenkt. Er schweigt lange und sagt traurig: »Warum habt Ihr mir nicht schon längst von dieser Not berichtet, Bruder Altfrid? Wie kann ich Abhilfe schaffen, wenn ich davon nichts weiß?«
»Verzeihet mir! Es war kein Mangel an Vertrauen, Vater Abt. Ich wollte nur warten, bis Ihr Atem schöpfen konntet bei der Fülle der täglichen Schwierigkeiten auf der Augia. In den paar Monden ist zuviel auf Euch eingestürmt.« Abt Berno legt dem Mönch die Hand auf die Schulter. »Gibt es Vordringlicheres als Menschennot? In jedem Menschen steht unser Herr vor uns. Ihm will ich dienen in den Armen auf der Augia, so gut ich es vermag und unsere leere Kasse es mir gestattet.« Nach kurzem Nachdenken fügt er hinzu: »Ich lasse mir sofort die Verträge zeigen, die Bezüge und Abgaben regeln. Ich werde sie neu ordnen. Ferner wird der Bruder Cellerar von mir die Anweisung erhalten, daß Ihr die Bedürftigen nach Eurem

Ermessen betreuen dürft.« Mit Dankesworten hastet der alte Mönch davon. »Nun geht er wieder zu seinen Armen. Ihn konnte ich heute glücklich machen.« Berno vergißt sein Versprechen nicht. Die Verträge werden geändert und die Lasten der Inselleute wesentlich erleichtert. Immer zahlreicher ist die Schar der Inselleute im Westwerk, wenn Abt Berno das heilige Opfer feiert. »Was soll das?« protestiert der Prior. »Sie gehören nach St. Johann.« »Laßt sie zu uns kommen, unsere Bauern und Fischer mit ihren Frauen und Kindern. Ich freue mich über jeden, der an unserem Gottesdienst teilnimmt«, erwidert der Abt. In seiner nächsten Predigt erwähnt er, daß unser Herr vor allem Fischer zu seinen Aposteln berufen hat. »Wie sehr muß unser Herr Jesus Christus die Fischer geliebt haben! Den Fischer Simon, den er Petrus nannte, machte er zum Oberhaupt seiner Kirche. Am Grab eines Fischers knien in Rom Kaiser und Könige, Päpste und Bischöfe.«

Geht der Abt jetzt über die Insel, kommen Fischer und Bauern herbei, um ihn zu begrüßen. Der neue Ruf, den die Insel genießt, wandert rings um den See. Überall begrüßt man die Entwicklung auf der Reichenau. –

Die Mönche bitten ihren Abt um Gesänge für den Gottesdienst. Er komponiert Hymnen und Gesänge von schlichter Schönheit. Unter der Leitung der Magister Purchard und Kerung, die von Magister Tatto und Burkhard unterstützt werden, blüht die Klosterschule auf. Luidhard und Gerwin betreuen die neue Malschule der Abtei. In mühevoller Kleinarbeit fertigen sie ein Evangeliar für König Heinrich an. Unermüdlich nimmt sich Abt Berno aller Anliegen an. Die Armut in der Abtei läßt ihn rasch an die Grenzen seiner Möglichkeiten stoßen. Wie soll er die letzte Verbitterung aus der Zeit des Abtes Immo aus den Herzen nehmen? Er lernt zu schweigen, still zuzuhören, sein aufbrausendes Wesen zu zügeln, maßvoll und gütig zu sprechen und zu handeln. Bruder Altfrid ist sein treuer Ratgeber. Bald staunt kein Reichenauer mehr über die beiden äußerlich so verschiedenen Gefährten, wenn sie über die Insel gehen. Das Befinden des Greises bereitet dem Abt Sorge. Die jähen Wetterstürze des gewitterreichen Sommers bereiten ihm körperliche Mühsal. Sein kleines Vogelgesicht verliert die Farbe, wird wächsern und fast transparent. Sein Gang wirkt tappend und unsicher. »Nein, mir fehlt nichts, Vater Abt. Ich bin einfach müde, sehr müde«, antwortet er auf eine besorgte Frage. Mit unvermindertem Eifer setzt er in den Hütten am See sein Liebeswerk fort. Der Abt läßt ihn gewähren. »Würde ich es ihm verbieten, wäre mir zumute, als nähme ich meinem Vater seine letzte Lebensfreude.« Manches Mal sitzen die beiden Mönche auf der Rundbank unter der Linde im Binnenhof und sprechen von ewigen Dingen. »Vor dem Sterben fürchte ich mich nicht, Vater Abt. Ich gehe nach Hause zu Ihm, der mich einst ins Leben gerufen hat. Soll ich mich vor Ihm fürchten, wenn Er mein Leben zurück in Seine Hände nimmt? Wie könnte ich meinen Gott fürchten!« Er lächelt still beglückt vor sich hin. »Manchmal hab' ich sogar Heimweh nach drüben. Euch, lieber Vater Abt, hinterlasse ich meine Sorge für die Armen am See.«

An einem warmen Junitag ereilt Bruder Altfrid der Ruf zur Heimkehr. Er hat gerade mit großer Mühe einen Korb in eine Fischerhütte geschleppt, als er zusammenbricht. Die Fischersfrau bettet ihn auf ihr Strohlager und sendet ihren Sohn zum Kloster. »Rasch, Rumold, hol' den Abt. Der ist sein Freund.« Rumold eilt zur Abtei. Auf sein dringliches Bitten wird der Abt geholt. Beide Männer eilen zur Hütte. Dort empfängt sie die Frau mit tränenüberströmtem Gesicht. »Der gute Vater Altfrid ist bei Gott. Er hat gerade seinen letzten Atemzug getan.« Allein geht der Abt in die Hütte und kniet erschüttert am ärmlichen Lager nieder. Mit sanfter Hand schließt er die Lider des Verstorbenen. Da liegt der Mönch, der sein erster und bester Freund auf der Augia gewesen ist, sein Berater und Beichtvater, der ihm selbstlos geholfen und ihm bei seinen unsicheren Schritten als Abt unmerklich Beistand geleistet hat. Abt Berno schämt sich seiner Tränen nicht. Wie friedlich ist das Antlitz des Entschlafenen! »Nun bist du zuhause, lieber Bruder, daheim bei Gott, am Ziele deiner Sehnsucht.« Ein Sonnenstrahl fällt auf das Antlitz des Toten. Abt Berno blickt auf und bemerkt ein großes Loch im Hüttendach. Die Abtei läßt es weiterhin am Notwendigsten für ihre Leute fehlen. »Ich halte mein Versprechen und suche in deinem Sinne Not zu lindern, Bruder Altfrid.« Bevor Altfrid beigesetzt ist, sucht der Abt die Hütten auf der Augia auf. Er ist bei diesen Gängen wortkarg und dennoch freundlich zu den Leuten. Rutbert ist sein Begleiter. Er läßt sich die vielen Mängel weisen, die schlechten Dächer, die schadhaften Wände, die schiefen, rissigen Türen, den unzureichenden Hausrat, die armselige Kleidung. Er kostet ihren Hirsebrei, ißt ihr hartes Brot und trinkt vom sauren Wein. Man hat den Leuten das Allergeringste zugeteilt. Er läßt sich Fischlein zeigen, die sie nach reichem Fang für sich behalten dürfen und die kleinen Gärten mit dem spärlichen Gemüse. Bei den Mahlzeiten im Refektorium nimmt er kaum etwas zu sich. Die Speisen ekeln ihn an, seit er um die Not der Leute weiß. Sein Blick haftet meist an der Flamme der Kerze, die auf dem Platz des Bruders Altfrid brennt.

Abt Berno feiert das Totenamt für den Verstorbenen. An der Beisetzung nehmen zahlreiche Inselbewohner teil. Frauen und Kinder schluchzen laut, aber auch den Männern stehen Tränen in den Augen. Die Mönche versammeln sich zu einem

Sonderkapitel. Der Abt läßt seinen Blick über die dunklen Reihen schweifen. »Meine lieben Brüder in Christo, heute habe ich Euch aus einem besonderen Anlaß zusammengerufen. Ich möchte nämlich vom Testament unseres seligen Bruders Altfrid berichten.« Überrascht schauen einige Mönche auf. »Bruder Altfrid, der gewiß daheim bei Gott ist, hat uns jene Menschen hinterlassen, für die er unermüdlich und mit großer Liebe bis zu seiner Todesstunde gesorgt hat, unsere Inselleute. Wie ich mich durch Augenschein überzeugt habe, leiden sie nach wie vor große Not. Uns bleibt also die heilige Verpflichtung, diesen uns von Christus anvertrauten Männern, Frauen und Kindern beizustehen. Sie sollen auf der Insel ein menschenwürdiges Dasein führen. Dann und nur dann kann Gottes Wort, das Wort der Liebe und Güte, in ihren Seelen Wurzel fassen. Anderenfalls erstickt der Hunger des Leibes den Hunger der Seele nach Gott. Leiden diese Menschen auf unserer Insel weiterhin Not, so sind wir als Künder der Frohen Botschaft vom guten Vater im Himmel für sie unglaubwürdig. Erwähnt jetzt nicht unsere leere Klosterkasse! Darum weiß ich zu gut. Die Liebe muß uns einen Weg weisen. Wie er beschaffen sein wird, kann ich Euch nicht sagen. Ich weiß nur, daß wir ihn finden und entschlossen beschreiten müssen. Betet zum Heiligen Geist und zu Maria, der Mutter aller Mütter, daß uns ein solcher Weg gewiesen werden möge! Wir wollen ab sofort die Zuteilungen an Getreide, Brot und Fisch für unsere Leute erhöhen. Alle dürfen eigenes Vieh halten, sei es auch auf klostereigenen Weiden. Ich hoffe und erwarte, daß es niemand als Minderung unseres Klostergutes ansieht, wenn wir den Menschen helfen, die zu uns gehören. Beten wir füreinander um die rechte Opfergesinnung!« In der Rekreation findet das Vorhaben des Abtes fast ungeteilte Zustimmung. Die meisten Mönche wollen helfen, auch wenn ihnen diese Hilfe Opfer abverlangt. Nur Bruder Ludger hat Einwände. »Woher will unser Vater Abt die Mittel nehmen, um seine großen Pläne auszuführen? Der Heilige Geist füllt keine leeren Klosterkassen.« Rutbert widerspricht ihm erregt: »Ihr werdet sehen, daß unser Vater Abt auch dieses Werk der Liebe schaffen wird!« Der Prior mischt sich ein: »Ihr könnt mir aber auch nicht verraten, wie er das bewerkstelligen will. Freilich, Ihr kennt ihn besser als ich, nicht wahr? Wart Ihr nicht bereits in Gorze sein Scholar? Jedenfalls muß Abt Berno mit dem Faktum der leeren Kassen rechnen. Nun – vielleicht besitzt er jenen berühmten Zauberring aus dem Märchen, der spielend alle Wünsche erfüllt und jede Not beendet.« Der Prior lacht über seinen vermeintlichen Scherz. Er hat nicht bemerkt, daß der Abt bereits eine ganze Weile in der Türe steht. Abt Berno hat Ludgers und Diemuths Worte gehört. Nachdenklich betrachtet er den breiten Ring mit dem kostbaren Stein, den Ring des Königs. Es ist ihm, als lächele Altfrid ihm beifällig zu. »Herr Prior, denkt Euch nur«, tönt seine Stimme durch den Raum, »ich besitze einen Zauberring, der aller Not ein Ende macht.« Die Augen des Priors weiten sich entsetzt. Er sucht nach den Anzeichen des jähen Zorns, der den Abt manchmal befällt. Herr Berno ist ruhig und ernst. »Für ein paar Stunden bin ich nicht auf der Insel, Bruder Prior.«

Auf dem Weg zur Herrenbruck begegnet der Abt dem Magister Burkhard. »Ihr kennt Euch doch in Konstanz aus, lieber Bruder? Könnt Ihr mir einen ehrlichen Pfandleiher nennen?« Überrascht blickt der Mönch ihn an. »Einen ehrlichen Pfandleiher? Das wäre so etwas wie ein weißer Rabe. Mit gutem Gewissen kann ich Euch keinen empfehlen. Wenn es sich allerdings um Gold und Juwelen handelt, wüßte ich einen Mann. Er beleiht gelegentlich ein kostbares Schmuckstück, fordert erträgliche Zinsen und ist ehrlich. Es ist der Goldschmied Levi in der Judengasse.« »Habt Dank für den guten Rat, lieber Bruder!« Der Abt hastet davon. Er löst einen Kahn vom Ufer und rudert über den Gnadensee nach Allensbach. In all seinen Bewegungen liegt eine drängende Eile. Burkhard weiß nicht, was den Vater zu dieser Eile antreibt. Es ist gewiß eine gute und wichtige Sache. »Möge Gott mit Euch sein, mein Vater!« schickt er ihm als Segenswunsch nach.

Auf dem Pferd des Pfarrherrn von Allensbach reitet Abt Berno zur Bischofsstadt. Er grüßt einen Bauern, der ihm mit seinem Gespann entgegenkommt. Stumm starrt der Mann den hohen Herrn an, der auf einem schlechten Gaul und ohne Begleitung nach Konstanz reitet. Der Abt hat bemerkt, daß sein eiliger, einsamer Ritt Staunen erregt. Rasch schiebt er das Brustkreuz unter die Kutte. Er läßt das Pferd im Schritt gehen und dreht den Ring vom Finger. Der Rubin leuchtet in der Sonne. »Verübelt mir nicht, was ich tun werde, Herr Heinrich! Es geschieht nur um der Liebe willen.« Behutsam läßt er den Ring in die Tasche gleiten und spornt das Pferd an.

Die Bürger in der Bischofsstadt Konstanz beachten den Mönch auf dem mageren Gaul kaum. Nach kurzer Zeit erreicht er die Judengasse, ein enges Sträßlein mit alten, schmalbrüstigen Häusern. Die Glocke scheppert laut, als er den Laden des Goldschmieds betritt. Nur bescheidene Schmuckstücke sind darin ausgestellt. Ob Levi reich genug ist, um der Reichenau eine größere Summe Geldes zu leihen? Ein Jude in mittleren Jahren tritt aus einem Hinterzimmer in den Ladenraum. Seine etwas verwachsene Gestalt ist in dunkles Rot gekleidet. Er trägt ein Käppchen auf dem schwarzen Haar. Von unten herauf sieht der Juwelier den Mönch an, als traue er seinen Augen nicht. Furcht spricht aus seinem klugen, leicht olivfarbenen Gesicht. Nur zögernd kommt er näher. Dabei reibt er unsicher die schmalen Hände. In der Judengasse sieht man die Vertreter der Kirche selten. Zudem bedeutet ihr Kommen nichts Gutes. »Ihr wünscht, hochwürdiger Herr?« flüstert Levi ängstlich. Abt Berno greift in seine Tasche. »Kann ich bei Euch diesen Ring beleihen lassen?« Auf offener Handfläche bietet er dem Goldschmied das Kleinod dar. »Gestattet, Herr?« bittet Levi schüchtern und nimmt den Ring in seine sensiblen Finger. Er wendet ihn hin und her und betrachtet ihn durch seine Lupe. Seine schwarzen Augen weiten sich vor Erstaunen und Begeisterung. »Dieser Ring ist eine einmalige Kostbarkeit, hochwürdiger Herr! Erstklassige Goldschmiedearbeit! Der Stein ist klar und schön in der Farbe.« »Ja, ich weiß das, Herr Levi. Weil er kostbar ist, möchte ich ihn beleihen lassen. Seid Ihr dazu bereit?« Unsicher schaut der Goldschmied zu ihm auf. Er zögert mit der Antwort. »Darf ich ganz offen zu Euch sein? Ihr müßt verstehen, daß ich bei der außergewöhnlichen Kostbarkeit des Ringes nähere Angaben über seine Herkunft brauche. In dieser Stadt muß ein Jude Recht und Gesetz besonders streng beachten.« Im letzten Satz klingt die Bitterkeit des Verfemten und Verachteten durch. »Ich verstehe Eure Bedenken, Herr Levi. Ich möchte Euch mein Vertrauen schenken und Euch die Herkunft des Ringes verraten und auch über die Verwendung des von mir gewünschten Geldes sprechen.« So erfährt der Goldschmied Levi die Geschichte des Ringes und den Namen seines derzeitigen Besitzers. Abt Berno wird erst beredt, als er ihm von der Not der kleinen Leute auf der Reichenau erzählt, die er mit dem Geld lindern möchte. Aufatmend schließt er seine langen Ausführungen: »Und darum bitte ich Euch, Herr Levi, leiht mir das Geld! Gebt mir, was Ihr mir geben könnt, wenn Ihr den Ring für eine angemessene Frist beleiht!« Im allgemeinen ist Herr Levi auf seinen Vorteil bedacht. Aber der freimütige

Bericht des Abtes hat ihn menschlich zutiefst berührt. Er versteht, wie selbstlos dieser junge Abt handelt. Er bittet für die Armen. So etwas hat er in all den Jahren hier in Konstanz nie erlebt. Ein hoher Herr und Reichsprälat bittet ihn um Geld für seine ärmsten Untertanen! Bewußt setzt der Jude seinen Geschäftssinn beiseite. »Abt Berno, wenn Ihr damit einverstanden seid, beleihe ich Euch diesen herrlichen Ring für wenigstens ein Jahr, und zwar ohne Zinsen. Ihr könnt ihn innerhalb dieser Frist jederzeit auslösen. Ich werde ihn sorgsam für Euch aufbewahren.« Er bettet das Kleinod in ein Samtkästchen. »Würdet Ihr Euch nun etwas gedulden?« Er geht mit dem Kästchen in das Hintergemach. Ein Schlüssel dreht sich in einem Schloß. Münzen klirren aufeinander. Als Levi den Laden wieder betritt, trägt er ein prallgefülltes Leinensäckchen. Er reicht es dem Abt. »Die ganze Summe habe ich nicht vorrätig. Dies ist eine Anzahlung, etwa ein Viertel des gesamten Wertes.« Das Säckchen hat beträchtliches Gewicht. »Habt Ihr Euch nicht zu Euren Ungunsten verrechnet, Herr Levi? Einen solchen Wert kann auch ein Königsring nicht haben.« Die dunklen Augen des Juden leuchten auf. »Ihr habet recht, Herr Abt. Aber Menschen in Not haben allerhöchsten Wert. Vertraut Ihr mir, daß Euch die Teilsummen jederzeit zur Verfügung stehen?« »Herr Levi, ich vertraue Euch voll und ganz, und ich danke Euch von Herzen.« Levi steigen Tränen in die Augen. »So sprecht Ihr mit mir, einem Juden? Allein dafür mög' Euch der Allmächtige segnen, Euch und Euer Werk auf der Augia.« Abt Berno reicht dem Goldschmied die Hand und will sich zum Gehen wenden. Levi ruft ihn zurück. »Wartet, Vater Abt! Mir ist gerade eingefallen, daß ich etwas für Euch habe.« Eifrig läuft er zu einem der massiven Eichenschränke und entnimmt ihm ein Kästchen. »Seht nur! Der Ring ist zwar nur eine einfache Arbeit, Silber vergoldet, und der sogenannte Stein ist aus rotgefärbtem Glas. Er könnte Euch vielleicht in der Zwischenzeit dienlich sein, wenn er Euch paßt.« Mit einiger Mühe streift er ihn auf den Ringfinger des Abtes. Er freut sich wie ein Kind. »Er paßt! Beim flüchtigen Hinschauen bemerkt man nicht einmal den Unterschied... ein breiter, scheinbar goldener Ring mit einem roten Stein.«

In den nächsten Tagen treffen große Mengen Bauholz, Steine und Mörtel auf der Insel ein; Bauarbeiter aus Konstanz bessern die Hütten aus und decken die Dächer neu. Die Hütte, in der Altfrid gestorben ist, wird abgerissen und durch eine neue, größere ersetzt. Die fremden Bauarbeiter werden im Kloster verköstigt. »Wo kommt das Geld her für ein solches Unternehmen?« rätselt der Prior. »Fehlt nichts aus den Beständen der Abtei?« Heimlich forscht er im Kloster nach, durchsucht die Kirche, die Sakristei und die Bibliothek. Abt Berno bemerkt es und läßt ihn seelenruhig gewähren. Kein Gegenstand fehlt. Dem Prior wird das Ganze fast unheimlich. »Woher hat der Abt das Geld? Er hat kein Klostergut veräußert, und er hat die Liegenschaften der Abtei nicht angetastet. Hat er den Bischof von Konstanz angebettelt?« Endlich ziehen die Bauarbeiter ab. Jetzt werden Haushaltsgegenstände, Dekken und Kleidungsstücke für die Inselleute geliefert. Woher hat der Abt das Geld? Irgendwie muß sein »Reichtum« mit Konstanz zusammenhängen. Immer, wenn er nach Konstanz reitet, erhalten die Inselleute neue Wohltaten. Geheime Erkundigungen des Priors bei den Geldverleihern bringen kein Ergebnis.

Abt Berno geht von Hütte zu Hütte und freut sich an der Ordnung und Sauberkeit. Wie zufrieden sind die guten Leute! Am Gnadensee entlang erreicht er ein sumpfiges Tal. Es trennt die Augia von der kleinen Insel Niederzell. Bisher hat er die kleine Insel nie bewußt wahrgenommen. Wie mag es dort aussehen? Um eine Kirche kauern einige Hütten. »Bruder Rutbert, rudere bitte mit einigen Scholaren hin und erstatte mir Bericht.« Am nächsten Tag bringt Rutbert dem Abt keine guten Nachrichten. »Das Kirchlein ist verwahrlost. Manegold, ein halbblinder Priester, betreut es recht und schlecht. Die Handvoll Fischer und Bauern, die auf dem Inselchen wohnen, sind sehr arm und seit langer Zeit von der Augia nicht mehr unterstützt worden.« Der Prior wird gerufen, und Rutbert wiederholt in seiner Gegenwart den ganzen Bericht. »Warum habt Ihr mit dem Bauschutt, der bei dem Brand von 1006 anfiel, nicht den Sumpf aufgefüllt? Dann wäre Niederzell von der Hauptinsel trockenen Fußes zu erreichen.« Bei diesen Worten des Abtes zuckt der Prior unbehaglich mit den runden Schultern. Er erwidert mit einem Anflug von Trotz: »Abt Immo hat eben nie eine derartige Weisung erteilt.« »Ihr habt in der Folgezeit die Menschen in Niederzell einfach vergessen«, stellt Abt Berno fest, der wieder einmal seinen Zorn bezwingen muß. »Es gab Wichtigeres zu tun und zu bedenken.« Die geringschätzige Antwort des Priors erregt den Abt. Er schlägt zornig mit der Rechten auf den Tisch. »Vergessen? Menschen vergessen? Was könnte wichtiger sein als Menschennot?« Wieder pocht er fest mit dem Ring auf die Tischplatte. Da springt etwas wie ein roter Blitz von seiner Hand, fällt mit leisem Klirren auf den Boden und zerbricht auf den Steinfliesen, der ›Stein‹ vom Ring des Abtes. »Das ist es! Nun habe ich ihn erwischt!« freut sich der Prior. »Er hat den Ring des Königs verkauft und ihn durch eine Imitation ersetzt. Von daher kommt das Geld für das Gesindel in den Hütten.« Er verneigt sich stumm, um seinen Gesichtsausdruck zu verbergen. Als Abt Berno den Raum verlassen hat, kommt er wieder, kniet auf den Fliesen nieder und sammelt sorgfältig jeden roten Glassplitter ein. In der gleichen Nacht schreibt er einen Brief an König Heinrich und fügt die Glassplitter hinzu. Als er den Brief beim Morgengrauen versiegelt, sagt er laut vor sich hin: »So, Herr Berno von Prüm, das dürfte genügen, um Euch den Hals zu brechen! Ihr seid hier die längste Zeit Abt gewesen.« Er beauftragt seinen Gesinnungsgenossen Ludger damit, das Schreiben in die Stadt Ravensburg zu bringen. Dort hält sich König Heinrich auf. Heimlich und ohne Erlaubnis des Abtes verläßt der Mönch Ludger die Augia. Der Prior ist zufrieden und erleichtert. Er ist fest davon überzeugt, daß Herr Heinrich umgehend zur Augia kommen und die Herrschaft des unbequemen Berno beenden wird.

Abt Berno bemerkt das Fehlen des ›Steines‹ in seinem Ring. Flüchtig sucht er danach, macht sich aber weiter keine Gedanken darüber. Er zieht den nutzlos gewordenen Ring vom Finger. Seine Sorge gilt Niederzell. Wie soll er den Menschen dort helfen? Sein Guthaben bei Levi ist voll ausgeschöpft. Der Juwelier würde ihm zweifellos weiteres Geld anvertrauen, aber der Abt möchte die Freundschaft nicht mißbrauchen. Mit Bruder Rutbert rudert er zur kleinen Insel. Er findet alles so vor, wie Rutbert es beschrieben hat. Die Türe der Kirche hängt nur halb in den Angeln. Gackernde Hühner stürzen an den Mönchen vorbei aus der Kirche. Über allem Schmutz und Zerfall thront Christus in der Mandorla über dem Altar, ein herrliches Fresko. Die Mönche beugen die Knie. »Verzeih uns, Herr, verzeih!« Zitternd und stammelnd naht sich der halbblinde Priester Manegold. Offenbar fürchtet er den Zorn des Abtes. Beruhigend spricht Abt Berno dem Armen zu: »Seid getrost, Vater Manegold! Wir werden Euch und den Leuten von Niederzell helfen.« Rasch entfernen sich die Mönche. Der Greis brabbelt Unverständliches hinter ihnen her.

Die Bewohner der kleinen Insel schauen ihnen furchtsam nach, als sie wieder zur Augia rudern.
Abt Berno ruft den Cellerar und den Sakristan zu sich. »Überlegt bitte, liebe Brüder, was Ihr von Euren Schätzen entbehren könnt für St. Peter und Paul in Niederzell! Dort ist das Elend groß. Es fehlt an allem. Ich verlasse mich auf Eure Großmut.« In der Versammlung der Mönche bittet er um weitere Hilfe für die kleine Insel. »Der alte Priester Manegold in Niederzell braucht einen priesterlichen Beistand. Er ist alt und krank und fast blind. Für dieses Amt suche ich einen freiwilligen Helfer. Das Leben auf der kleinen Insel wird anfangs arm und einsam sein. Wäre einer von Euch bereit, dieses Werk der Barmherzigkeit zu verrichten?« Fast alle Mönche heben ihre Hand. Frohen Herzens sieht Abt Berno die zahlreichen Freiwilligen, die bereit sind, nach Niederzell zu gehen. Sein suchender Blick vermißt Ludger von Prüm. Er bemerkt ohne sonderliches Erstaunen, daß der Prior und zwei andere Mönche die Hand nicht gehoben haben. »Wenn Ihr vorerst nach Niederzell übersiedeln würdet, Bruder Gerwin, wäre ich Euch dankbar!« Wieder sieht er die Mönche an. »Ich danke allen anderen, die bereit waren. Ich danke auch jenen, die durch ihr Nein zu meiner Bitte gezeigt haben, wo sie stehen. Es ist gut, wenn der Abt auf diese Weise die Gesinnung seiner Brüder kennenlernen darf.« Höhnisch verzerrt der Prior sein Gesicht. »Wie werdet Ihr Euch erst bedanken, wenn Ihr erfahrt, wo wir wirklich stehen!« Inzwischen wird der Brief mit den Glassplittern in der Hand des Königs sein.
Einige Mönche und die Knechte der Augia bringen Bauschutt zum Sumpf, der Niederzell von der Hauptinsel trennt, und bemühen sich, ihn zuzuschütten. Andere Freiwillige wollen unter der Leitung des Abtes Kirche und Pfarrhaus in Niederzell reinigen. Als die Kähne von der Herrenbruck ablegen,

meint Prior Diemuth verächtlich: »Immer diese Knechtsarbeit! Warum zieht es unseren Abt nur dahin? Angeblich sollte die Augia in ihm einen gelehrten Abt erhalten, der in der Wissenschaft aufgeht. Und nun ...« Er zeigt auf den Abt im ersten Kahn. Berno trägt wieder einmal die geflickte Kutte. Sie wird nach jeder Wäsche unansehnlicher und verblichener. Ariald, ein gichtkranker Mönch, steht auf seine Krücken gestützt am Ufer. Er hat die kritischen Worte des Priors vernommen. »Kann ein Dienst zu gering sein, seit unser Herr Jesus Christus Knechtsgestalt angenommen hat, Herr Prior?« Ärgerlich fährt der Prior auf: »Hört, hört unser weiser Bruder Ariald! Wo bleibt das hier mittlerweile meistzitierte Bibelwort von den geringsten Brüdern? Nun, jedenfalls sind die Tage des Herrn Berno auf der Augia gezählt.« Wütend läßt er den Mitbruder stehen und eilt davon. Traurig schüttelt Ariald den Kopf. Sind nicht die Tage des Priors auf der Reichenau gezählt? Mühsam humpelt der Mönch zum Münster und betet dort für seinen Abt und für den verblendeten Prior.

»Abt Berno! Vater Abt!« Bruder Rutbert muß einige Male mit lauter Stimme rufen, ehe der Abt aus der Krypta der Kirche in Niederzell nach oben steigt. Sein Haupthaar ist wirr. Seine Kutte ist mit Spinnweben und Kalkflecken bedeckt. Staub überzieht Gesicht und Hände. »Was gibt es Wichtiges?« fragt er unwillig, weil ihm die Störung mißfällt. »Müßt Ihr mich holen? Könnt Ihr nicht einmal allein mit etwas fertig werden?« Verlegen weist Bruder Rutbert auf die offene Kirchentür. Dort steht ein Mann in der hellen Bahn einfallenden Sonnenlichts. Abt Berno sieht ihn nur als dunkle, schmale Silhouette. »Scheltet Eure Mönche nicht, Herr Berno«, sagt eine kühle Stimme. Berno hat sie zuletzt vor mehr als einem Jahr in Prüm gehört. Verwirrt tritt er näher und verneigt sich. »Ihr seid hier, königlicher Herr? Wie kommt Ihr denn nach Niederzell? Verzeihet mein Aussehen! Wir sind nämlich gerade dabei, das Haus des Herrn zu säubern.« Der König deutet durch eine Geste an, daß er ins Freie kommen soll. »Ihr könnt wohl noch soviel von Eurer überaus kostbaren Zeit erübrigen, um mit mir zu sprechen? Begleitet mich zum See!« In seinen Worten fehlt jede Freundlichkeit. Schweigend gehen beide zum Ufer des Gnadensees. Abt Berno fragt sich im stillen, warum der König ihn so unfreundlich behandelt. Gewiß, sein Äußeres ist nicht gerade ansprechend. Ob das der Grund ist? Befangen bittet er den König: »Darf ich mich wenigstens etwas säubern, königlicher Herr?« Heinrich nickt ihm schweigend zu. Der Abt wäscht Hände und Gesicht im Seewasser, nachdem er den gröbsten Schmutz von seiner Kutte gestreift hat. Als Bernos Haupthaar feucht glänzt, weist ihm der König wortlos einen Platz im Kahn zu, in dem er sitzt. Lange sieht der König dem bescheiden schweigenden Mönch in die klar und unbefangen blickenden Augen. Bernos Antlitz ist hagerer geworden. Seine Hände tragen deutliche Spuren der schweren Arbeit. An dem gebräunten Ringfinger ist ein heller Streifen. Auf diese Stelle weist König Heinrich und fragt: »Wo habt Ihr den Ring gelassen, den ich Euch in Prüm als Zeichen Eurer Amtswürde geschenkt habe, Abt Berno? Ich wollte der Mitteilung, die mich von der Augia erreichte, zuerst keinen Glauben schenken ... Aber Ihr besitzt ja den Ring nicht mehr.« Traurig und zugleich verstehend sagt der Abt: »Man hat Euch von der Reichenau Bericht erstattet?« Die Augen des Herrschers weiten sich. Er hat das Fehlen des Brustkreuzes bemerkt. »Und wo ist das goldene Kreuz? Habt Ihr das etwa auch verschachert?« Wortlos zieht Abt Berno die goldene Kette mit dem Kreuz unter der Kutte hervor. Der König betrachtet es mit Ingrimm. Muß er dieses Kreuz dem Mönch wieder nehmen? War Urold seinerzeit klüger als er, als er ihn von der Wahl des Magisters Berno zum Abt der Augia abbringen wollte? Ist der Mann in seinem Amt nicht ebenso fehl am Platze wie das kostbare Kreuz auf der geflickten, verblichenen Kutte? »Gebt mir genaue Auskunft über den Verkauf des Ringes«, befiehlt er schroff. »Laßt nichts aus. Ich will jede Kleinigkeit wissen!«

Weiße Wolken segeln hoch über dem friedlichen Gnadensee. Haubentaucher, Bläßhühner und Enten schwimmen zwischen den Halmen des Röhrichts umher. Der Kahn mit den beiden Männern wiegt sich ganz leicht im Wasser.

Gewissenhaft gibt Abt Berno Auskunft über die Umstände, die ihn dazu geführt haben, den Ring beleihen zu lassen. Er verschweigt nichts und erzählt mit großer Genauigkeit. Mit Wärme und voller Dankbarkeit spricht er von Bischof Willigis, von Frau Hiltrud und Bruder Altfrid. »Diese vortrefflichen Menschen haben mir Herz und Augen für die Not der kleinen Leute geöffnet. Da fand ich die Klosterkasse leer. Die Not um mich her war übergroß. Darum habe ich Euren Ring verpfändet. Mit der erzielten Summe wurde ich in die Lage versetzt, den Ärmsten wirkungsvoll zu helfen.« König Heinrich hat mit unbewegtem Antlitz gelauscht. Ließ ihn dies alles unberührt? »Und was geschieht nun hier in Niederzell?« fragt er. »Ich habe das Elend auf diesem kleinen Eiland zu spät bemerkt«, bekennt Abt Berno. »Nun verfüge ich über keine Mittel mehr. Wir Mönche helfen wenigstens mit unserer Hände Arbeit.« Mit einem tiefen Seufzer lehnt Herr Heinrich sich zurück. Der Kahn beginnt zu schaukeln. »Ihr verpfändetet meinen Ring, um mit dem Erlös den Ärmsten auf der Insel zu helfen. Gewährte Euch dieser Goldschmied Levi eine lange Leihfrist?« »Wenigstens ein Jahr, königlicher Herr, und er fordert keine Zinsen.« Der König wirft ihm einen seltsamen Blick zu. »Hm, das ist gut und edelmütig von Herrn Levi.

Aber verratet mir nun, wie Ihr das Geld beschaffen wollt, um den Ring fristgerecht auszulösen!« Jetzt senkt der Abt das Haupt und blickt verlegen auf seine leeren, schwieligen Hände. »Ich weiß es nicht«, gesteht er und sieht dabei nicht auf. So kann er auch nicht sehen, daß der König ihn liebevoll und gütig anblickt. »Ich hoffe und bete, daß unser Herr mir in diesem Jahr eine gute Lösung zeigen wird.« Als er aufschaut, ist das Gesicht des Königs wieder abweisend und verschlossen. »Das hoffe ich mit Euch und für Euch, Herr Berno!«
Nach diesen Worten erhebt sich der König und steigt aus dem schwankenden Kahn ans Ufer. »Zeigt mir, was es hier in Niederzell zu tun gibt!« Danach begleitet Ihr mich zur Augia. Wir gehen in jede Hütte. Ich will sehen, was für den Gegenwert meines Ringes entstanden ist.« Abt Berno zeigt dem König das ganze Ausmaß der Verwahrlosung und die traurige Ärmlichkeit in Kirche und Pfarrhaus. Sie betreten auch die niedrigen, morschen und dumpfen Behausungen der Menschen, die auf dem Inselchen wohnen. Heinrich nimmt alles und jedes aufmerksam wahr. Er sagt nichts. In jeder Hütte läßt er ein Geldstück zurück. »Was Ihr in Niederzell gesehen habt, entspricht dem Zustand der Hütten vor der Instandsetzung. Ohne Übertreibung darf ich sagen, daß es überall auf der Augia so war.« Abt Berno rudert den König zur Reichenau. Dort besucht der König, wie er es angekündigt hat, jede Hütte. Er läßt sich die Verbesserungen erklären und den neuen Hausrat vorweisen. Die Leute auf der Hauptinsel sind ordentlich gekleidet. Sie begrüßen den Abt freudig und vertrauensvoll. Mit welchem Wohlwollen begegnet Berno diesen einfachen Menschen! Das ist nicht mehr der weltfremde Gelehrte aus der Abtei zu Prüm. In dem Zusammenhang fällt dem König etwas ein. Er fragt: »Was habt Ihr eigentlich seit Eurem Hiersein Neues geschrieben, Abt Berno?« »Ein paar

Hymnen und Gesänge für den Gottesdienst, königlicher Herr. Zum intensiven Studium und zum Schreiben eines Buches blieb mir keine Zeit«, antwortet Berno schlicht und aufrichtig. »Ihr hattet Wichtigeres zu tun«, bestätigt König Heinrich nun mit Wärme in der Stimme. »Vater Abt, ich muß Euch um Verzeihung bitten.« Verwundert verhält der Mönch den Schritt. Er sieht den König an. Heinrichs Antlitz ist nicht länger fremd, hochmütig und starr. Freundlich, verständnisvoll und gütig blickt Herr Heinrich zu ihm auf. Der König wiederholt mit Nachdruck: »Ich muß Euch um Verzeihung bitten, weil ich kurze Zeit geglaubt habe, Ihr hättet eine Kostbarkeit leichtsinnig vertan. Ihr habet recht gehandelt. Ich tat Unrecht. Wie konnte ich Euch ohne Mittel zur verarmten Abtei senden! Ich hätte es bedenken müssen. Aus diesem Grunde bitte ich Euch ebenfalls um Verzeihung! Nach Kräften werde ich wieder gutmachen, was ich Euch angetan habe.« Abt Berno bleibt die Antwort schuldig. Staunend nimmt er diesen unverhofften Sinneswandel des Königs wahr. Da er schweigt, fährt der König fort: »Gewiß wollt Ihr den Ring selbst auslösen. Die Summe dazu erhaltet Ihr in Kürze. Im übrigen wird mein Schatzmeister Euch etliches zuteilen und dazu ein besonders ertragreiches Lehen überschreiben. Seinen Erlös könnt Ihr für Niederzell verwenden. Macht euch keine Sorge mehr um Eure lieben Inselleute!« Da beugt sich der Abt gerührt nieder, um den Ring des Königs zu küssen und um seine Tränen zu verbergen. Heinrich hebt ihn auf. »Nein, lieber Vater Abt, Ihr gebt mir Euren priesterlichen Segen als Unterpfand Eurer Vergebung. Dann bitte ich um Euer Gebet für mich und das Reich.« Als sich der König von den Knien erhebt, legt er einige rote Glassplitter in die Hand des Abtes. »Das sandte man mir nach Ravensburg mit der Bitte, Euch abzusetzen. Darf ich Euch einen Eurer Mönche entführen,

Vater Abt? Der Prior Diemuth gehört nicht mehr auf die Reichenau.«

Kurze Zeit nach der Abreise des Königs bringt ein Bote das Versprochene, Geld und Dokumente. Am folgenden Tag reiten Abt Berno und der neue Prior Rutbert nach Konstanz. Dort begeben sie sich in die Judengasse. Auf dem Rückweg zur Augia trägt Abt Berno an der rechten Hand wieder den breiten Goldring mit dem Stein, der in der Sonne funkelt.

ALLEIN?

Wochen und Monde gehen ins Land. Abt Berno bereist die Besitzungen der Augia auf dem Festland. Er dehnt seine Ritte nördlich und südlich des Gnadensees immer weiter aus. Sein Besuch in den Dörfern und auf den Höfen dient der Feststellung des Besitzstandes der Abtei. Aber vor allem geht es ihm darum, feste Bande zwischen den Menschen in den Reichenauer Lehen und der Abtei zu knüpfen. Seine menschliche, gütige Art gewinnt ihm die Herzen. Erstmals seit langer Zeit fühlen sich die Menschen von einem Abt ernstgenommen und angenommen. Sie antworten ihm mit vertrauensvoller Bereitschaft. Für Berno ist es jedesmal ein beglückendes Erlebnis, wenn ein Mensch ihm Vertrauen schenkt. Dies wird ihm auch bei den meisten seiner Mönche und bei den Scholaren zuteil. Sein stetes Bemühen um jeden einzelnen wird durch aufrichtige Zuneigung belohnt. Dadurch festigt sich die Gemeinschaft der Brüder untereinander. »Seht, wie sie einander lieben!« könnte man von den Mönchen der Abtei Maria von der Au in diesen Jahren sagen. Leider steht Ludger von Prüm nach wie vor abseits. Seine kritische Haltung und sein abträgliches Gerede stören nicht selten den Frieden in der Klausur. Wirkliche Anhänger hat er kaum. Er vermag zwei andere Brüder zu beeinflussen, Bruder Walerich und Bruder Rigobert. Die drei Mönche kapseln sich gegen ihre Mitbrüder ab und bilden eine kleine Insel der Aufsässigkeit und Unzufriedenheit. Abt Berno läßt nicht darin nach, um die Seelen dieser

Brüder für die eine Sache Christi zu werben. Vorerst erntet er nur Ablehnung und Zurückweisung. Im Kapitel der Mönche und in der persönlichen Begegnung gibt Abt Berno seine eigenen Fehler und Grenzen unumwunden zu und bittet für ein Versagen um Verzeihung. Oft holt er sich Rat bei seinen Brüdern. Wenn er allzu stürmisch vorandrängt, wie es eigentlich seiner Wesensart entspricht, stößt er rasch an Grenzen. Dann erfährt er sein Unvermögen schmerzlich und demütigend. Anschließend verbringt er manche Stunde auf den Knien vor dem Kreuz des Willigis. Er lernt zu schweigen, wenn er erregt ist und schroff reagieren möchte.

Ehe er nicht wieder ausgeglichen ist, still vor Gott, ruhig und besonnen, antwortet er nicht und trifft keine Entscheidung. »Ich will nie Macht um der Macht willen ausüben, sondern ich will meinen Brüdern dienen und ihnen in menschlicher Ohnmacht den Willen Gottes künden.« Dieser Vorsatz fällt seiner willensstarken Natur nicht leicht. Täglich ringt er mit der Versuchung der Macht, die sich durchsetzen und andere beherrschen will. Er ist sich bewußt, daß dies auf Kosten der Liebe geschehen würde.

Nach der Vesper kommt Bruder Ranulf, ein junger, talentierter Bildschnitzer, zu ihm. »Vater Abt, ich muß Euch einen Mißerfolg eingestehen. Ihr gabt mir den Auftrag, eine Statue der Schmerzensmutter für die kleine Kapelle bei St. Johann zu schnitzen. Leider habe ich das Schnitzwerk verdorben.« Abt Berno sieht das kummervolle Antlitz des jungen Mönchs. »Kommt, lieber Bruder! Gehen wir miteinander in Eure Werkstatt und sehen wir uns das Schnitzwerk an.« Der Bruder führt ihn zu der unvollendeten Statue. Antlitz und Gestalt der sitzenden Gottesmutter sind fein herausgearbeitet. »Bei der Gestalt Christi ist mir das Unglück geschehen. Ein zu heftiger Schlag mit dem Hammer auf den Meißel hat das Holz gerade an der Stelle gespalten, aus der das Haupt Christi geformt werden sollte. Darf ich aus dem restlichen Holz das Kind formen, das auf dem Schoß Mariens ruht?« Der Abt überlegt lange, ehe er antwortet: »Da dies Bildwerk ein Probestück und ohnehin nicht sehr groß ist, möchte ich es, wenn Bruder Rutbert es mir gestattet, für meine Zelle erbitten, Bruder Ranulf. Würde es Euch möglich sein, aus dem verbliebenen Holz die geöffneten Hände Mariens zu formen, geöffnet wie eine Schale?« »Und was soll sich in diesen Händen befinden, Vater Abt?« »Nichts, Bruder Ranulf, gar nichts... einfach leere, geöffnete Hände.«

Kurze Zeit später steht die Statue in der Zelle des Abtes, eine zwei Ellen hohe Gestalt mit geöffneten Händen. Prior Rutbert betrachtet sie nachdenklich. »Die Statue ist schön und zugleich eigenartig. So etwas sah ich noch nie, eine Darstellung Mariens mit leeren Händen.« »Sie soll mich daran erinnern, daß wir wie Maria zeitlebens Empfangende sind und aus uns selbst nichts Gutes zu tun vermögen.«

Prior Rutbert ist gekommen, um den Abt in das Gästehaus zu holen. »Graf Trautwin aus dem Schussengau möchte uns seinen Sohn Otger anvertrauen.« Flüchtig streicht Abt Berno über die schmerzenden Augen. »Habt Ihr etwa wieder die ganze Nacht geschrieben, Vater?« fragt der Mönch mit mildem Vorwurf. »Das habe ich. Meine Briefschulden sind zu sehr angewachsen, und manche begonnene musiktheoretische Arbeit muß beendet werden. Tagsüber läßt mir die Abtei keine Zeit zum Schreiben. Welch gemächliches Tagewerk hatte ich dagegen in Prüm!« »Möchtet Ihr die Augia wieder gegen Prüm eintauschen?« Spontan wehrt Berno ab. »Nein, ich bin der Augia zu eigen und gehöre zu ihr mit all ihren Sorgen, Nöten und Schwierigkeiten.«

Im Gästehaus begrüßt er den Grafen Trautwin und seinen

Sohn Otger. Dem jungen Adeligen scheint der Gedanke, in die Klosterschule einzutreten, nicht recht zu behagen. Darum bittet der Abt den Prior, ihm die Klosterschule zu zeigen und bei der Besichtigung davon zu erzählen. »Dann magst du dich entscheiden, ob du bei uns bleiben willst, Otger. Das ist ein ehrlich gemeintes Angebot.« Graf Trautwin lächelt und antwortet an seines Sohnes Statt: »Ihr seid recht großzügig, Vater Abt. Ich würde einfach über sein Hierbleiben bestimmen. Doch es soll geschehen, wie Ihr es wünscht. Habt Ihr derweil Zeit für mich? Ich muß Euch etwas berichten, das mir sehr am Herzen liegt.« Abt Berno lehnt sich zurück und unterdrückt mit Mühe ein Gähnen. Die durchwachte Nacht macht ihm zu schaffen. Geduldig wartet er, bis Graf Trautwin weiterspricht. Überrascht vernimmt er die Frage des Grafen: »Seid Ihr vor einigen Jahren nicht länger zu Gast in der Burg Altshausen gewesen? Damals hatten Euch Wegelagerer überfallen und schwer verwundet.« Der Abt verbirgt nicht sein Erstaunen. »Das stimmt. Ich war dort einige Wochen als Kranker und Genesender.« Forschend blickt Graf Trautwin ihn an. Er beugt sich vor, so als habe die kommende Frage eine besondere Bedeutung. »Darf ich wissen, wie sich bei Eurem damaligen Aufenthalt Euer Verhältnis zu dem Burgherrn, dem Grafen Wolfrad, gestaltet hat?« Das ist eine seltsame Frage, die Abt Berno kaum beantworten kann. »Unser Verhältnis zueinander war oberflächlich, würde ich sagen, also weder schlecht, noch gut. Ich bekam den Grafen kaum zu Gesicht. Die edle Frau Hiltrud betreute mich und meine Gefährten.« »Das Gute im Eritgau geschieht stets durch Frau Hiltrud«, stellt Trautwin zustimmend fest. Der Abt äußert sich nicht. Damals hatte er den gleichen Eindruck gewonnen. »Ihr wundert Euch, weil ich nach Jahren nach dem damaligen Geschehen frage, nicht wahr?« »Das kann ich nicht leugnen,

Graf Trautwin. Inzwischen habe ich so vieles erlebt, daß es eines Wettersturzes bedarf, damit meine Narbenschmerzen mich an den Überfall und an Altshausen erinnern. Die Reichenau hat mich voll und ganz vereinnahmt.« Was mag der Graf aus dem Schussengau mit seinen Fragen und Andeutungen bezwecken? Bald soll Abt Berno den Grund dafür erfahren. »Kürzlich bin ich mit dem Herrn von Altshausen bei einem gemeinsamen Verwandten in Augsburg zusammengetroffen. Bei dieser Begegnung sind wir irgendwann auch auf Euch und auf die Augia zu sprechen gekommen. Zunächst hat sich Graf Wolfrad lobend über die von Euch geleistete Arbeit geäußert, die Früchte zu tragen beginne. Dann hat sich plötzlich sein Angesicht verfinstert, und er hat etwa folgendes gesagt: ›Jetzt ist es an der Zeit, daß ich dem stolzen Herrn Berno, der so viel erreicht hat, einen Possen spiele. Ein Altshausener vergißt nichts, gar nichts!‹ Vergeblich haben wir ihn gefragt, warum er Euch zürne. ›Er wird es wissen oder auch nicht!‹ war die einzige Antwort. Da ich den Ruf des Grafen Wolfrad kenne, der wegen seiner Härte und Händelsucht im Reich bekannt ist, fühle ich mich verpflichtet, Euch vor ihm zu warnen.« Ratlos schüttelt der Abt den Kopf. »Aber zwischen uns beiden ist kein einziges böses Wort gefallen.« Graf Trautwin fährt fort: »Kurz vor meiner Abreise habe ich noch einmal mit Graf Wolfrad gesprochen und zu erfahren gesucht, was Ihr ihm denn angetan haben solltet. ›Unter anderem hat er zwei Mönche, die im Eritgau als Pfarrer tätig waren, ohne meine Erlaubnis auf die Augia geholt.‹ ›Aber die Mönche waren von der Reichenau entlaufen. Er nahm sein Recht als Abt wahr‹, erwiderte ich ihm daraufhin. Er unterbrach mich: ›Das mag sein, aber dieser Berno hat mehr, viel mehr getan. Er hat mir und anderen gezeigt, welch plumper, grober und ungebildeter Mensch ich bin. Wahrscheinlich hat er es nicht einmal gemerkt, aber er muß dafür bezahlen.‹ Mehr habe ich nicht erfahren können, aber diese verworrene Beschuldigung und sein wilder Gesichtsausdruck lassen mich Schlimmes für Euch befürchten.« »Gott ist mein Zeuge, Graf Trautwin, daß ich an Graf Wolfrad in keiner Weise schuldig geworden bin! Bei meinem Aufenthalt in Altshausen war ich ein schwacher, kranker Mensch. Ich habe mich in keiner Weise in sein Hauswesen eingemischt und alles getan, um rasch wieder zu Kräften zu kommen und die Burg verlassen zu können.« Mit einigem Unbehagen entsinnt sich der Abt, daß Graf Wolfrad mit zu großem Nachdruck auf seiner Abreise bestanden hat, obwohl seine Wunde kaum vernarbt war. »Und warum drängte es mich seinerzeit fort? Wurde es allein durch das Verhalten des Grafen Wolfrad ausgelöst, daß ich wider mein besseres Wissen die Reise viel zu früh angetreten habe?« Schweigend denkt der Abt die Frage durch. Er beantwortet sie sich mit einem ehrlichen Nein. Es gab noch einen anderen Grund, der ihn zu raschem Handeln gezwungen hat.

Damals hat er es sich nie ganz eingestanden, daß die zarte Schönheit und die Güte der Frau Hiltrud in ihm nie gekannte Gefühle erweckten. Zwischen ihnen war kein einziges Wort gefallen, das der Zurückhaltung entbehrt hätte. Mit keiner Geste hat er seine Zuneigung verraten. Was er empfunden hat, ist in seinem Herzen verborgen geblieben. Als er sich nun an ihr schmales Antlitz mit den leuchtend blauen Augen unter dem blonden Haar erinnert, weiß er, daß von dem, was er gefühlt hat, eine ehrfürchtige und ritterliche Verehrung geblieben ist.

Mit einem stillen Aufatmen wendet er sich Graf Trautwin zu. »Ich danke Euch für Eure Warnung, Graf Trautwin! Unsere Abtei hat manchen Sturm überstanden, und das wird mit

Gottes Hilfe auch dann geschehen, wenn Graf Wolfrad etwas gegen sie unternehmen sollte. Würdet Ihr gern unsere Abtei besichtigen? Darf ich Euch führen?« Unter anderem bewundert der Graf aus dem Schussengau das große Evangeliar. »Die Augia wird es König Heinrich schenken!« sagt der Abt mit freudigem Stolz. Aber noch mehr als die goldgrundigen Bilder gefallen dem Gutherrn Trautwin die Ställe und Vorratskammern, die Äcker und die Weinberge der Abtei. »Wenn ich da an die Zustände in der Zeit des Abtes Immo denke! Wir hatten die Abtei eigentlich bereits abgeschrieben. Es ist bewundernswert, was Ihr in der kurzen Zeit Eurer Regierung daraus gemacht habt.« Abt Berno weist das Lob zurück. Er zeigt auf die Abteikirche. »Hätte ich die Mittel, um unser Gotteshaus aufzubauen! Das Westwerk muß umgestaltet werden. Ich denke auch an einen hohen Glockenturm. Ich habe kühne Pläne, aber ich zögere damit, sie in Angriff zu nehmen. Das Bauvorhaben würde der Abtei große wirtschaftliche Lasten auflegen, und das für Jahrzehnte.«
Der junge Otger entscheidet sich für den Besuch der Klosterschule. Graf Trautwin tritt allein die Heimreise an. Abt Berno erzählt dem Prior von seiner Warnung vor der Drohung des Altshauseners. »Hat Herr Trautwin die Großsprecherei des Grafen Wolfrad nicht zu ernstgenommen? Warum soll der Graf über Jahre hinweg feindselige Gefühle gegen mich nähren? Welchen Anlaß habe ich ihm dazu gegeben?« Bruder Rutbert stimmt ihm verstandesmäßig zu. Bei beiden bleibt unterschwellig ein Gefühl der Bedrohung bestehen. Zunächst ereignet sich nichts, was die Warnung des Grafen Trautwin bestätigen würde. An einem Frühlingstag bespricht Abt Berno mit Bruder Rutbert die Neuanlage eines Kräutergärtleins. Es soll nach der Weisung des »Hortulus« eingerichtet werden. »Hätte man mir damals in Prüm vorausgesagt, daß ich das

einmal von Herzen tun würde, ich hätte den Betreffenden ausgelacht! Als Abt Urold mich das Büchlein übersetzen ließ, mißfiel es mir sehr.«

Wirrer Lärm auf dem Klosterhof läßt ihn innehalten. Die Mönche treten ans Fenster. »Was gibt es?« ruft der Abt mit lauter Stimme. Knechte und Mönche reden durcheinander. Sie weisen aufgeregt auf einen erschöpften und zerschundenen Mann. Dem Stimmgewirr kann der Abt nichts entnehmen. »Kommt, Bruder!« Er eilt, gefolgt von dem Prior, in den Hof. Er schiebt die Männer beiseite, bis er vor dem Verletzten steht. Der Mann kauert auf dem Brunnenrand. Mit einer Handbewegung gebietet Berno Schweigen. »Vater Abt«, ächzt der Mann und erhebt sich taumelnd. Nun erkennt Abt Berno ihn. Es ist Heimo, ein Knecht vom Meierhof Eberstein. Mit starkem Arm stützt er den Schwankenden. »Ich bringe dich zum Infirmar, Heimo.« Der Knecht hebt das entstellte Gesicht zu ihm empor, ein Peitschenhieb hat Stirn, Wange und Lippen zerfetzt. Er öffnet die geschwollenen, zerplatzten Lippen und ächzt: »Zuerst... sagen...« Ein Mönch hält einen Becher Wein an seine blutigen Lippen. Der Gepeinigte trinkt trotz der damit verbundenen Schmerzen in langen Zügen. Mit Rutberts Hilfe bringt ihn der Abt zur Rundbank unter der Linde und setzt ihn dort behutsam nieder. Stöhnend, stockend und stammelnd berichtet der Verwundete. In atemlosen Schweigen lauschen Knechte und Mönche der Augia seinen Worten. Fremde Reisige haben den Meierhof Eberstein überfallen, den Vogt gefangen abgeführt und die Knechte, die sich gewehrt haben, niedergeschlagen oder getötet. Den blutüberströmten Heimo haben sie für tot gehalten. Als sie das Haupthaus geplündert haben, hat er sich das beste Pferd genommen und ist davongeritten, um die Kunde von dem Überfall zur Augia zu bringen. Der Mann hat mühsam seinen Bericht zu Ende gebracht. Die Umstehenden blicken von ihm auf den Abt. Dessen Gesicht ist ausdruckslos und starr wie eine Maske aus Stein. Mit blassen Lippen fragt er: »Führten die Reisigen ein Wappen?« Der Verwundete lispelt kaum hörbar mit der letzten Kraft: »Drei Hirschstangen ... auf goldenem Grund.« »Das Wappen des Altshauseners!« entfährt es dem Prior. Er zittert vor Empörung. Nun sehen Mönche und Knechte erwartungsvoll Abt Berno an. Fordert ein solch schreiendes Unrecht, ein Überfall auf den Besitz der Reichsabtei Maria von der Au im tiefsten Frieden, nicht einen sofortigen Gegenschlag? Was wird der Abt anordnen? Unwillkürlich beugen die Männer unter der Linde sich vor. Jeder von ihnen wäre in diesem Augenblick bereit, Vergeltung zu üben für den Frevel des Grafen von Altshausen. Gespannt warten sie auf die Entscheidung des Abtes. Bernos Fäuste sind so fest geballt, daß sich seine Knöchel weiß abzeichnen. Seine Augen sind geweitet, als sähen sie ein entsetzliches Bild. Die Männer im Klosterhof können nicht wissen, daß Berno im Geist vor den Trümmern seines Elternhauses steht und die Worte seines Vaters vernimmt: »Die Truppen des Bischofs überfielen uns im tiefsten Frieden.« Prior Rutbert räuspert sich: »Vater Abt!« mahnt er leise. Da senkt er den Blick und sagt tonlos: »Bringt Heimo zum Infirmar. Ihm soll allerbeste Pflege zuteil werden. Holt notfalls den Wundarzt des Bischofs von Konstanz.« Mit eigentümlich steifen Schritten entfernt sich der Abt. »Ist das alles, was er zu sagen hat?« begehren die Mönche auf. »Sollen wir uns den unerhörten Übergriff des Altshauseners einfach gefallen lassen? Tun wir das, werden viele adelige Herrn Hunger nach den Liegenschaften der Abtei verspüren. Versteht Ihr, Prior Rutbert, warum unser Abt dazu schweigt?« Der Getreue hat Mühe, die Aufgeregten zu beschwichtigen. Ehrlich gesteht er: »Meine Brüder, ich verstehe den Vater Abt jetzt auch nicht, aber ich vertraue ihm und achte sein Schweigen. Vergessen wir nicht, daß er vor Gott die Verantwortung trägt, und daß er darin recht einsam ist. Wir wollen ihm durch unser Gebet und durch unsere Treue bei der Entscheidungsfindung helfen!«

Abt Berno ist einsam, und er muß allein sein. Lange kniet er, äußerlich und innerlich schweigend, vor dem Kreuz des Willigis. Wie seine Brüder hat er den Wunsch nach Vergeltung für die Freveltat verspürt. Unrecht hat ihn immer empört, und nun ist der Abtei dieses Unrecht geschehen. Endlich hebt er die Augen und sieht zum Kreuz auf. Wie ehedem zu Mainz betrachtet der geschnitzte Christus ihn mit gütigen, wissenden und fragenden Augen. »Was willst Du, das ich tun soll?« betet er. »Ja, Herr, ich komme, um Dich dies zu fragen. Aber Du fragst mich auch durch dies Geschehen, ob ich Dich liebe. Du kennst meine Liebe zu Eberstein, das dem verlorenen Haus meiner Kindheit gleicht. Ich war sogar einmal so töricht, mir auszumalen, daß ich mich als resignierter Abt als Kaplan dahin zurückziehen dürfte. Und nun, Herr? Bist Du es, Der mir etwas nimmt, an das mein Herz sich hängen wollte? Soll es so sein? Was soll ich tun, Herr?« Wiederholt stellt Abt Berno dem Herrn diese Frage. Empörung und gerechter Zorn fordern stürmisch ihr Recht. Aber er bleibt auf den Knien, bis sich sein verwundetes Herz ergibt. »Suche den Frieden«, ist die Botschaft, die er vom Kreuze zu hören vermeint. Zum Mißvergnügen mancher seiner Söhne sendet er keine Reisigen aus. Er schreibt beschwörende Briefe mit der Bitte, der Reichenau das Gut zurückzugeben, einen maßvollen Brief an den Grafen Wolfrad, einen zweiten Brief mit der Bitte um Vermittlung an den Bischof von Konstanz und einen dritten um eine gerechte Entscheidung dieses Streitfalls an den König. Die Urkunden weisen Eberstein als Besitz der Reichenau

aus. So dürfte es über den Ausgang dieses Rechtsstreites eigentlich keinen Zweifel geben.
Zuerst trifft der Brief aus Altshausen ein. Er ist anmaßend und weist jeden Rechtsanspruch der Reichenau mit der Feststellung ab: »Was geschehen ist, ist geschehen. Eberstein gehört zum Eritgau. Wer dies ändern will, wird sich blutige Köpfe holen.« Der Bischof von Konstanz läßt ihm durch einen Boten mitteilen, daß er an derlei Händeln keinen Anteil habe. Der Reichenauer Abt handele sonst auch stets selbständig, er solle nun zusehen, wie er mit der Sache fertig werde.
Abt Berno wartet lange Zeit, bis ein Bote mit dem Schreiben des Königs eintrifft. Er kommt aus Aachen. Dort hält Herr Heinrich zur Zeit Hof. Abt Berno atmet auf, als er den großen Brief mit dem königlichen Siegel in den Händen hält. Er sagt zu Rutbert: »Ein Freund ist uns wenigstens geblieben.« In der Abgeschiedenheit seiner Zelle erbricht er voll freudiger Erwartung das Siegel. Das Lächeln verschwindet aus seinem Antlitz und wird zu Fassungslosigkeit und Entsetzen, als er liest: »Angesichts der vielen Sorgen und Nöte, die just das Reich heimsuchen, befremden Uns solch kleinliche Streitereien, die Ihr viel zu wichtig zu nehmen beliebet, Herr Berno. Dadurch enttäuschet Ihr Uns sehr. Wir hätten ein edleres Verhalten von Euch erwartet. Wir gebieten Euch mit allem Nachdruck, fortan jede Herausforderung des edlen Grafen Wolfrad von Altshausen zu unterlassen! Der Herr über den Eritgau ist einer der getreuesten Diener der Krone. Wir raten Euch, nicht zu vergessen, daß Ihr in erster Linie ein geistlicher Herrscher seid. Dienet in Treue den Euch anvertrauten Seelen, statt danach zu trachten, Eure weltliche Macht zu vermehren!« Der König hat keines der sachlichen Argumente des Abtes der Erwägung für wert gehalten. Trotz aller vorhandenen Beweise hat er das Recht gebeugt und sich zugunsten des

Altshauseners entschieden. Er, Berno, hat den Altshausener ›herausgefordert‹, wenn der im tiefsten Frieden einen Hof überfallen und geraubt hat? Bitterkeit wallt in Abt Berno auf. Wann hat er danach getrachtet, seine weltliche Macht zu vermehren? Ist es Unrecht, wenn er für den Unterhalt der Abtei Sorge trägt? Was hat er mehr verlangt? Vom Kreuz des Willigis irrt sein Blick durch sein Gemach. Ist es etwa zu prunkvoll? Enthält es fürstliche Attribute? Ein hartes Lager, einen Tisch, einen Schemel, einen Lehnstuhl, die Betbank unter dem Kreuz und die holzgeschnitzte Statue Unserer Lieben Frau mit den leeren Händen. Er lacht bitter. Wahrlich, diese Statue paßt zu ihm. Leere, machtlose Hände ... Das schreiende Unrecht des Königsbriefes verlangt eine Erwiderung. Er setzt sich an den Tisch, nimmt Pergament und Schreibfeder zur Hand und will beginnen. Da fällt sein Blick wieder auf das Kreuz. Er legt die Feder hin, faltet das Schreiben des Königs zusammen und trägt es zur Marienstatute. Er vollzieht eine Geste, die fortan zu seinem Leben gehören wird: er legt den Brief in die Hände Mariens.

Dann verläßt er die Abtei und geht am Ufer des Gnadensees entlang auf Niederzell zu. Nehmen die gleichmäßig anrollenden Wellen nicht jedesmal etwas von seiner Bitterkeit mit, wenn sie zurück in den Gnadensee gleiten? An den Stamm einer Weide gelehnt, betet er den Psalmvers: »Zeige mir, Herr, Deinen Weg. Leite mich auf ebener Bahn trotz meiner Feinde. Gib mich nicht meinen gierigen Gegnern preis, denn falsche Zeugen sind wider mich aufgestanden. Ich aber bin gewiß, die Güte des Herrn zu schauen im Land der Lebenden.« Seine starre Bitterkeit nimmt mehr und mehr ab. Versinkt nicht alles im Gnadensee, im See der Gnade? War es nicht Torheit, daß er auf König Heinrich baute? Die Hände des Herrschers haben ihn in dem Augenblick losgelassen, als er sich auf sie stützen wollte. Er wird sich nie wieder auf die Zuneigung eines Fürsten verlassen, sondern er wird auch bei Gunsterweisen innerlich Abstand bewahren. »Nur auf Dich, Herr, will ich fortan vertrauen!«

Aus dem Hegau bläst ein kalter Wind und peitscht die Wasser des Gnadensees. Büsche und Bäume biegen sich. Abt Berno löst sich vom Baumstamm und hüllt sich fester in seinen Mantel. Er setzt seinen Weg nach Niederzell fort. Mit einem Mal schreckt ihn lautes Geschrei aus seinen Gedanken. Keuchend bricht ein Mann aus dem Gebüsch. Als er des Abtes ansichtig wird, erschrickt er jäh. Unwillkürlich will er seitlich ins Gebüsch ausweichen. »Bruder Thankmar!« ruft Abt Berno in schroffem Ton. Gehetzt schaut der Mönch hinter sich. »Gleich ist er hier!« »Wer?« fragt der Abt und weist auf den zerfetzten Kuttenärmel des Atemlosen. »Was soll das bedeuten?« Ehe Bruder Thankmar antworten kann, ertönt ein Schrei aus nächster Nähe, und ein breitschultriger Mann bricht aus dem Gebüsch. Er schwingt einen Knüppel in der Hand. »Hab' ich dich erwischt, du elender Bursche!« brüllt er. Mit einem raschen Sprung rettet sich Thankmar hinter den Abt. Der zum Schlag erhobene Knüppel sinkt herab. Wütend starrt der Mann Herrn Berno an. »Natürlich! Ihr nehmt ihn in Schutz! Eine Krähe hackt der andern kein Auge aus. Dem kleinen Mann darf ungestraft das Schlimmste angetan werden.« Furchtlos geht der Abt auf den Zornigen zu. »Wer bist du?« fragt er kurz. »Was tat Bruder Thankmar dir?« Er bemerkt, daß der Mönch sich davonschleichen will. »Bruder Thankmar, Ihr bleibt, bis der Sachverhalt geklärt ist!« Der Abt tritt nun so herrscherlich auf, daß beide Männer sich fügen. »Ich bin der Fischer Einhard aus Niederzell, Vater Abt«, knurrt der Mann mit dem Knüppel. »Und was tat der Mönch Thankmar dir an, Einhard?« »Das Schlimmste, was

ein Mann einem anderen antun kann. Ich habe nämlich ein Weib, ein junges, schönes Weib, und dieser, dieser Herr Mönch ...« Einhard spuckt aus. Die Rechte des Abtes krallt sich in die Schulter des Fischers. »Hat er sich etwa an deiner Frau vergriffen?« fragt er erregt. »Sie war nur allzu gern dazu bereit!« wirft Bruder Thankmar dreist ein. »Du Hund!« brüllt der Fischer und will sich auf ihn stürzen. Der Abt braucht beide Hände und seine ganze Kraft, um den Wütenden zurückzuhalten. »Einhard, mach' dich nicht unglücklich! Bruder Thankmar, Ihr geht zur Abtei. Ich rede später mit Euch. Ihr werdet Eurer Strafe nicht entgehen.« Der Fischer macht Miene, ihm zu folgen. Der Abt zwingt ihn, von diesem Vorhaben abzusehen. Bei dem Handgemenge meldet sich seine Brustnarbe mit grellem Schmerz. Endlich gibt der Fischer nach. Abt Berno redet ihm gut zu. »Laß ihn! Du hast mein Versprechen, daß er seine Strafe erhält. Komm mit zu deinem Weib.« Finster führt Einhard ihn zu einer Hütte, die sauber und schmuck in einem gepflegten Garten liegt. »Elisabeth!« ruft der Fischer in drohendem Ton. Furchtsam naht ein ansehnliches junges Weib. Zwei Kinder hängen am Rock der Frau. Als sie den Abt erkennt, fällt sie stumm vor ihm auf die Knie. Ihr Gesicht ist verschwollen und vom Weinen gerötet. Sie streckt flehend die Hände aus. Die Kleinen weinen laut auf und bergen die Köpfchen an den Schultern der Mutter. »Bringe die Kinder zu einer Nachbarin, Elisabeth. Dann kommt mit zu Eurem Kahn! Ich will nicht, daß man unser Gespräch belauscht.« Sie tut, was er gewünscht hat.
Die drei Menschen gehen an das Ufer und setzen sich in den Kahn, der Abt auf die Ruderbank und das Fischerpaar ihm gegenüber. Flüchtig nimmt Abt Berno die Kulisse des Gnadensees wahr. Schon einmal hat er in Niederzell in einem Kahn ein wichtiges Gespräch geführt, mit König Heinrich,

seinem Freund und Gönner. Er lacht laut und bitter. Ein schöner, ein treuer Freund! Ängstlich betrachten ihn die jungen Fischersleute. Sein Lachen ist ihnen unheimlich. Sogleich besinnt er sich auf seine unangenehme Pflicht. Er fragt die Frau: »Wie konnte es zu dieser Liebschaft mit Thankmar kommen?« Die Wahrheit ist noch häßlicher, als er es vermutet hat. Durch eine langwierige Krankheit des Mannes und die Versorgung greiser Eltern der Frau in Oberzell waren die Fischerleute mit den Abgaben in Verzug geraten. »Er stundete sie uns scheinbar großherzig. Eines Tages, als mein Mann endlich wieder ausfahren konnte – ich wusch am Ufer – stand er plötzlich vor mir und forderte die ganze Summe. Wir müßten sofort unsere Schulden begleichen. Sonst würden wir von Haus und Hof vertrieben. Ich bat und flehte, wies auf die Kleinen hin und auf meine siechen Eltern. Es nützte alles nichts. Er sagte mir, es gäbe ein einziges Mittel, um die Vertreibung zu verhindern, und das wäre ...« Tief senkt sie das Haupt mit den dunklen Flechten. Kaum verständlich flüstert sie: »Und aus lauter Angst habe ich es schließlich getan.« Abt Berno sieht die Not des Weibes, das schuldlos schuldig wurde. Er forscht behutsam: »Kam er wieder und bedrohte er dich aufs neue?« »Noch einige Male«, flüstert sie. Einhard preßt zwischen zusammengebissenen Zähnen hervor: »Heut' hat er mich nicht daheim vermutet. Ich hätte ihn getötet ...« »Um am Galgen zu enden, Einhard? Bei allem, was mir heilig ist, er wird seiner Strafe nicht entgehen! Willst du dein Weib entgelten lassen, was sie aus übergroßer Furcht und auch aus Liebe zu dir und deiner Familie erduldet hat?« Der Fischer kämpft mit sich. Die Frau wartet angstvoll auf seine Antwort. »Denk an deine Kinder, Einhard!« mahnt der Abt. Der klobige Finger des Fischers weist auf sein Häuschen. »Können meine Kinder hier glücklich leben, wo man von ihrer Mutter Übles redet?« Die Frau schluchzt wild auf. »Zudem trägt sie ein Kind. Vielleicht ist es von dem andern.« Nun weiß der Abt, daß er ganz rasch eine Lösung finden muß, die diesen armen Menschen ein Weiterleben ermöglicht. »Ich sehe ein, daß ihr hier nicht bleiben könnt. Wenn ihr aber das Leben miteinander neu beginnen wollt, sorge ich dafür, daß ihr Haus und Hof auf einer der Festlandbesitzungen der Augia erhaltet, aber am Ufer eines fischreichen Sees. Ihr könnt die Eltern der Frau mitnehmen und dürft euch einen der Orte auswählen, die ich euch vorschlagen werde.« Das Versprechen des Abtes bleibt in seiner Großzügigkeit nicht ohne Eindruck auf den Fischer, aber er sagt herausfordernd: »So eine Art Belohnung für die da?« Er zeigt mit dem Daumen auf die zusammengekauerte Frau. »Schäme dich, Einhard! Deinem Weib ist wahrlich genug Unrecht geschehen, mehr als dir. Vergrößere es jetzt nicht durch deine Herzlosigkeit ihr gegenüber! Ich möchte wiedergutmachen, was mir möglich ist. Allerdings stelle ich eine Bedingung: Laßt das Kind, wen es auch zum Vater haben mag, bei euch aufwachsen, als ob es ganz gewiß euer beider Kind sei. Vermögt ihr das nicht, übergebt ihr es in meine Obhut. Versprecht ihr mir das?« Er bietet ihnen seine Hand dar. Mit festem Druck besiegelt Einhard den Vertrag. Dann legt auch Elisabeth ihre schmale Hand in die des Abtes. Ein schwacher Hoffnungsschimmer erhellt ihr verweintes Gesicht.

Am Abend kehrt Abt Berno zur Abtei zurück. Sein Herz ist voller Trauer darüber, was ein Mensch, der Gott sein Leben versprochen hatte, einem anderen Menschen mit Gewalt angetan hat. Wie soll er Thankmar für den ungeheuerlichen Frevel bestrafen? Er spürt einen bitteren Geschmack im Mund. Gestern hat Bruder Thankmar die Predigt gehalten und beredt die Gottes- und Nächstenliebe gepriesen. Hat er,

Berno, nicht bereits während der Predigt nachgedacht, warum ihn die Worte wenig berührt haben? Sie waren wohlgesetzt, rhetorisch einwandfrei, voller Bibelzitate und von gekonnten Gesten begleitet. Jetzt weiß er, warum ihn die Predigt nicht berührt hat. Der Prediger stand nicht hinter seinen Worten. Ihm fehlten Glaube und Liebe.

Abt Berno bleibt stehen, obwohl es zu regnen beginnt, zuerst langsam, dann heftig und schauerartig. Mit hängenden Schultern setzt er seinen Weg fort. Trotz des Regens beschleunigt er seine Schritte nicht. Er scheut zurück vor dem, was er tun muß. Sein Gewand ist durchnäßt, als er endlich das Kloster erreicht. »Vater Abt, Ihr seid ja ganz naß ...« ruft der Bruder Pförtner entsetzt. Der Abt antwortet ihm nicht. Er begibt sich in seine Zelle, um sein Gewand zu wechseln. Da sieht er im Schein eines aufzuckenden Blitzes das Kreuz des Willigis. Lange kniet er vor dem Kreuz, ehe er sein Gewand wechselt. Hagel prasselt. Donner grollt. Draußen tobt ein Unwetter. Der Abt sucht den Prior auf. Rutbert erschrickt über sein müdes, fahles Gesicht. »Bruder Rutbert, ich muß Euch berichten ...«, beginnt er schwerfällig. Mitleidig sieht der Mönch in das gequälte Antlitz des Vaters. Er will ihm etwas von seiner Last abnehmen. »Ich weiß, was geschehen ist, Vater Abt. Bruder Burkhard hat ihn gesprochen. Nun suchen ihn die Knechte.« Verständnislos fragt Abt Berno: »Die Knechte suchen Bruder Burkhard?« »Sie suchen Bruder Thankmar. Er hat sich heimlich davongemacht und ist feige geflohen.« »Das paßt zu ihm. Ein Mann, der einem Weib Gewalt antut, und vor den Folgen seiner Tat flieht! Heut' möchte ich einmal so hart wie Immo sein.« »Ihr dürft Euch selbst nicht untreu werden, Vater«, mahnt Rutbert mit der selbstverständlichen Vertrautheit eines Getreuen. Nach Stunden kehren die Klosterknechte unverrichteter Dinge heim.

Der flüchtige Mönch ist entkommen. »Wahrscheinlich ist es gut so, Vater Abt. Ihr dürft nie wie Immo sein.« Diesen Teil seines Versprechens kann der Abt nicht einlösen, aber er sorgt dafür, daß der Fischer Einhard mit seiner Frau, seinen Kindern und den Schwiegereltern an einen See im Argengau gebracht wird, dort ein Haus erhält und sein gutes Auskommen findet.

Der harte Brief des Königs ruht in den Händen der Marienstatue, da trifft erneut ein Bote Heinrichs ein. Wieder zieht sich der Abt mit dem versiegelten Schreiben in seine Zelle zurück. Er macht ein Kreuzzeichen, ehe er das Siegel erbricht. Dieses Mal ist das Schreiben in freundlichem Ton gehalten. Liebenswürdig bittet König Heinrich um seinen Besuch in Speyer. »Wir brauchen Euren vortrefflichen Rat«, schreibt der König. Weder Furcht noch Freude erfüllen Bernos Herz, als er Rutbert von der Einladung erzählt. »Ich werde ihm keinen abschlägigen Bescheid schicken können. Ich muß wohl oder übel nach Speyer.« Nun macht der Prior ein bedenkliches Gesicht. »Der König braucht Euren Rat? Er wird Euch hoffentlich nicht am Hof behalten wollen? So ist es manchem Abt der Augia in früheren Zeiten ergangen.« Nachdrücklich weist der Abt derartige Mutmaßungen von sich: »Das braucht Ihr nicht zu fürchten, lieber Bruder. Für einen Höfling bin ich zu geradeheraus. Zudem würde ich mich weigern.« »Im Ernstfall könnt Ihr den König kaum daran hindern, über Euch zu verfügen, Vater.« Abt Berno zieht die Stirne kraus. »Das stört mich schon lange. Eigentlich darf ein Herrscher nicht in kirchliche Belange eingreifen.« Da gibt ihm Prior Rutbert zu bedenken: »Wäret Ihr dann auf der Augia, Vater? Wahrscheinlich gäbe es unsere Abtei ohne König Heinrichs Eingreifen nicht mehr.« Der Abt schweigt, denn Rutberts Worte sind wahr.

FEUER

Abt Berno bereitet seine Reise nach Speyer sorgfältig vor. König Heinrich hat ihm keine Frist für sein Eintreffen gesetzt und ihn lediglich wissen lassen, daß er mehrere Wochen in Speyer weile. Sein freundlich gehaltener Brief ruht neben dem andern in den Händen der Marienstatue. »Sollte mir auf der Reise etwas zustoßen, nehmt bitte diese beiden Schreiben und vernichtet sie«, sagt der Abt zu seinem Prior. Dann wendet er sich wieder der langen Namensliste seiner Mönche zu. »Habt Ihr einen Vorschlag, Bruder Rutbert, in welches Amt wir Bruder Gebhard einsetzen können? Er ist unruhig und unzufrieden.« »Meiner Meinung nach müßte er sich auf einem bescheidenen Posten bewähren, ehe wir ihm Verantwortung anvertrauen. Bisher war er unbeständig und nicht selten pflichtvergessen. Dabei habe ich den Eindruck, daß er nach Höherem strebt.« Erstaunt blickt Abt Berno auf. »Meint Ihr damit ein höheres Amt? Ist es erstrebenswert, viel Verantwortung zu tragen, einsame Entscheidungen treffen zu müssen und in besonderem Maße der Kritik ausgesetzt zu sein? Bruder Gebhard mag sich in unserem kleinen Tochterkloster Schienen bewähren. Schreibt dem Bruder Prior, daß er gut auf ihn achthaben soll.« Mit einem leisen Seufzer erhebt er sich und dehnt seine müden Glieder. »Kommt ein wenig mit nach draußen, Bruder! Wir wollen uns einmal einen Gang durch den schönen Herbsttag gönnen ohne ein bestimmtes

Ziel. Leider muß ich übermorgen reisen.« Bereitwillig folgt ihm Bruder Rutbert in den Klosterhof. Er weiß, welchen Weg Abt Berno einschlagen wird, den Weg an den Gnadensee. Einige Scholaren kommen an ihnen vorbei und grüßen ehrerbietig. »Otger hat sich gut eingelebt«, bemerkt der Prior. »Wieviel Klosterschüler haben wir eigentlich insgesamt? Bruder Kerung will es mir heute sagen...« Berno schaut der fröhlichen Schar mit Wohlgefallen nach. »In der äußeren und der inneren Klosterschule zusammen sind es 75. Wir können zufrieden sein, auch wenn St. Gallen eine noch größere Anzahl hat.« »Mir liegt nichts daran, St. Gallen zu übertreffen. Die Reichenau geht ihren eigenen Weg. Wir wollen nie danach streben, die führende Abtei am Bodensee zu sein.«
Eine freundliche Alte kreuzt ihren Weg. Sie trägt einen großen Weidenkorb mit Kräutern am Arm. »Gott zum Gruß, Vater Abt und Vater Prior«, knickst sie. »Gott zum Gruß, Gundel!« Neugierig späht der Abt in den Korb. »Hat dir der schöne Herbsttag wieder eine reiche Ausbeute an Beeren und Heilkräutern gebracht, mit denen du Mensch und Vieh heilen kannst?« Gundel lächelt. »Das Heilen besorgt der Herr. Ich geb' nur die richtigen Beeren und Kräuter hinzu, die Gott dafür wachsen läßt.« Prior Rutbert sagt lachend zum Abt: »Trefflicher hätte es auch kein Meister der Theologie formulieren können, nicht wahr?« Hat Abt Berno seine Worte nicht gehört? Er blickt wie gebannt zur Herrenbruck. Dort legt eben ein Kahn an. Ein Knecht springt an Land und reicht einem vornehm gewandeten Herrn die Hand. Dieser ist einer Dame beim Aussteigen behilflich. Nun ist auch Rutbert aufmerksam geworden. »Wir bekommen Gäste, Vater Abt.« »Und das heute vor meiner Abreise«, seufzt Berno und möchte sich abwenden. »Die Leute haben Euch bereits gesehen«, warnt Rutbert. »Der Herr winkt Euch zu.« Erneut seufzt der Abt,

geht aber zur Herrenbruck. Der Prior folgt ihm. Die alte Gundel rührt sich nicht vom Platz. Wer mag da gekommen sein? Auch ein altes Kräuterweib ist eine echte Evastochter. Erstaunt sieht sie, daß der fremde Herr den Abt in die Arme schließt.

»Erkennt Ihr mich nicht mehr, lieber Vater Abt?« fragt der grauhaarige Herr. »Zuletzt sahet Ihr mich bei Eurem Besuch in Aachen vor – wartet – vor sechs Jahren. Damals wart Ihr der Begleiter des Abtes Urold von Prüm.« Überrascht ruft Berno aus: »Jetzt weiß ich wieder, wer Ihr seid! Vetter Arnulph von Rahnwyl!« Tief verneigt er sich vor der Dame. »Willkommen auf der Augia, Frau Veronika!« Er stellt dem edlen Paar seinen Prior vor und geleitet sie zum Gästehaus der Abtei. Ein Knecht trägt umfangreiche Reisebündel. »Wollen sie länger auf der Augia bleiben?« denkt der Abt bestürzt. »Ich darf den König nicht warten lassen.« Im Gästehaus bewirtet der Bruder Pförtner die beiden Gäste mit freundlicher Zuvorkommenheit. Abt Berno leistet ihnen bei der Mahlzeit Gesellschaft und beantwortet höflich die Fragen der Verwandten über die Lage der Insel. »Wie freut mich für Euch, Berno, daß Euren Mühen ein solcher Erfolg beschieden ist!« ruft Arnulph von Rahnwyl aus. »Als Ihr bei uns in Aachen wart, hätte ich Euch das nicht zugetraut. Ihr wirktet damals weltabgewandt, gelehrt und in Euch versponnen.« Der Abt lächelt. »Das ist nicht mein Verdienst. Unser Herr hat mich in eine harte Schule genommen. Er ist ein ausgezeichneter Lehrmeister, aber Er geht nicht gerade zimperlich mit Seinen Schülern um. Der Fortschritt auf der Reichenau ist Sein Werk.« Frau Veronika hat still das Gespräch verfolgt. Ihr feines Antlitz ist schmaler und herber geworden. Damals war sie eine glückliche Frau und Mutter. Nun sagt sie leise: »Ja, Gott fordert viel von den Seinen, Herr Berno. Uns nahm Er das Liebste, den einzigen Sohn.« Betroffen sieht der Abt in ihre grauen Augen. Sind Schmerz und Verbitterung in ihnen zu finden? Gibt es einen Trost für eine Mutter, die ihren Sohn verloren hat? Herr Arnulph erlöst ihn aus seiner Verlegenheit. »Unser Sohn Gero war lange krank. Der beste Arzt konnte ihm nicht helfen. In unserer Not gelobten wir, eine Wallfahrt zum Heiligen Land zu machen, wenn Gero genesen würde. Nun wollen wir unser Gelöbnis erfüllen.« »Aber ... Euer Sohn ist doch ...«, wendet Berno stockend ein. »Gero starb vor einem halben Jahr. Er ging friedlich heim. Wir wollen bei unserer Wallfahrt dem Herrn danken, daß er durch Jahre unser war, und daß er als gläubiger Mensch heimgegangen ist.« Ehrfürchtig verneigt sich der Abt. Wie groß ist die Glaubenshaltung dieser Eltern! »Unser Umweg über die Augia geschah einmal, um Euch, lieber Vetter, wiederzusehen. Aber wir sind noch aus einem anderen Grund zu Euch gekommen. Eure Schwester, Frau Walburg, hat uns darum gebeten, als sie von unserer Wallfahrt erfahren hat. Im September dieses Jahres sind Eure Eltern in ihrem Asyl zu Reginbach kurz nacheinander gestorben. Sie waren nicht krank. Ihr Lebenslicht verzehrte sich gleichsam in Sehnsucht nach der verlorenen Heimat.« Die Hände des Abtes schließen sich um sein Brustkreuz. Vater und Mutter sind heimgegangen ... Im Geist sieht er das Elternhaus in Lotharingien, dann die Trümmer der Heimstatt. Er denkt an das letzte Beisammensein in der Eifel, an die Worte des Vaters beim Abschied. Erst nach langem Schweigen findet er in die Gegenwart zurück. »Ich danke Euch, daß Ihr gekommen seid! Ich nehme Euer Leid und mein Leid morgen früh mit in das heilige Opfer Christi auf. Meine Brüder und ich werden für unsere lieben Toten beten und für einen guten Verlauf Eurer Pilgerfahrt.«

Die Rahnwyls gönnen sich ein paar Rasttage auf der Insel.

Dann brechen sie zu ihrer Pilgerfahrt auf. Wenn sie die Abreise hinauszögern, könnte der Winter sie in den Alpen überraschen. Abt Berno rudert sie nach Allensbach und begleitet sie ein gutes Stück des Weges nach Konstanz. Er reitet auf geborgtem Pferd neben ihrem Wagen her. In der Nähe von Konstanz verabschiedet er sich herzlich von ihnen und bittet sie, auf der Heimkehr vom Heiligen Land einige Wochen auf der Augia zu verbringen. »Gedenket meiner an den heiligen Stätten!« bittet er. Dann hebt er die Hand zum Gruß und sprengt davon. Er will noch am gleichen Tag nach Speyer aufbrechen. Plötzlich springt ein Hase aus dem Gebüsch. Das Pferd scheut und bäumt sich auf. Berno verliert den Halt im Sattel, stürzt auf den steinigen Grund und verliert das Bewußtsein. Der Gaul prescht davon. Gegen Mittag naht ein Bauer mit Pferd und Wagen. Er kommt vom Markt in Konstanz und will heim nach Allensbach. Erschrocken bemerkt der vor sich hindösende Mann die am Boden liegende Gestalt. Er hält an, steigt vom Wagen und wendet mit Mühe den Gestürzten um. »Unser Vater Abt!« ruft er bestürzt. Die Brust des Verunglückten hebt und senkt sich. »Gottlob, er lebt!« Mit zitternden Händen dreht er ein Grasbüschel zusammen und entfernt damit vorsichtig Blut und Schmutz aus dem Gesicht des Abtes. Es ist kaum versehrt. Nur an der Stirn ist eine kleine Wunde. Was soll er nun tun? Wie soll er den großen Mönch auf seinen Wagen heben? Weit und breit ist kein Mensch zu sehen. Er kann den Abt nicht allein lassen, um Hilfe zu holen. »Vater Abt!« schreit der Bauer in seiner Not. »Vater Abt!« Endlich hat sein lautes Geschrei Erfolg. Die Lider des Abtes zittern und heben sich. Verwirrt starrt Berno in das bärtige Antlitz des Bauern. »Warum schreist du so?« murmelt er fragend. Er greift nach seinem Kopf. »O, das sind furchtbare Schmerzen! Bist du nicht der Holgar aus

Allensbach?« Er versucht, sich aufzusetzen. Mit Hilfe des Bauern bringt er sich schließlich in sitzende Stellung. »Holgar, sag' mir, was ist eigentlich geschehen?« Der Mann stemmt sich mit aller Kraft gegen den Abt, der umzusinken droht. »Ihr seid wahrscheinlich vom Pferd gestürzt«, keucht er. »Der Gaul hat sich dadurchgemacht.« Der Abt erinnert sich an den Vorfall. »Das Pferd scheute vor einem Hasen.« Er bittet den Bauern: »Hol deinen Wagen näher heran. Ich werde mich daran hochziehen.« Nach mehreren Versuchen gelingt es Abt Berno, sich am Wagenrand hochzuziehen. Er kriecht auf den Wagen und liegt in halb sitzender Stellung zwischen Körben und Gemüsesäcken. Erleichtert treibt Holgar sein Pferdchen an. Das kleine Gefährt rumpelt nach Allensbach. Dort ruft Holgars Fuhre einiges Aufsehen hervor. Der Gaul des Pfarrers ist reiterlos heimgekehrt. Gerade wollte der Pfarrer mit einigen Helfern die Suche nach dem vermißten Abt aufnehmen. Mit unterdrücktem Stöhnen läßt sich der Abt vom Wagen helfen und steht schwankend inmitten seiner Allensbacher. »Wir holen den Herrn Prior Rutbert«, schlägt der Pfarrer voller Eifer vor. »Gemach! Gemach!« wehrt sich Abt Berno energisch. »Es wäre freundlich von Euch, wenn jemand mich zur Insel rudern würde. Mir geht es bis auf meine Schmerzen im Kopf ganz gut. Ohne ein paar Prellungen und Blutergüsse wird's zwar nicht abgegangen sein.« Diese Selbstdiagnose bestätigt der Bruder Infirmar, der ihn auf der Augia behandelt. »Gönnt Euch einige Tage völliger Ruhe!« ordnet er an und legt ihm einen kühlenden Umschlag auf die schmerzende Stirn. »Einige Tage? Das ist unmöglich! König Heinrich erwartet mich«, protestiert Berno schwach, doch unverkennbar ärgerlich. »Ruft mir den Prior, Bruder Ekkehard!« Als Bruder Rutbert kommt, trifft er einen ungeduldigen Kranken an, der heftig aufbegehrt. »Es ist einfach unmöglich! Ich kann Herrn Heinrich nicht warten lassen, weil mein Gaul vor einem Hasen gescheut hat. Wie lächerlich würde eine solche Entschuldigung in den Ohren des Königs klingen!« Ruhig hält der Prior seinem funkelnden Blick stand und meint gelassen: »Lächerliche Kleinigkeiten können einen ernsten Sturz nach sich ziehen. Herr Heinrich wird es verstehen müssen. Ich habe ihm bereits einen Boten gesandt.« Mit einem Ruck fährt Berno auf und sinkt mit einem Wehlaut wieder zurück. »Ihr habt...?« stöhnt er. »Ja, ich habe in Verantwortung vor Gott für Euch gehandelt, Vater Abt. War ich dabei zu selbständig, zieht mich zur Rechenschaft!« Im Antlitz des Abtes spiegelt sich sein inneres Ringen wider. Er möchte aufbrausen und Rutbert tadeln. Seine Demut trägt den Sieg davon. »Ihr habt das Rechte getan, Bruder Rutbert. Habet Dank für Euren Mut und Eure Ehrlichkeit!«

Bruder Rutbert will sich auf Zehenspitzen entfernen. Berno hat die Augen geschlossen und scheint zu schlummern. Da hebt der Abt die Hand und bittet ihn: »Setzt Euch zu mir, lieber Bruder. Ich möchte Euch als Priester um einen Rat bitten.« Leise zieht Rutbert den Schemel neben das Lager und setzt sich. Die Augen des Abtes öffnen sich nicht. Langsam, wie ein Suchender und Fragender beginnt er zu sprechen: »Als ich besinnungslos am Boden lag, war mir, als ob ich mit den Augen meines Herzens schauen würde, mein Bruder. Ich sah ein überhelles Licht, eine milde Sonne, die nicht schmerzte und nicht blendete. Zugleich fühlte ich mich wundersam geborgen, wunschlos, daheim, in Frieden und in Liebe an- und aufgenommen. Ich wollte hin zum Licht, zur Sonne. Da hörte ich, vermeinte ich zu hören: ›Noch nicht, Berno, noch nicht!‹ Dann vernahm ich das Geschrei des Bauern und kam zu mir. Was darf ich von diesem Erlebnis halten?« Ergriffen hat Rutbert den Worten seines Abtes gelauscht. »Habt Dank für Euer

Vertrauen, Vater Abt. Ihr dürft hoffen, daß Eure Seele Gott begegnet ist. Ich bin davon überzeugt.«

Als die Beschwerden des Abtes sich trotz der Pflege und der streng eingehaltenen Ruhe auch nach Tagen nicht bessern, holt der besorgte Prior auf eigene Verantwortung die alte Gundel. Ihrem Wissen um die Wirkung der Heilkräuter traut er mehr als der Behandlung durch den Infirmar Ekkehard. Willig fügt sich der Abt ihren Anordnungen. Becherweise trinkt er den bitteren Heiltrank. Bald lassen seine quälenden Kopfschmerzen und Schwindelanfälle nach. Er hat wieder Hunger. Die Speisen bekommen ihm. Rasch gewinnt er seine Kraft zurück. Prior Rutbert hat die Kräuterfrau heimlich eingeschleust und alles getan, daß ihre Behandlung geheim bleibt. Irgendwie erfährt der Infirmar, warum der Abt plötzlich genesen ist. Er fühlt sich in seinem Stolz gekränkt und beginnt in seiner Eifersucht, üble Verdächtigungen gegen die alte Frau auszustreuen. Der Same geht rasch genug auf. Ekkehard kann ungestört wirken, denn Abt Berno nimmt zu seiner Unterstützung Prior Rutbert mit nach Speyer.

An dem Schiff, das die beiden Mönche nordwärts bringt, ziehen die herbstbunten Wälder der Rheingaue vorbei. »Wieder einmal sind wir im hohen Herbst unterwegs wie damals, als wir von Altshausen zusammen zur Reichenau ritten, Rutbert«, meint der Abt nachdenklich. »So eilen sie vorüber, die Jahreszeiten und die Jahre unseres Lebens!« »Und dabei ist es erst fünf Jahre her, Vater. Aber es kommt mir wie eine Ewigkeit vor.« »Wir haben auch mancherlei in diesen fünf Jahren erlebt, mein Freund.« Abt Berno lächelt das jungenhafte Lächeln, das bei ihm selten geworden ist. »Langweilig war es jedenfalls auf der Reichenau nie, zu keiner Jahreszeit.« »Unter Eurer Leitung wurde aus der Augia deserta wieder die Augia dives, Vater.« »Sagen wir lieber: sie ist auf dem Wege

dazu. Mein Leid um das beschädigte Münster wird immer größer. Ich träume von einem neuen Westwerk zu Ehren des heiligen Markus mit einem hohen Glockenturm, der zum Gebet ruft.« In der Ferne tauchen die Türme des karolingischen Mariendoms zu Speyer auf. »Bis ein solches Bauwerk vollendet ist, gehen Jahrzehnte ins Land. Darf ich der Abtei eine solche Last auferlegen? So vertraue ich diese Frage und ihre Lösung den Vaterhänden Gottes an...« Wiederum lächelt er. »... Und den Händen Unserer Lieben Frau.« Das Schiff setzt zur Landung an. Bald wird er Herrn Heinrich begegnen. Ein Eilbote der Reichenau hat ihre Ankunft angekündigt. Unwillkürlich streift der Prior den Abt mit einem raschen Seitenblick. Was wird er bei dieser Begegnung empfinden, der ersten nach der ungerechten Bevorzugung des Altshauseners durch Heinrich II.? Würdig und gelassen schreitet Berno über die Planken ans Ufer. Aus der Menge löst sich ein blondhaariger, blasser Mann in kostbarer Gewandung. Freudig bewegt ruft der König: »Mein Herr und Vater Abt!« und schließt ihn in die Arme. Mit ihrer Begleitung ziehen König und Abt auf prächtig geschmückten Pferden in die Stadt ein. Die Menschen am Straßenrand grüßen ihren Herrscher mit jubelnden Zurufen. Auf Wunsch des Abtes begeben sie sich zuerst in den Dom. In einem der Altäre ruhen Reliquien des heiligen Wanderbischofs Pirmin. Im Jahr 724 hat er die Abtei auf der Reichenau gegründet. Der Abt betet innig für die Mönche, die Scholaren und die Inselleute auf seiner Insel und um Kraft und Gnade für sich. »Vater Pirmin, hilf mir, daß ich die rechten Worte finde, um den Großen dieser Welt mit Bescheidenheit und Festigkeit zu begegnen und ihnen notfalls zu widerstehen!«
Herr Heinrich führt seine Gäste zu seiner Gattin. Frau Kunigunde, eine Frau von verhaltenem Liebreiz, findet warme

Worte für die beiden Mönche. An Heinrichs Seite betreten sie sein prunkvolles Gemach. Sogleich tragen Diener Wein in goldenen Kannen herbei und füllen ihn in kostbare Pokale. »Auf Eure Ankunft und auf die Reichenau!« sagt Herr Heinrich huldvoll und hebt seinen Pokal. Höflich tun die Mönche ihm Bescheid. Die Diener schieben seidenbezogene Schemel unter ihre Füße und polstern die Rückenlehnen ihrer schweren Eichenstühle mit Brokatkissen aus. Ein schwerer Duft nach fremdländischen Spezereien liegt in der Luft. Der Prunk stößt Berno ab. Da ist ihm sein fast kahles Gemach auf der Augia lieber, in dem die Luft klar und sauber ist. »Verspürt Ihr Nachwehen Eures Unfalls, Vater Abt?« erkundigt sich der König besorgt. »Ich werde rascher müde, aber das wird sich gewiß nach einiger Zeit geben.« »Mich deucht, Ihr hattet wieder einmal Glück im Unglück. Nun erzählt mir von der Abtei!« Mit Rutberts Hilfe gibt Abt Berno dem König eine genaue Übersicht. Er läßt nichts unerwähnt: Konvent, Krankenzellen, Klosterschule, Noviziat, Meierhöfe. Für alles interessiert sich Herr Heinrich. Seine Zwischenfragen zeugen davon. Mit der gleichen Wärme spricht Abt Berno von seinen Inselleuten, den Fischern und Bauern und ihrem Wohlergehen. Dann erwähnt er die Besitzungen der Augia auf dem Festland in Nord und Süd, in Ost und West.

»Bei meiner Reise in die Lombardei konnte ich mich überzeugen, daß unsere dortigen Ländereien mittlerweile wieder namhafte Beträge bringen. Ich besuchte Como, Bergamo und Brescia, und ich ließ es mir nicht nehmen, bis nach Aquileja im Isonzo-Delta zu reiten.« Verwundert sieht Heinrich den offenbar Begeisterten an. »Ihr habt zweifellos kühnen Wagemut, Herr Berno, aber was, in aller Welt, hat Euch bewogen, bis nach Aquileja zu reiten? Dort hat die Reichenau keine Lehen.« »Unser Vogt in Limonta hatte mir von dem herrlichen Campanile der Kirche zu Aquileja erzählt. Der Glockenturm ist 150 Ellen hoch. Ich mußte ihn einfach sehen und stand lange bewundernd davor. Von einem solchen Glockenturm träume ich seitdem für das neue Westwerk des Münsters zu Mittelzell.« Der König unterbricht ihn schroff: »Warum gebt Ihr Euch solch vermessenen Träumen hin? Warum wollt Ihr unbedingt hoch hinaus?« Wortlos starrt Berno ihn an, während dunkle Röte in seine Wangen steigt. Der Prior beugt sich erschrocken vor. Was wird geschehen? Der König fährt wie anklagend fort: »Mit einem 150 Ellen hohen Campanile wollt Ihr sie alle übertrumpfen, die von Konstanz, die von St. Gallen und die von Einsiedeln und ihnen damit beweisen, daß Ihr in Wahrheit der Größte seid, der Herrscher am See.« Unter der Wucht der ungeheuerlichen und ungerechten Vorwürfe erzittert der Abt. Schwindel übermannt den kaum Genesenen. Sein rotes Gesicht wird blaß. Aus den Tiefen seiner Erinnerung steigt ein Bild auf, eine alte Frau in einem Eifeldorf, die kichert: »Ein großer Herr werdet Ihr, ein berühmter Herr, ein großer Herr am See.« Er birgt sein Antlitz in beiden Händen, als könne das dem rasenden Drehen des Raumes Einhalt tun. »Vater Abt!« hört er leise, wie verwehend den bestürzten Ruf des treuen Rutbert. »Vater Abt!« Jetzt vernimmt er den Ruf deutlicher. Er öffnet die Augen und sieht vor sich das besorgte Gesicht des Priors. Hinter ihm steht schemenhaft die bleiche Gestalt des Königs. Kaum hörbar und doch betont sagt er zu Herrn Heinrich: »Lasset mich wieder nach Prüm gehen! Ich möchte dort als einfacher Mönch um die Aufnahme bitten.« Jetzt erschrickt der König. Endlich begreift er, wie verletzend seine Worte waren. »Ihr wollt die Abtei im Stich lassen, Abt Berno?« fragt er nunmehr aufrichtig bestürzt. »Ehe mir die Abtei, wie dies nach Eurer Meinung der Fall ist, zur Gefahr für meine Seele wird, muß ich von ihr gehen.« Der Entschluß, die Insel zu verlassen, schmerzt den Abt so sehr, daß er kaum atmen kann. Er nestelt an seinem Brustkreuz. Seine Hände zittern. »Laßt Ring und Kette, wo sie sind, Herr Berno! Ich nehme Eure Abdankung nicht an. Meine Worte über Eure Baupläne waren unbedacht und wahrlich nicht königlich. Ich nehme sie mit dem Ausdruck des Bedauerns zurück. Bitte, verzeiht sie mir! Ihr werdet mir vielleicht mildernde Umstände zubilligen, wenn Ihr erfahrt, daß es eigentlich meine Absicht war, Euch von der Reichenau abzubringen, um Euch an meinen Hof zu ziehen. Ihr wäret der rechte Kanzler für das Reich. Bei Euren liebevollen Zukunftsplänen für die Münsterkirche enttäuschte mich Eure große Liebe zur Augia. Die Enttäuschung ließ mich die häßlichen Worte sagen.« Gerade hat er ihn geschmäht und verdächtigt und nun erklärt er ihn der höchsten Ehre des Reiches für würdig. Der Abt vermag wieder ganz klar zu sehen, äußerlich und innerlich. »Ihr wißt, daß ich nicht zum Höfling tauge, königlicher Herr. Ich könnte Euch nicht von Nutzen sein. Der Boden des Hofes ist zu glatt für mich. Ich werde es nie lernen, mit vielen Worten nichts zu sagen oder die Wahrheit zuzudecken. Ich muß stets sagen, was ich denke.« »Ihr zeichnet gerade kein schmeichelhaftes Bild eines Höflings. Auch darin seid Ihr ehrlich. Gerade einen solchen Mann könnte ich gut gebrauchen, einen, der den Mut hat, mir zu widersprechen. Eigentlich habe ich Euch gerufen, um Euch bei mir zu behalten. Laßt Eure Einwände! Ich weiß, wann ich verloren habe. Bleibt der Abt der Reichenau und baut in Gottes Namen einen Campanile, so hoch wie Ihr ihn bauen wollt! Aber erfüllt mir zuvor einen großen Wunsch. Begleitet mich nach Italien! Papst Benedikt will mich zum Kaiser krönen.« Beifallheischend sieht der Herrscher ihn an. Eine Frage will sich auf Bernos Lippen drängen. Er hält sie mühsam zurück. Er denkt: »Warum wollt Ihr so hoch hinaus, königlicher Herr? Wem wollt Ihr damit beweisen, daß Ihr der Größte seid?« Er verneigt sich. »Ich werde Euch nach Rom begleiten, Herr König.« Nun gibt sich Heinrich wieder fröhlich und leutselig: »Sucht Euch Eure Begleiter nach Eurem eigenen Ermessen aus. Die Reichenau braucht keine Reisigen zu stellen. Auf der Reise werdet Ihr Gelegenheit haben, weitere Kirchenbauten zu studieren, ehe Ihr Euch endgültig zur Neugestaltung Eures Münsters entschließt. Im Petersdom könnt Ihr am Grab des Apostelfürsten beten.« »Die Reise wird mir zweifellos manches bescheren, was mir auf der Augia von Nutzen sein wird.« Der König droht ihm lächelnd mit dem Zeigefinger: »Ich merke schon, daß der Gedanke an die Heimkehr zur Augia Euch besser gefällt als die ganze Reise.«

In den folgenden Tagen behandelt der König seine Gäste mit ausgesuchter Zuvorkommenheit. Sie speisen an der königlichen Tafel. Rutbert ist stolz auf seinen Abt, der gelassen und freimütig unter den adeligen Herrn und Damen weilt, als kenne er keine andere Gesellschaft. Bei einer Mahlzeit teilt ihm Frau Berchta aus dem Geschlecht der Udualringer mit, daß in Altshausen in diesem Jahr 1013 wieder ein Knabe zur Welt gekommen ist. »Das zarte Kind wurde auf den Namen Hermann getauft.« Mit mäßiger Anteilnahme lauscht Berno. Er kann nicht ahnen, daß dieser Hermann ihm einmal viel bedeuten wird. Nach einigen Tagen erbittet der Abt für sich und seinen Begleiter beim König um Urlaub. Es drängt ihn heimwärts. König Heinrich gestattet es huldreich. »Ein Bote wird Euch den genauen Zeitpunkt unserer Italienfahrt mitteilen. Wir werden im Frühjahr des nächsten Jahres aufbrechen.« Der König läßt sich nicht nehmen, seine Gäste bis zum Schiff zu begleiten.

Als Speyer im Morgendunst versinkt, sagt Berno voller Freude: »Gott sei Dank! Wir sind wieder unterwegs zur Augia. Trotz aller Mängel ist sie für mich nunmehr das Gelobte Land.« Er kommt sich vor, als wäre er einer großen Gefahr entronnen. Nach der langsamen Fahrt mit dem Treidelschiff verlassen sie auf der Höhe von Straßburg auf dem rechten Rheinufer das Schiff und reiten am Fuß des Schwarzwaldes entlang in ausgedehnten, schnellen Tagesritten zur Insel. Es ist Mittagszeit, als sie Allensbach erreichen. In stillem Einvernehmen und mit vereinten Kräften rudern sie über den Gnadensee. Ein alter Fischer sieht dem Kahn nach, der durch die Wellen zu fliegen scheint, und murmelt befriedigt: »Das Rudern hat er wirklich gelernt!«

Nun fordert der Alltag in der Abtei wieder sein Recht. Abt Berno predigt, unterweist, lobt und tadelt. Er wohnt den Unterrichtsstunden der Scholaren bei und gibt den Novizen, zu denen auch Wipold, der Neffe des Erzbischofs Willigis, gehört, besondere meditative Anregungen. Er weiß um jeden der Seinen, kennt ihre Freuden und Leiden, ihre Nöte und Beschwerden. Er sorgt, daß über Eifersüchteleien und Streitigkeiten die Sonne nicht untergeht. Er komponiert Gesänge für die Heilige Nacht, reiht sich in den Chor ein und unterzieht sich den zeitraubenden Chorproben. Nichts ist ihm zu viel, was für die Verschönerung des Gottesdienstes getan werden kann. Mit Prior Rutbert und dem Cellerar überwacht er die Lagerung der Wintervorräte. Gern nimmt er einen Probeschluck vom jungen Wein an. Mit den Fischern freut er sich über die außerordentlich guten Fangergebnisse im Gnadensee und im Zellersee. Er legt Streitigkeiten zwischen den Fischern am Untersee um die Fischrechte bei. Er kümmert sich um Pacht und Lehen. Wie Paulus bemüht er sich, »allen alles zu sein, um alle für Christus zu gewinnen.«

Zwischendurch werden ihm gute Gedanken, Worte und Weisen geschenkt, die er niederschreibt und vorerst in die Hände der Marienstatue legt. In einer vertrauten Stunde sagt er zu Prior Rutbert: »Manchmal ist es mir, als dürfe ich alles in neuem Licht sehen, seit ich das Licht schauen durfte.«

Ab und zu scheint er sich sogar spielerisch zu beschäftigen. Er entwirft auf dem Schreibtäfelchen oder einem Streifen Pergament einen Glockenturm, einen Campanile. Die Zeichnungen gelingen ihm nie. Sie stimmen perspektivisch nicht. Im Frühling wird er einen zeichnerisch begabten Bruder nach Aquileja senden. Hat König Heinrich wirklich eine Zusage zum Bau gegeben? Woher soll das Geld für den großen Bau kommen? Es gäbe allerdings Mittel und Wege, um sich den Betrag zu beschaffen. Ein hochadeliger Herr aus dem Churgau will seinen nachgeborenen Sohn auf der Insel unterbringen. »Euer Sohn Landulf fühlt sich zum Ordensstand berufen?« »Mitnichten!« lacht der Churgauer. »Er würde lieber alles andere tun, aber ich will ihn in Sicherheit wissen. Er stürzt sich in allerlei dumme Sachen, die unserer Familie schaden. Darum soll er in die sichere Obhut der Reichenau gebracht werden. Er kann sich nach und nach an das Mönchsleben gewöhnen. Für die Abtei brächte ein Mönch Landulf erhebliche Vorteile...« Der Mann aus dem Churgau nennt eine hohe Summe, mit der die Baukosten gedeckt wären. Abt Berno zögert nicht mit der Antwort: »Für Eure Anfrage habe ich ein klares Nein. Niemand darf Mönch werden, der nicht von Gott dazu berufen wurde. Erzwungener Dienst im geistlichen Stand ist eine stete Beleidigung des Herrn. Ihr spracht von sicherer Obhut, Graf. Dabei überschätzt Ihr die geistliche Gewalt, die ein Abt hat. Meine Brüder können sich jeden Tag frei für oder gegen Gott entscheiden und der Abtei nach außen hin großen Schaden antun, wenn sie ihrer Berufung untreu werden.« Der Mann aus dem Churgau verläßt im Zorn die Reichenau. »Ihr waret alles andere als entgegenkommend. Anderswo werde ich mehr Verständnis finden.« Daran zweifelt Abt Berno nicht. Leider gibt es überall Menschen, die käuflich sind, auch Priester und Ordensleute.

Eines Tages kommt der Magister Kerung zu ihm und zeigt sich sichtlich besorgt. »Vater Abt, mir kam ein törichtes Geschwätz zu Ohren, das unter unseren Inselleuten umgeht. Es muß irgendwo von der Abtei ausgegangen sein. Unser gutes Kräuterweiblein, die alte Gundel, soll über magische Kräfte verfügen und mit dem Teufel im Bund sein.« Der Abt lacht. »Welch törichtes Geschwätz! Wer verleumdet dieses brave Weib? Hat die Gundel etwa auch an mir ihre Teufelskunst ausgeübt, als ich vom Pferd gestürzt bin?« Bruder Kerung bleibt ernst. »Zweifellos besteht da ein Zusammenhang, denn seit damals gibt es dies Gerede. Es nimmt mittlerweile gefährliche Formen an. Einige Burschen haben Steine nach ihr geworfen. Die Frauen verbergen ihre Kinder vor ihr und schlagen das Kreuzzeichen, wenn sie vorbeigeht.« »Dann ist es allerdings an der Zeit, daß ich eine geharnischte Predigt wider den Aberglauben halte, ehe ich nach Italia reise. Aber wer hat dies üble Geschwätz aufgebracht? Bis vor kurzem liebten die Leute die alte Gundel und riefen sie bei allen Beschwerden zur Hilfe.« Nachdenklich stützt Magister Kerung sein starkes Kinn in die Hand. »Ich weiß es nicht, Vater Abt. Jedenfalls muß es jemand sein, der Einfluß hat. Man soll bereits gedroht haben, der Satan müsse aus dem Weib durch Feuer ausgetrieben werden.« »Dann ist es ernster, als ich anfangs dachte. Bruder Kerung, wir dürfen keine Zeit verlieren. Schickt Eure Scholaren aus! Sie sollen die alte Gundel ohne Verzug zu mir bringen.« Die Scholaren durchstreifen die ganze Insel, ohne die alte Frau zu finden. Sie können nicht wissen, daß Gundel just Kräuter und Pilze in den Wäldern auf dem Festland sammelt. Sie will, da sie völlig furchtlos ist, erst zur Insel rudern, wenn der Mond am Himmel steht. Bei Anbruch der Dunkelheit wird die Suche ergebnislos abgebrochen. Ein ungutes Gefühl läßt den Abt nicht zur Ruhe kommen. Eigentlich wollte er dringende Briefe schreiben, aber er verläßt nach der Komplet, von der Sorge um Gundel getrieben, die Abtei und geht zur Hütte der alten Frau. Die Tür ist verschlossen. Sie ist nicht daheim. Wo mag sie sein? Hoffentlich liegt sie nicht irgendwo hilflos und zusammengeschlagen im Ried! Schließlich kehrt er in sein Gemach zurück, fängt dieses und jenes an, legt es wieder beiseite und greift nach etwas anderem. Er will sich zur Ruhe begeben, als der schrille Ton der Feuerglocke erklingt. »Feurio! Feurio!« ruft der alte Bruder, der nachts Wache hält. Hat ihn seine Ahnung doch nicht betrogen? Er hastet ins Freie. Die Hütte der Kräuterfrau steht in hellen Flammen. Der Abt läuft hin. Tatenlos stehen Männer und Frauen um die brennende Hütte herum. »Warum helft ihr nicht?« schreit er sie an und reißt im Laufen eine Axt aus dem Hackklotz. Er schlägt damit auf die verbarrikadierte Tür ein. Mit wütenden Hieben zertrümmert er die Bretter. Eine Katze schießt aus dem Inferno der Hütte fauchend an ihm vorbei. Kein Mensch ist in den Flammen zu sehen. »Die Alte ist schon zum Teufel gefahren!« ruft jemand hinter ihm. Er will sich nach dem Rufer umwenden, da trifft ein brennendes Holzstück mitten in der Bewegung seine Rechte. Er spürt einen furchtbaren Schmerz, aber er beachtet ihn nicht. »Wolltet ihr zu Mördern werden?« brüllt er mit verzerrtem Gesicht. Er ist vor Zorn und Schmerz außer sich. Im letzten Aufleuchten der Flammen, ehe die Reste der Hütte zusammenbrechen, erkennt Abt Berno, erkennen die Rei-

chenauer die Kräuterfrau Gundel. Sie trägt wie üblich ihren großen Weidenkorb mit den Kräutern am Arm und starrt verständnislos in die Flammen, die ihre Habe verzehrt haben. Dann erleben die Mönche und die Inselleute ein nie gesehenes Schauspiel: Der Herr und Vater der Abtei, der hochwürdigste Herr Reichsprälat Abt Berno, eilt zu der alten Frau und schließt sie mit Tränen in den Augen in die Arme. Mit lauter Stimme dankt er Gott für ihre Rettung. Die Frau weiß immer noch nicht recht, was geschehen ist. Aber sie sieht mit ihren scharfen Augen sofort die häßliche Brandwunde auf der Hand des Abtes. Bescheiden fragt sie: »Darf ich Euch helfen, Vater Abt? Ich habe heute im Wald ein gutes Kraut gegen Brandwunden gefunden.« Die Alte, die alles verloren hat, denkt nur daran, ihm zu helfen! Der Abt weiß nicht, ob er lachen oder weinen soll. »Ja, liebe Gundel, hilf mir«, bittet er sie. »Ich habe volles Vertrauen zu dir.«
Im Gästehaus der Abtei, das sonst vornehme Besucher beherbergt, erhält Gundel ein großes Zimmer. Seit Abt Berno sich ihrer angenommen hat und mit verbundener Hand umhergeht, hat sich bei den Leuten ein deutlicher Wandel vollzogen. Sie bringen dem Bruder Pförtner allerlei kleine Gaben für Gundel, wie die Armut sie schenken kann: Blumen, Früchte, Brot, Kuchen, einen Krug Wein. Den Brand will keiner gelegt haben. In den Kirchen der Insel predigen Abt Berno und seine Mönche ruhig und machtvoll gegen den Widersinn des Aberglaubens und das Gotteslästerliche eines solchen Mordversuchs. Als Gundel die Hand des Abtes neu verbindet, stellt sie bedauernd fest: »Leider werdet Ihr eine breite Narbe behalten, fast bis zum Ringfinger.« Der Abt scherzt: »O, ich habe eine viel schönere. Sie reicht beinahe bis zum Herzen.« Dann zeigt er auf die vielen Geschenke, die eine stumme Abbitte der Leute darstellen. »Zürnst du ihnen noch, Gundel?« »Nein,

Vater Abt. Sie wurden aufgehetzt. Ich möchte nur fürderhin auf der Insel leben dürfen, ohne für meine Sicherheit fürchten zu müssen.« »Lasse mich dafür sorgen, Gundel. Man wird dir kein Härchen mehr krümmen. Verlasse dich auf mich.« Er hat längst die Zusammenhänge erkannt und sucht den Infirmar Ekkehard auf. »Bruder, ich frage Euch vor Gott, ob Ihr Euch an dem, was geschehen ist und was hätte geschehen können, schuldig fühlt? Schweigt! Verteidigt Euch nicht! Ihr habt den alten, wirren Walter zu Eurem Werkzeug gemacht, um die Leute gegen die gute Gundel aufzuhetzen. Das Motiv für Euer unglaubliches Handeln war Eifersucht. Walter hat die Insel verlassen. Euch gebe ich zur Bewährung folgendes auf: Fortan wacht Ihr über die Sicherheit der Kräuterfrau! Ihr haftet mir persönlich dafür, daß ihr nichts Böses geschieht. Außerdem unterstützt Ihr sie in jeder Weise. Ihr könnt viel von ihr lernen.«
Winzer Lothar und sein Weib nehmen Frau Gundel in ihr Haus auf. Auf Geheiß des Abtes baut ihr der Zimmermann einen festen Schuppen. Dort kann sie ihre Kräuter trocknen und ihre Salben zubereiten. Ihr täglicher Gast ist der Infirmar. Sie belehrt ihn geduldig über Heilkräuter und Salben, erklärt ihm die Zusammensetzung der wirksamen Heiltränke und Kräutertees. Da er sich fügsam und gelehrig zeigt, entsteht auf die Dauer zwischen den beiden Menschen eine Art Freundschaft. Manches Mal gehen sie vereint auf Kräuter- und Beerensuche. »Ihr müßt die Fundorte der Kräuter kennen. Ihr sollt sie finden können, wenn ich nicht mehr bin.« Eines Tages begegnen Abt Berno und Prior Rutbert dem ungleichen Paar, als es wieder einmal auf Kräutersuche auszieht. »So wendet sich alles zum Guten!« stellt der Abt erleichtert fest. »Aber die Narben bleiben, Vater Abt«, meint der treue Gefährte. Rasch birgt der Abt die versehrte Rechte

im linken Kuttenärmel. »Gönnt mir bitte meine Ehrenzeichen, lieber Bruder! Mehr Ehre wird mir der Zug nach Italia sicher nicht einbringen. Ich danke Gott, wenn er vorüber ist.«

IN MEINEM NAMEN

Abt Berno nimmt nur ungern Abschied von der Augia. Er läßt sie in den Händen des getreuen Priors Rutbert zurück. Während er sein Reisebündel schnürt, überlegt er: »Was wird uns das Jahr 1014 noch bescheren?« Nachdenklich betrachtet er die vielfach geflickte und oft gewaschene Kutte, die er vor sechs Jahren bei seiner Ankunft auf der Reichenau getragen hat. Dann legt er sie zu der wenigen Habe, die ihn auf dieser Heer- und Pilgerfahrt nach Rom begleitet. Aus den Händen der Marienstatue nimmt er beide Schreiben König Heinrichs und reicht sie dem Prior. »Verwahret sie gut, mein Bruder! Sie sind Dokumente fürstlicher Gunst. Sie könnten auch meinem Nachfolger zur Warnung dienen, wenn er sich allein auf menschliche Hilfe stützen möchte.«

Die Reisenden verabschieden sich herzlich von der Mönchsgemeinde, von den Scholaren und den Inselleuten an der Herrenbruck. Im Schiff segnet Abt Berno die Insel und ihre Bewohner. »Ob wir wieder heimkehren werden?« flüstert der junge Wipold verzagt. Schon jetzt spürt er die ersten Regungen des Heimwehs. Im Frühlicht glänzt der glatte Spiegel des Gnadensees, ein Bild heimatlichen Friedens. Bruder Adelhard wirft einen verstohlenen Blick in das verschlossene Antlitz des Abtes. Würde er lieber auf der Augia bleiben? Wie eine Antwort auf die heimliche Frage des Mönchs sagt Abt Berno ruhig und fest: »In nomine Domini«, bekreuzigt sich und

neigt das Haupt zu stillem Gebet. Der Kahn stößt vom Ufer ab. Die große Romfahrt beginnt.
Nach einigen Tagen treffen die Reichenauer auf das Heer des Königs. Nach freundlicher Begrüßung durch den Herrscher reihen sich die vier Reichenauer unauffällig dem riesigen Heer der geistlichen Würdenträger, der Ritter und Reisigen ein. Niemand nimmt ihre Anwesenheit besonders zur Kenntnis. Abt Berno zieht seinen Ring vom Finger und verbirgt das goldene Brustkreuz unter der Kutte. Mit seinen drei Begleitern erträgt er geduldig die Gefahren und Strapazen des weiten Rittes. Gefährliche Paßstraßen in den Bergen und sonnendurchglühte Ebenen, Wind und Regen dezimieren den Heerzug des Königs. Mancher bleibt fußkrank liegen. Der Abt der Reichenau teilt alle Unbilden der Witterung und alle Gefahren mit seinen Brüdern. Er begnügt sich mit der gleichen Unterkunft oder nächtigt mit ihnen unter freiem Himmel. Mancher Bischof oder klösterliche Reichsprälat läßt sich von seinen Bedienten aufwarten und pflegen.
In einem italienischen Dorf bedrängen die Söldlinge des Königs die Bauern allzu hart und stellen unerhörte Forderungen. Da tritt Abt Berno furchtlos vor den König und bittet um Schutz für die Bauern. »Ach, Herr Berno, bisher habe ich von Euch kaum etwas bemerkt«, sagt der König gereizt. »Ihr seid scheinbar von dem Gedanken besessen, daß Ihr der Anwalt der Geringen sein müßt? Ihr bleibt Euch wahrlich treu. Macht das betreffende Bibelzitat zu Eurem Wappenspruch!« Heinrich wendet sich unwillig ab. Was maßt dieser Berno sich an? Wider Erwarten derer, die seine Worte vernahmen, greift er kurze Zeit darauf ein und stellt Recht und Ordnung im Dorf wieder her. Die geschädigten Bauern erhalten sogar ein Entgelt für ihren Verlust aus der Schatulle des Königs. »Im Grunde genommen, hört Herr Heinrich immer auf Euch, Vater Abt«,

stellt Bruder Volkmar zufrieden fest. »Zuerst hatte es nicht den Anschein. Ich habe um Euch gebangt, Vater«, meint Wipold erleichtert. Abt Berno schüttelt den Kopf. »Das müßt Ihr nicht tun, lieber Bruder. Herr Heinrich kann mir nichts anhaben, weil ich nichts von ihm erwarte. Ihr kennt jedoch jene Stelle aus dem 118. Psalm, die sich darauf bezieht? ›Der Herr ist bei mir. Ich fürchte mich nicht. Was können Menschen mir antun? Der Herr ist bei mir. Er ist mein Helfer. Ich aber schaue auf meine Hasser herab. Besser, sich zu bergen beim Herrn, als auf Menschen zu bauen. Besser, sich zu bergen beim Herrn, als auf Fürsten zu bauen!‹

Bei diesem Ereignis haben die Söldner erfahren, welchen Rang der große Mönch bekleidet, der einfach mit ihnen geritten ist. »Das verstehe ich nicht«, wendet sich einer der Männer an Bruder Adelhard. »Euer Abt verzichtet auf all das, was den anderen hohen Herren das Leben auf einem solchen Heerzug so bequem macht. Warum tut er das?« Bruder Adelhard muß sich kurz besinnen. Seine Antwort darf keine Verurteilung der anderen Kirchenfürsten und ihrer Lebensweise enthalten. »Unser Vater Berno will auf diese Weise den Menschen dienen und mitten unter ihnen sein.« Der Söldner versteht seine Worte nicht, aber er trägt Sorge dafür, daß seine Kameraden dem unbegreiflichen Abt achtungsvoll entgegenkommen. Trunkenheit, grobe Reden, zotige Witze und Tändeleien mit den Marketenderinnen – all das unterbleibt fortan in der Umgebung des Abtes.

Die Reise wird zunehmend mühselig und gefahrvoll. Feindliche Soldaten greifen aus Hinterhalten an. Oberitalienische Städte verschließen ihre Tore vor Heinrich, der auch die lombardische Königskrone trägt. Mancher Soldat seines Heeres muß krank oder verwundet in eines der Klöster am Wege gebracht werden. In der Po-Ebene rafft das Fieber viele Männer dahin. Als sie sich Rom nähern, haben Berno und seine Mönche manchen in ihrer letzten Stunde beigestanden, Freund und Feind. Ihre schmalen Gesichter erzählen von den Strapazen der Reise und vom Leiden und Tod, dem sie begegnet sind. In der Nähe von Cerveteri harrt Berno lange bei einem Landsmann aus der lotharingischen Heimat aus. Heimweh macht ihm das Sterben besonders schwer, weil er Weib und Kinder mittellos zurücklassen muß. »Sobald ich wieder auf der Reichenau bin, werde ich für die Deinen Sorge tragen«, verspricht der Abt dem schlichten Söldner. Geduldig bleibt er bei dem Sterbenden am Wegrand sitzen, betet mit ihm und spricht ihm gut zu, bis er seinen letzten Atemzug getan hat. Plötzlich sprengt eine Reiterschar in raschem Galopp heran. »Wo bleibt Ihr, Abt Berno?« fragt Heinrich herrisch und zügelt sein Pferd. Mit sanfter Hand schließt der Abt die Lider des Toten und erhebt sich. »Ich stand just in einem höheren Dienst«, antwortet er ruhig und weist auf den Soldaten. Der König sagt unwillig: »Ihr sollt an meiner Seite in Rom einziehen.« Abt Berno macht sich schweigend bereit. »Auch Königsdienst ist Dienst für den Allerhöchsten«, murmelt der Herrscher zornig. »Habt Ihr das vergessen?« »Mitnichten, Herr König.« Die Worte des Abtes gelten ihm, aber seine Blicke gehen an Heinrich vorbei in eine unbekannte Ferne. »Es ist nur so, daß andere Werte gelten, wenn ein Mensch vor Gott erscheinen muß. Vor Gott ist alles eitel, es sei denn, es geschehe aus Liebe.« Der König verzichtet auf eine Antwort. Er weiß, was Berno ihm sagen wollte. Sein Gesicht ist verschlossen. Er will sich dem Anspruch Bernos nicht stellen.

Schon liegen die Mauern und Türme Roms vor ihnen, als der König mit einem Mal sein Pferd anhält. »Abt Berno«, sagt er herausfordernd, »seid ehrlich und gestehet ein, daß Ihr es im letzten für verwerflich haltet, daß ich nach Macht und Größe, nach der Kaiserkrone strebe!« Furchtlos blickt der Abt in das zorngerötete Antlitz des mächtigsten Mannes auf Erden. »Ihr irret Euch sehr, Herr König. Ich bin mir bewußt, daß Ihr auf Eure Weise auch nur einen Auftrag Gottes erfüllt. Wenn Ihr in Gottes Namen und in Seinem Auftrag handelt, wird der Herr Euer Tun und Streben segnen. Freilich vermehren die Größe Eurer Macht und jeder Zugewinn daran Eure Verantwortung vor Gott. Herr König, Ihr traget eine schwere Bürde. Ich werde unablässig für Euch beten!« Besorgt flüstern die drei Reichenauer miteinander. Hat sich der Abt durch seine freimütige Art die Gunst des Königs verscherzt? Abt Berno scheint frei von solchen Erwägungen zu sein. Bei einem letzten Aufenthalt vor den Toren Roms unterhält er sich mit dem Söldner Enrico. Inzwischen kann er sich gut in der italienischen Sprache ausdrücken. Es ist das derbe Italienisch des einfachen Volkes. »Bald sind wir in Eurem heiligen Rom, Enrico.« Der Söldner kratzt seinen kraushaarigen Schädel. »Heilig? Hm, Signore, ich weiß nicht so recht.« Berno lacht herzlich. »Das Nämliche denke ich stets von mir, mein Freund, wenn ich mein Gewissen erforsche. Heilig? Hm, ich weiß nicht so recht.« Der Söldner protestiert eifrig: »O, Ihr seid gewiß ein heiliger Mann!« Er malt über seinem Kopf einen Heiligenschein in die Luft. »Pst, Enrico, laß' das den Heiligen Vater nicht hören! Der ist sicherlich nicht damit einverstanden. Sag, wie heißt er eigentlich?« Enrico wühlt nachdrücklich in seinem Gelock. »Il nome del Papa . . . Non sono sicuro. Penso il nome è Benedetto, un Tusculano.« Die deutschen Ritter und Mönche verfolgen sichtlich gespannt die Unterhaltung. »Er kennt nicht einmal seinen Papst!« lacht ein Ritter schadenfroh. »Ihr irrt, Herr Gunter. Enrico nannte seinen Namen. Unser Papst ist Benedikt VIII., ein Tusculaner.« »Ob er auch wußte, der wievielte Benedikt es ist?« zweifelt Adelhard. »Wissen wir das immer, lieber Bruder? Der Kampf um den Stuhl Petri ist manchmal ein Verwirrspiel. Kaum hat uns die Nachricht erreicht, daß ein Papst gewählt worden ist, wird er schon wieder verdrängt.« Unbemerkt ist der König zu der Gruppe um Abt Berno getreten. »Papst Benedikt VIII. wird lange Zeit im Amte bleiben. Ihr könnt dessen gewiß sein, Vater Abt«, stellt Heinrich kühl fest. »Es würde mich für die Christenheit freuen, Herr König.« »Legt die Zeichen Eurer Würde an, Abt Berno«, fordert der Herrscher auf. »In wenigen Minuten betreten wir den ehrwürdigen Boden der heiligen Stadt Rom.«

Der glänzende Heerzug des deutschen Königs reitet über die Via Cassia und zieht wenig später in die Stadt Rom ein. Die Edlen des Reiches, die Ritter und Reisigen, die Kirchenfürsten und Mönche betrachten mit Staunen die Stadt am Tiber mit ihren hohen Mauern, ihren stattlichen Palazzi, ihren Kirchen und Tempeln, ihren antiken Ruinen, weiten Plätzen und engen Straßen, den Prachtbauten und Elendshütten. Jubelnd und schreiend umdrängt sie die Menge der Schaulustigen. Ob sich in den Jubel der bunten Menge auch Flüche mischen, das verstehen die Fremden nicht. Sie vergnügen sich damit, Münzen unter die Menge zu werfen und lachen über die Straßenjungen, die sich darum balgen. Den glutäugigen Schönen rufen die Söldner Scherzworte zu. Die Glocken der Kirchen beginnen zu dröhnen. Der Lärm wird ohrenbetäubend.

Die Reichenauer Mönche atmen auf, als sie in das kühle, schattige Atrium eines römischen Palazzos treten können. Ihr Gastgeber, Kardinalpriester Vesputti, begrüßt sie freundlich. »Für die Dauer Eures Aufenthaltes in Rom seid Ihr meine Gäste!« Freundlich reicht der alte Kirchenfürst ihnen die Hand. »Urold von Prüm hat Euch mir empfohlen, Abt Berno.

Ihr wißt, daß er selbst seines Leidens wegen nicht an dieser Fahrt teilnehmen konnte?«
Beim gemeinsamen Mahl wendet sich Abt Berno an den Kardinalpriester. »Es ist mir ein Anliegen, Eure Stadt in aller Stille zu erforschen und sie wirklich kennenzulernen. Wie gehe ich da am besten vor?« Kardinal Vesputti wirft ihm einen erstaunten Blick zu. »In Stille? Meinet Ihr etwa damit, daß Ihr unerkannt bleiben wollt?« »Kann man eine Stadt, ihre Menschen, ihr Herz und ihre Seele auf andere Weise erfassen? Als einfacher Mensch unter Menschen werde ich ihr nahekommen.« »Ihr habt recht, Abt Berno«, meint Vesputti zustimmend. »Aber zugleich möchte ich Euch vor diesem Versuch warnen. Die Züge, die Ihr dabei im Antlitz der Stadt Rom entdecken werdet, sie sind nicht nur alt und ehrwürdig, sie sind auch arm, sündig und lasterhaft. Eine Stadt wie Rom ist mit der ganzen Last der Jahrhunderte befrachtet. Wahrscheinlich wird Euch die sogenannte heilige Stadt enttäuschen. Wollt Ihr Euch dennoch auf den Weg machen, geht ohne Ring und Kreuz in einem einfachen Gewand und mit schlichtem Schuhwerk durch ihre Straßen und Gassen! Nur so lernt Ihr die Römer kennen. Ein gepflegtes Gewand verhindert die eigentliche Begegnung mit Rom. Übrigens hatte ich seinerzeit als junger Priester das gleiche Anliegen wie Ihr.«
Am folgenden Tag begutachtet der Kardinal seinen Gast. Abt Berno trägt die geflickte, verwaschene Kutte und einfache Sandalen. Er hört sich das Italienisch an, das der Abt von dem Söldner Enrico gelernt hat, und meint lachend: »Ihr sprecht die Sprache des Volkes. So kann ich Euch getrost in meine Stadt entlassen.«
Das offizielle Rom rüstet sich, um die Kaiserkrönung des deutschen Königs Heinrich II. mit großem Aufwand und festlichem Prunk zu begehen. Unermüdlich wandert der Abt

der Reichenau durch die Straßen und Gassen der Stadt, um das eigentliche Rom zu entdecken. Die Menschen im armen Stadtteil Trastevere nehmen ihn als einen der Ihren an. In einer der vielen Kirchen an seinem Wege gesellt er sich zu einer Hochzeitsgesellschaft. Er hat seine Freude an dem innigen und kräftigen Beten und Singen der einfachen Leute. Gott ist für sie offensichtlich ein vertrautes Du, und es wird Ihn nicht stören, daß ihr Beten und Singen keineswegs liturgisch ist. Die Alte neben dem Abt singt laut und schrill. Dabei laufen ihr die hellen Tränen über die Wangen. Sie schluchzt schließlich herzzerreißend. Besorgt fragt Abt Berno in seinem holperigen Italienisch: »Fehlt Euch etwas, Signora?« Sie sieht ihn erstaunt an. »O, mir fehlt nichts, Fratello! Ich muß immer weinen, wenn ich glücklich bin. Endlich sind die beiden ein Paar! Da muß ich vor lauter Freude weinen. Du siehst ganz danach aus, als ob du Hunger hättest, Fratello. Komm mit uns! Es gibt Hochzeitsessen. Du bist nicht eingeladen? Unsinn, wen die Nonna mitbringt, der ist eingeladen, basta!« Bald darauf löffelt der Reichsprälat Abt Berno inmitten einer fröhlichen Hochzeitsgesellschaft im Hof eines Wirtshauses von Trastevere einen Napf Suppe und trinkt roten Wein auf das Wohl des jungen Paares. Die Leute lachen, schreien und freuen sich. Die Nonna hat ihren Gast nicht vergessen, und sie bringt ihm ein großes Stück saftigen Braten. »Iß nur, Fratello! Laß es dir schmecken. Heute gibt es für alle reichlich Fleisch zum Brot.« Mit einiger Mühe bewältigt er das große Bratenstück. Dann bedankt er sich bei der alten Frau. »Ich muß weiter ...« »So nimm wenigstens etwas für unterwegs mit«, lacht die Nonna und drückt ihm einige reife Früchte in die Hand. Er schenkt sie einem Bettler, der an einem der vielen Brunnen kauert. »Mehr hab' ich nicht«, sagt er dabei bedauernd. »Das sieht man dir an, Fratello.« Sein armes Kleid öffnet ihm den Zugang zu den Herzen der Menschen im Viertel jenseits des Tibers. Er ist einer von ihnen, dem sie ohne Scheu begegnen. Ein Straßenhändler bittet ihn, beim Aufrichten seines Karrens zu helfen. Nach getaner Arbeit hocken die beiden Männer am Brunnenrand. Der Händler klagt ihm in bewegten Worten sein Leid über die mißratene Tochter, die mit den Söldnern des Königs davongelaufen ist. Eine Wäscherin bittet ihn vertrauensvoll, er möge ihr den hochaufgetürmten Wäschekorb ein Stück des Weges tragen helfen. Unterwegs erzählt sie von ihren Kindern und von ihrem Mann, dem Tagedieb.

Freud und Leid der einfachen Menschen werden Abt Berno bei seinen Streifzügen vertraut. Ihre Sorgen und Mühen sind ähnlich wie die seiner Inselleute. »Den Meinen kann ich helfen. Der großen Not hier stehe ich selbst als Bettler gegenüber.« Er verspürt wachsendes Heimweh nach der Augia. Manchmal möchte er keine Stunde länger mehr in Rom bleiben. Aufmerksam betrachtet Kardinal Vesputti sein schmales Antlitz. Trägt dieser Abt in seinem mitleidigen und barmherzigen Herzen das Leid und die Not der Armen von Rom mit, und wird er nicht schier erdrückt von der Unmöglichkeit, Abhilfe zu schaffen?

»Vater Abt, Ihr müßt auch die andere Seite von Rom sehen«, ermahnt ihn der Priester mit der Weisheit des Alters. »Es gibt nicht nur das Rom von Trastevere.« »Der Anblick des anderen Rom würde es mir noch schwerer machen, das Rom jenseits des Tibers zu ertragen.« »Habt Ihr denn bemerkt, daß die Menschen trotz Armut und Not dort glücklich sind?« »Gewiß, Hochwürdigster Herr, ich habe verstanden, daß die Menschen hier das Leben lieben und mit Wenigem glücklich sein können. Sie sind auch für das kleinste Lichtlein dankbar und freuen sich seiner. Sie waren auch darin freigebig, es mir mitzuteilen und mit mir zu teilen.« »Seht Ihr, mein Freund!« ruft der Kardinalpriester zufrieden aus. »Ihr habt das Herz von Rom erlebt.« Da beugt sich Abt Berno weit vor. Durch seine hastige Bewegung flackern die Kerzenflammen und drohen zu verlöschen. »Darf ich Euch eine ganz offene Frage stellen, die mich bedrängt?« Resigniert senkt der alte Priester sein weißhaariges Haupt. »Ich weiß bereits, was Ihr fragen wollt, Abt Berno, denn ich habe mir die gleiche Frage viele hundert Male gestellt und eine Antwort gesucht. Warum gibt es zwei Rom, das Rom der herrlichen Paläste und Kirchen und das Rom der Hütten und der Elendsviertel jenseits des Tibers? Warum geht man, ich meine die Kirche, nicht einfach hin, veräußert alle ihre Schätze und wird so arm, wie es unser Herr Jesus Christus war, der nichts hatte, wohin Er Sein Haupt legen konnte, und gibt das Geld den Armen von Trastevere? Was – glaubt Ihr – würde dann geschehen? Denkt es bitte bis in die letzte Konsequenz durch!« Lange Zeit bleibt es still im Gemach des Palazzo Vesputti. Dann spricht der Hausherr weiter: »Euer Bruder Wipold erzählte mir von Eurem Einsatz für die Armen der Augia, der Euch beinahe Euren Ring und die Gunst des Königs gekostet hätte. In Eurem kleinen Reich konntet Ihr nachhaltig helfen, und Ihr nahmet der Kirche keine ihrer Kostbarkeiten fort. Nun denkt einmal an Eure Leute auf der Reichenau! Kommen sie nicht dann am liebsten in Eure Kirche, wenn sie an Hochfesten herrliche Gefäße und prächtige Gewänder bewundern können? Das Hochfest zur Ehre Gottes ehrt gleichzeitig den kleinen Mann. Für ihn, der sich als Kind Gottes weiß, wird auch dieses Fest mit all seiner Pracht gefeiert. Glaubt Ihr, daß meine Römer, die viel empfänglicher sind für Glanz und äußere Schönheit, es bei den großen Festen der Kirche nicht noch viel intensiver empfinden? Die Krönung Eures Königs zum Kaiser ist darum auch ihr Fest, das sie mit allen Sinnen genießen. Sie haben mehr Freude an aller Prachtentfaltung als etwa der Abt Berno von der Reichenau. Nun denkt Euch unsere Kirche im grauen Bettelkleid. Für kurze Zeit könnte mit dem Erlös der Schätze einige Not gelindert werden. Und was wäre dann, mein Freund? Der Alltag unserer Römer wäre ärmer und freudloser als jetzt, weil ihre Kirche arm und grau und freudlos wäre. Gewiß habt Ihr manches Gegenargument, aber bitte schweigt zu dem, was ich Euch zu erklären suchte! Ich bin mir meiner stümperhaften Ausführungen allzu bewußt und nicht damit zufrieden. Im geheimen helfe ich mit dem schlechten Gewissen eines Mannes, dem es in dieser Stadt viel zu gut geht. Mein Erbe gehört Trastevere.«

Die Offenheit des Kardinalpriesters beschämt den Abt. Hat er nicht wieder zu rasch und zu hart geurteilt? Der Greis ergreift noch einmal das Wort: »Abt Berno, Ihr seid der Kirche der Reichenau zu eigen. Papst Benedikt VIII. und ich gehören der Kirche zu Rom. Ist nicht jeder von uns im letzten Christi Eigentum? Erfüllt Euren Auftrag, der für die Augia an Euch ergangen ist, mit dem gleichen Eifer und der gleichen Liebe wie bisher! Eure Macht ist die Barmherzigkeit.«

Das nächtliche Gespräch hat Abt Berno ruhiger und freier gemacht. Er nimmt sich vor, bei einem letzten Ausgang in seiner geflickten Kutte nach all dem Ausschau zu halten, was gut und schön ist. Zuvor sagt er zu seinen Begleitern: »Ab morgen habt Ihr mich wieder, liebe Brüder. Dann pilgern wir miteinander zu den heiligen Stätten Roms. Zudem wird es auch Zeit, daß wir uns für die Feier der Kaiserkrönung vorbereiten.« Dieses Mal bleibt der Abt lange aus. Es dunkelt bereits, als er den Türklopfer am Palazzo Vesputti bedient. Der Türhüter erkennt ihn trotz der geflickten Kutte. Aber der Abt trägt ein zerlumptes Kind auf seinen Armen, einen Buben. Sein Blick irrt suchend durch die Marmorhalle. »Braucht Ihr ein Obdach für das Kind, Vater Abt? Gebt es mir! Ich bringe es in den Stall.« Mit einer der selten gewordenen Aufwallungen seines Zornes fährt der Abt den Diener an: »Nein, ich bringe das Kind in mein Gemach! Bestelle sofort einen Arzt und lasse mir warmes Wasser und Linnen bringen!« Der Türhüter eilt zum Haushofmeister und berät sich flüsternd mit ihm. Dieser eilt zum Kardinalpriester und berichtet: »Abt Berno brachte einen verwundeten Straßenjungen in Euren Palazzo. Er verlangt nach einem Arzt.« Gelassen gibt der Hausherr zurück: »Und warum tatest du noch nicht, was er dir aufgetragen hat?« Für den vornehmen Diener bricht eine Welt zusammen. Ein solches Ereignis hat es im Palazzo Vesputti nie gegeben.

Mit sanfter Hand löst Abt Berno die schmutzstarrenden Lumpen von dem mageren, unterernährten Körper des Kindes. Dann wäscht er es behutsam. Das Kind wimmert leise. Als der Medicus eintrifft, ist der Junge halb bei Bewußtsein. Der Arzt verbindet die kleinen Wunden, richtet und schient den gebrochenen Arm. Nach der gründlichen Untersuchung stellt der Arzt fest: »Eurer Hoheit Neffe hat zudem eine Gehirnerschütterung erlitten und etliche schmerzhafte Blutergüsse und Prellungen. Er braucht Ruhe und gute Kost.« »Mein Neffe?« Der Mönch blickt lächelnd auf das Kind. »Nicht mein Neffe, sondern mein lieber Bruder.« Der Diener Luigi, der die Lumpen des Kindes verbrannt hat, starrt den Abt offenen Mundes an. »Die hohen Herrn haben eigentümliche Launen!«

In Windeseile macht die Geschichte von dem seltsamen Bruder des Reichsprälaten von der Reichenau ihre Runde durch die Dienstbotenquartiere.

Abt Berno begibt sich sogleich zu Antonio Vesputti. Er hat

nicht einmal daran gedacht, die Kutte zu wechseln. »Verzeiht die Störung, Herr Kardinal! Ich möchte Euch berichten, daß ich ungefragt einen Gast in Euer Haus gebracht habe.« »Ich weiß es bereits«, antwortet der Kardinal lächelnd. »Mein Haushofmeister hat es mir voller Besorgnis gemeldet. Darf ich wissen, wo und wie Ihr Euren ... Bruder fandet?« »Angeregt durch unser gestriges Gespräch, begab ich mich sofort nach der heiligen Messe nach Trastevere, um das Viertel einmal mit Euren Augen anzuschauen. Es gelang mir auch, Gutes und Schönes zu finden. Da raste eine vornehme Kutsche durch die enge Straße. Eines der Pferde riß diesen Knaben nieder. Der Kutscher peitschte nur fluchend auf die Pferde ein. Die Kutsche hielt nicht an, und in ihr saß ...« Er stockt. »Ein Würdenträger unserer Kirche«, wirft Vesputti ahnungsvoll ein. »Leider war es so. Ich hob den Jungen auf. Er war besinnungslos. Der Pfarrer der Marienkirche, selbst ein armer Schlucker, brachte mir ein Tuch und Wasser. Er kannte das Kind nicht. Wahrscheinlich war der Junge einer der vielen Waisen nach der letzten Seuche. Er fragte bei seinen Pfarrkindern, ob jemand das Kind nehmen würde. Er hatte keinen Erfolg. So brachte ich den Straßenjungen von Trastevere in den Palazzo Vesputti.« »Ihr habt recht daran getan. Das Kind soll die beste Pflege haben.«

Unter der Obhut des Abtes und seiner Mönche bessert sich das Befinden des Knaben Ludovico erstaunlich rasch. Der Junge hat keine Angehörigen mehr und kein Zuhause. So schließt er sich rasch und mit starker Zuneigung Abt Berno an, der ihn dem Elend von Trastevere entrissen hat. Mit seinem Italienisch, das er dem Söldner Enrico verdankt, kann sich der Abt gut mit Ludovico verständigen. Bald sieht man die beiden in ernsthaftem Gespräch durch das Atrium wandeln. Dem wißbegierigen Kind erzählt der Abt gern von der

Insel Reichenau. Fehlen ihm einmal die Worte, so malen seine Gesten aus, wie schön die Insel im großen See ist.
»Wenn die Kaiserkrönung vorbei ist, kehren wir dahin zurück«, schließt Herr Berno. Das hat eine ungeahnte Wirkung. Der Junge klammert sich mit seinem gesunden Arm an ihn und bettelt: »Nehmt mich mit, Padre! Nehmt mich mit zu der Insel! Ich will hier nicht allein bleiben. Nehmt mich bitte mit! Ich will auch all das lernen, was Eure Scholaren lernen müssen!« Dem eindringlichen Flehen und dem bittenden Blick der großen, dunklen Augen ist Berno hilflos ausgeliefert. »Das geht nicht so einfach, wie du dir das denkst, Ludovico. Du gehörst nach Rom. Was würde der Heilige Vater dazu sagen, wenn ich dich einfach mitnähme?« »Dann fragt ihn eben, ob ich mit Euch zur Augia darf! Padre, fragt den Heiligen Vater. Erzählt ihm nur alles von dem armen Vico. Ihr werdet es erleben, daß der Heilige Vater Euch antwortet: ›Nimm den lieben Vico nur mit zur Augia, mein Sohn!‹« Unwillkürlich muß der Abt über den kleinen Schauspieler lachen, der sich redlich bemüht hat, möglichst hoheitsvoll und würdig auszusehen. Der Gedanke, den Straßenjungen aus Trastevere mit zur Reichenau zu nehmen, kommt ihm nicht mehr so seltsam und abwegig vor. Scheinbar hat sich Vico die Herzen aller im Palazzo Vesputti erobert. »Warum solltet Ihr ihn nicht mitnehmen?« meint Kardinal Vesputti. »Ihr tut damit ein gutes Werk, und Ihr habt immer einen Römer bei Euch.« Bruder Volkmar scherzt gutgelaunt: »Die Reichenauer werden ihn begeistert aufnehmen, den Ludovico von Trastevere aus dem römischen Uradel.« Bruder Adelhard fügt schmunzelnd hinzu: »Wer kennt schließlich auf der Augia den römischen Stadtteil Trastevere außer uns?« Wipold versichert eifrig: »Wenn Ihr es wünscht, Vater Abt will ich mich ganz besonders um Vico kümmern. Luigi hat mir Italienisch beigebracht.

Von mir kann Vico dann die deutsche Sprache lernen.« Der Abt freut sich über die bereitwillige Art seiner Begleiter. »Nun brauche ich nur noch das Placet von Vicos Landesherrn, dem Papst.«
In seiner zielstrebigen Art hat Kardinalpriester Vesputti die Wege geebnet. Benedikt VIII. bittet den Abt der Reichenau zu einem vertraulichen Gespräch. Mit einiger Neugier und einem Gemisch aus Wohlwollen, Strenge und Güte betrachtet der Papst den Mönch. »Wie mir scheint, ist der Abt der Augia so eine Art sanfter Rebell. Ward mir das recht berichtet? Wogegen lehnt Ihr Euch auf, mein Sohn?« Furchtlos hält Abt Berno dem prüfenden Blick des Papstes stand. »Gegen Unrecht, Not und Armut, Heiliger Vater.« Hinter seiner vorgehaltenen Hand verbirgt Benedikt VIII. ein Lächeln. »Seid Ihr dabei manchmal nicht etwas ungestüm? Eure Wesensart hat, wie mir scheint, Herrn Heinrich manchmal befremdet. Ihr seid wenig darauf bedacht, Euch den Großen und Mächtigen angenehm zu machen. Ihr brüskiert sie nicht selten, wenn es um die kleinen und geringen Leute geht. Sagt mir, Vater Abt, wem fühlt Ihr Euch im letzten verpflichtet?« Ohne einen Augenblick zu überlegen oder zu zögern, antwortet der Abt: »Unserem Herrn Jesus Christus und in Ihm unseren Brüdern in der Not. Ich weiß, daß mir bei meinem Bemühen oft genug die Demut fehlt, das geduldige Zuwarten und das Hinnehmen meiner Grenzen. Ich möchte mehr tun und mein Ziel schneller erreichen.« »Ihr auch, Abt Berno? Dann haben wir den gleichen Fehler. Ich möchte nämlich mit Gewalt meine Grenzen erweitern und durchgreifender und rascher handeln. Der Herr in Seiner Güte zeigt mir immer wieder, wie klein ich bin, und wie wenig ich vermag. Lasset uns damit zufrieden sein, was wir durch Seine Gnade und nur durch Seine Gnade zu tun vermögen! Vor Ihm wollen wir still und dankbar werden.

Heute las ich ganz bewußt in meinem Evangeliar eine Markus-Perikope. Darin heißt es: ›Wer ein solches Kind in Meinem Namen aufnimmt, der nimmt Mich auf.‹ Nehmet Ludovico von Trastevere als heilige Gottesgabe mit zu Eurer geliebten Insel und betet dort täglich für den Euch im Geist verwandten Bruder in Christo in Rom!«

DAS BÜNDEL

Nach einem halben Jahr kehrt Abt Berno mit seinen Begleitern und dem römischen Scholaren Vico aus Italien heim auf die Augia. Mönche, Scholaren und Inselleute begrüßen die Heimkehrenden mit aufrichtiger Freude. Bald hält der Alltag Abt Berno wieder gefangen. Im ruhigen Gleichmaß von Freude und Leid, von Neuwerden und Abschiednehmen gehen Tage, Monate und Jahre auf der Insel dahin. Selten verläßt er in dieser Zeit die Reichenau. Er reist zu den Synoden und zu den Besitzungen auf dem Festland. Seine Beziehungen zu den Großen in Welt und Kirche beschränken sich im übrigen auf regen Briefwechsel. Kaiser Heinrich bleibt er in Treue verbunden und geizt nicht mit klugen Ratschlägen, wenn der Herrscher ihn darum bittet. Sein Denken und Tun gilt aber stets in erster Linie seiner Insel und ihren Menschen.

Am Neujahrstag des Jahres 1020 teilt er der Versammlung der Mönche mit: »In diesem Jahr wollen wir mit Gottes Hilfe damit beginnen, unserer Abtei ein würdiges Gotteshaus zu bereiten. Es wird Unserer Lieben Frau und dem heiligen Evangelisten Markus geweiht sein. Wie Ihr wißt, liebe Brüder, hat uns dieser Winter mit seinen Schneestürmen gezeigt, wie unsicher und durchlässig das geflickte Dach ist. Als vorgestern morsche Balken und eine ganze Schneelast in das Kirchenschiff stürzten, hatte erst kurz zuvor der letzte Beter den Raum verlassen. Das Unglück hätte zahlreiche Menschenleben gekostet, wenn es nur einige Minuten früher geschehen wäre. Nun dürfen wir nicht länger warten! Die Kosten für den Bau werden sehr hoch sein. Wir werden uns einschränken und Opfer bringen müssen. Der Gottesdienst wird für lange Zeit im unbeschädigten Teil der Kirche stattfinden. Zwischenzeitlich werden wir die Leutekirche St. Johann benutzen. Im Frühling reisen unsere Brüder Markulf und Frowin nach Aquileja. Sie fertigen dort die Baupläne für unser neues Westwerk an. Auf dem Rückweg besuchen sie unsere Besitzung Limonta am Comer See. Von dort dürfen wir einen großzügigen Tribut für unseren Bau erwarten.«

In der folgenden Rekreation der Mönche wird das Bauvorhaben lebhaft besprochen. Nach dem Unglück sind alle von seiner Notwendigkeit überzeugt. Nur einzelne Mönche, unter ihnen Ludger von Prüm, denken voller Unbehagen an die Opfer, die auf sie zukommen. Die zwölf ereignisreichsten Jahre auf der Augia haben an Ludgers Einstellung zu Abt Berno nichts geändert. Stets beurteilt er sein Tun überkritisch und legt an seine Worte die strengsten Maßstäbe an.

In leichtem Schneetreiben stehen Abt Berno und Bruder Rutbert vor dem beschädigten Gotteshaus. »Im Frühjahr, das heißt, sobald etwas milderes Wetter einsetzt, werden wir mit dem Abriß beginnen. Zunächst werden die Ruinen des Paradeises beseitigt.« »Sieht Euer neuer Plan kein Paradeis für unser Münster vor, Vater Abt?« »Mein Plan?« Der Abt lächelt. »Meinen Plan gibt es nur unbestimmt und skizzenhaft, bis unsere Brüder in Aquileja waren und die Baupläne mitbringen. Meine stümperhaften Versuche, einen Bauplan zu entwerfen, sind kläglich gescheitert.« Rutbert zögert nicht, ihm zuzustimmen. »Ja, Vater Abt, Ihr habt kein Zeichentalent. Darf ich Euch aber doch fragen, wie Ihr Euch unser neues Gotteshaus im Geiste vorstellt? Also, kein Paradeis ...«

Lautlos sinken die weißen Flocken nieder. Die beiden Mönche achten nicht darauf. Während Abt Berno das beschädigte

Romanischer Kruzifixus, Reichenau

Münster Mittelzell

Abend auf dem See

St. Georg

Gotteshaus vor Augen hat, entwirft er das neue. »Ja, kein Paradeis mehr«, wiederholt er bestätigend. »Neben dem hohen Turm, der dem Campanile von Aquileja ähnlich sein wird, führt rechts und links ein hochgewölbter Eingang, je eine Halle für sich, durch mächtige Portale in die Vorhalle des Westwerks. Die Halle soll von beträchtlicher Höhe sein und von kühnen Bogen getragen werden. Zum Hauptschiff hin öffnet sich die Kaiserloge, rechts und links über ihr grenzen Arkaden die Räume für unseren Knabenchor und die Michaelskapelle ab.« Eine Handbewegung verscheucht das Zukunftsbild. Abt Berno bürstet mit der Hand den Schnee von seiner Kutte, ehe er sich zur Abtei wendet. »Vorerst sind dies schöne Pläne, Visionen wie die des Mönchs Wetti.« »Aber hoffentlich erfüllbar und zeitlich näher als Wettis Visionen vom Weltende. Etwas habt Ihr bei all dem übersehen, Vater Abt«, sagt Prior Rutbert. Der Abt dreht sich um und sieht ihn fragend an. Dabei bemerkt er im scharfen Winterlicht erstmals die Falten und grauen Schläfen des jüngeren. »Rutbert altert sichtlich«, denkt er bestürzt. »Er ist mindestens zehn Jahre jünger als ich. Habe ich ihm zuviel zugemutet und mich zu sehr auf ihn gestützt?« Nun ist Bruder Rutbert fast verlegen. Behutsam meint er: »Vater Abt, Ihr habt doch gewiß für den Abriß und Baubeginn um Kaiser Heinrichs Erlaubnis nachgesucht? Der Kaiser weiß zwar, daß der Baubeginn bereits seit langem überfällig ist. Ihr habt auch vor Jahren in Speyer mit ihm darüber gesprochen und eine völlig vage Zusage erhalten. Sie dürfte aber kaum verbindlich sein. Ihr wißt, wie Kaiser Heinrich von Zeit zu Zeit betont, daß die Reichenau ihm persönlich unterstellt ist.« Unwillkürlich hebt Abt Berno erschrocken die Hände. »In meinem Eifer habe ich das ganz und gar vergessen! Wie gut, daß Ihr mir mit Rat und Tat zur Seite steht, lieber Bruder! Was sollte ich ohne

Euch machen? Ich danke euch und schreibe sofort einen Brief an unseren Kaiser.«
In seinem Schreiben erstattet Abt Berno dem Kaiser Bericht über den Unglücksfall und die erneute Beschädigung des Münsters. Dann bittet er ihn bescheiden darum, mit dem Abriß des Paradeises und des beschädigten Teiles der Kirche beginnen zu dürfen. Zugleich entbietet er dem Kaiser und seiner Gattin Kunigunde die Glückwünsche der Augia für das Jahr des Herrn 1020. »Bis das Wetter die Abreise des Boten zuläßt, lege ich den Brief wieder in die Hände Unserer Lieben Frau.« Aber Bruder Florian ist ihm zuvorgekommen. Er hat ein winterliches Gesteck aus Tannen- und Eibenzweigen und Ilex in die Hände Mariens gelegt. »Der gute Florian«, murmelt Abt Berno vor sich hin. »Ihm haben Mariens leere Hände seit langem mißfallen. Nun hat er gehandelt.« Der Abt empfindet echte Ehrfurcht vor den bescheidensten Diensten seiner Mitbrüder, und er läßt das Gesteck an seinem Platz. Er legt den versiegelten Brief beiseite. Seine Hände ruhen müde und müßig auf der Tischplatte. Von dem roten Stein im Ring des Kaisers zieht sich eine breite, blaßrote Narbe über den ganzen Handrücken hin. »Ein Ehrenmal von der Augia. Gottlob, die alte Gundel lebt immer noch und geht mit dem Infirmar ihrer segensreichen Arbeit nach.« Langsam wendet er seine Hände. Die Handflächen sind glatter und weicher geworden. »Ich habe wieder viel Zeit beim Studium, beim Schreiben und Komponieren verbracht. Ist das richtig so? Lade ich Bruder Rutbert nicht zuviel auf? Verlasse ich mich nicht zu ausschließlich auf ihn?« Es wird dunkel im Gemach. Der Abt zündet eine Kerze an, setzt sich wieder hin und legt die offenen Hände auf den Tisch. »Was soll ich ohne Euch nur machen?« hat er zum Prior gerade eben gesagt. »Ja, ich habe mich zu sehr auf ihn gestützt und meine Hilfe bei ihm ge-

sucht. Zwischen uns besteht eine echte Freundschaft in Christo. Das ist ganz gewiß. Aber wenn sie mir den Blick auf den Herrn verstellt, wenn ich sie halten will, ist es an der Zeit, meine Hände wieder freizumachen. Was soll ich tun? Ich kann nicht von der Insel fortgehen, nicht resignieren. Das würde mir Kaiser Heinrich nicht erlauben. Darum muß ich meinen lieben Bruder Rutbert fortsenden und ihm die Heimat auf der Insel nehmen.« Der Abt fühlt den Schmerz, den er dem Bruder und sich selbst damit bereiten muß, aber er weiß, daß der Entschluß von Gott geschenkt wurde. »Herr, Du willst leere Hände. Ich will es tun. Du forderst viel von meinem Bruder Rutbert und von mir.«

Im Frühjahr brechen die Mönche Markulf und Frowin zu ihrer großen Reise nach Aquileja auf. Abt Berno und Prior Rutbert begleiten sie bis Konstanz. Auf dem Rückweg trägt der gleiche Kahn Abt und Prior an der Augia vorbei in den Zeller See. Schweigend sieht Bruder Rutbert die Insel vorbeiziehen. Die Insel wird kleiner und ferner und von den Büschen und Bäumen der Halbinsel Mettnau verdeckt. Der Kahn stößt an das Ufer von Radolfzell. Mönche aus dem Tochterkloster Schienen warten dort mit einem ledigen Pferd auf ihren neuen Prior. Den beiden Freunden fällt es schwer, voneinander Abschied zu nehmen. Gerade darum finden sie kaum ein Wort. Bruder Rutbert kniet auf dem kiesigen Ufer nieder und bittet den Abt um seinen Segen. Abt Berno erfüllt diesen Wunsch mit großem Ernst. Dann hebt er Rutbert auf und reicht ihm mit festem Druck die Hand. »Unser Herr möge Euch all das lohnen, was Ihr für mich getan habt in Gorze, in Prüm und vor allem auf der Reichenau! Ich werde dankbaren Herzens täglich für Euch beten und Gott bitten, Eure Arbeit in Schienen zu segnen!« Bruder Rutbert sagt nur ein Wort, das all das ausdrückt, was er empfindet: »Vater!«

Der Abt wendet sich rasch ab und steigt in den Kahn. Er rudert davon, ohne sich noch einmal umzusehen. Der Prior von Schienen sieht ihm lange nach.
Abt Berno schlägt Magister Burkhard für das Amt des Priors auf der Reichenau vor. Er findet fast einmütige Zustimmung. Bruder Burkhard ist ein unerschrockener, sachlicher, wenn auch etwas wortkarger Arbeiter im Weinberg des Herrn. Er ist seinen Brüdern und den Inselleuten ehrlich zugetan. Er wird seinen Weg mit größerer Ruhe gehen als Bruder Rutbert, aber er steht in gleicher Treue zu Abt Berno.
Ostern 1020 dankt der Abt Kaiser Heinrich für die Erlaubnis zum Münsterbau. Er trifft ihn bei den Feierlichkeiten in Bamberg. Papst Benedikt VIII. weiht dort das Lieblingswerk des Herrscherpaares, das Stift St. Stephan, ein. Im hohen Dom zu Bamberg feiert der Papst die festliche Ostermesse. Zu seinen Ministranten gehört mit anderen geistlichen Würdenträgern auch der Abt der Reichenau. Es hält ihn nicht lange in Bamberg. Nach wenigen Tagen tritt er die Heimreise an. Auf der Reichenau läßt er mit dem Abriß des Paradeises beginnen. Er ist dem Werk so verbunden, daß er von Anbeginn mit Hand anlegen muß. Wieder einmal zieht er seine alte Kutte an. Ludovico aus Trastevere, der inzwischen zu einem jungen Mann herangewachsen ist, bringt ihm im Auftrag des Priors ein Schreiben an die Baustelle. Mit staubigen Händen nimmt der Abt das feine Pergament entgegen. »Will mich Kaiser Heinrich erneut überraschen?« Um die Arbeiter nicht zu behindern, geht er zur Seite, wendet das Schreiben um und betrachtet das Siegel. Ein Schrecken durchfährt ihn, als er das Wappen erkennt: drei Hirschstangen. Der Brief kommt aus Altshausen. Will Graf Wolfrad wieder Ärger bereiten durch neue Gebietsforderungen? Seit Jahren hat er sich ruhig verhalten, aber es ist ihm dennoch zuzutrauen. »Ist der Bote

noch auf der Insel, Vico?« fragt der Abt. Der Scholar verneint. »Er fuhr sofort davon. Der Bruder Prior läßt Euch sagen, der Bote solle keine Antwort mitbringen.« Keine Antwort? Wahrscheinlich eine Forderung, die der Graf stellt, ohne eine Stellungnahme der Abtei zuzulassen. Entschlossen erbricht Berno das Siegel und entfaltet das Schreiben. Wieder hat der Burgkaplan die Zeilen niedergeschrieben. Der Herr von Altshausen ist des Schreibens unkundig. Er kann nur mit Mühe die Schnörkel seines Namens zeichnen. »Hochverehrter und wohlehrwürdiger Herr Vater Abt Berno«, beginnt das Schreiben. Berno vermeint beinahe, das spöttische Lächeln des Grafen zu sehen, mit dem er die Anrede diktiert hat. Wolfrad verehrt den Abt nicht und hält ihn nicht für ehrwürdig. Erneut liest Berno die Anrede. Dann liest er weiter: »Da mir berichtet ward, welch guter Vater Ihr für die von mir so hochgeschätzte Abtei geworden seid ...« Das Lob aus diesem Munde schmeckt bitter. »Und da man Wunderdinge über die vortreffliche Betreuung der Scholaren in Eurer nunmehr wieder angesehenen Klosterschule erzählt, möchte ich Euch meinen Sohn Hermann anvertrauen.« Wenn es weiter nichts ist, kann Abt Berno aufatmen. »Hermann, nunmehr sieben Jahre alt, hat eine rätselhafte Krankheit, gegen die keine Arzenei etwas vermag. Er wurde jäh von einer Lähmung befallen. Wahrscheinlich wird er lebenslang siech bleiben. Darum habe ich nach gründlicher Konsultation mit den Ärzten beschlossen, genannten Hermann in die Obhut der Abtei Maria von der Au zu geben, in der Erwartung, daß man dort etwas mit einem Siechen anfangen kann. Bei unserem Leben in Burg Altshausen sind dagegen nur ritterliche Fähigkeiten gefragt. Daran wird er nie beteiligt sein. Für den Unterhalt des genannten Hermann werden der Abtei ausreichend Liegenschaften überschrieben, unter anderem die Meierhöfe zu Eberstein und zu Isny.« Dem Abt steigt das Blut zu Kopf. Unwillkürlich zerknittert seine Rechte zornig das Pergament. Eberstein will er übergeben, das Gut, das er sich widerrechtlich aus dem Besitz der Abtei angeeignet hat! Dann glättet Berno das Schriftstück und liest weiter: »Die Übergabe des Hermann wird etwa Mitte September Anno Domini 1020 stattfinden und als Werk der Barmherzigkeit Eurer Zustimmung gewiß sein. Als ein solches kann es den ruhmreichen Annalen der Abtei zu weiterem Ruhm gereichen.« Die Buchstaben verschwimmen vor dem Blick des Abtes. Graf Wolfrad erwähnt die Mutter, Frau Hiltrud, mit keinem Wort. Sie muß ihr krankes Kind einfach abgeben. Wie zynisch ist der Appell an seine Barmherzigkeit!

Abt Berno begibt sich zum Prior, so wie er ist, verstaubt, erregt, das zerknitterte Schreiben in der Hand. »Bitte, lest das, Bruder Burkhard! Dann sagt mir, ob unsere Abtei sich einer solchen Forderung beugen muß! Wir haben kein Siechenhaus und müssen für unsere alten und kranken Mönche und Reichenauer Sorge tragen. Ein krankes Kind gehört zu seiner Mutter.« Er weiß aus eigener Erfahrung, wie gut Frau Hiltrud zu pflegen versteht. Während der Prior den Brief liest, geht Berno unruhig auf und ab. »Was sollen wir tun, Prior Burkhard? Lehnen wir das Begehren des Altshauseners ab, wird das neue Repressalien zur Folge haben. Er wird sich auch nicht scheuen, eine Zurückweisung die Mutter und das Kind entgelten zu lassen. Dennoch ist die Art, wie er Barmherzigkeit von uns fordert, eine Erpressung.« Der sonst so besonnene Prior Burkhard ist erregt. »Es ist eine besondere Dreistigkeit, uns das Gut anzubieten, das er uns vor Jahren geraubt hat! Wahrlich, der Altshausener würde eine harte Antwort und ein schroffes Nein verdienen, aber unsere Hände sind gebunden. Sie sind es auch in bezug auf den Kaiser. Ihr wißt, welch bedeutende Rolle der Herr des Eritgaus bei Kaiser Heinrich spielt.« Wieder geht der Abt auf und ab. Er ringt mit sich und sagt schließlich: »Dann handelt es sich bei diesem Hermann eigentlich um die Augia, nicht wahr?« »Ja, die Abtei und Hermann von Altshausen, sie gehören zusammen wie Christus und die Werke der Barmherzigkeit«, meint Prior Burkhard hellsichtig. »So soll es sein! Aber ich schreibe ihm nicht. Ich sende ihm einen Boten, einen der älteren Scholaren. Er kann sich in Altshausen mit Hermann vertraut machen. Was meint Ihr dazu?« »Das ist ein guter Plan, Vater Abt. Einem Knecht würde man den Zutritt zum Grafensohn verweigern, der einem Scholaren gewährt wird.« Ein Lächeln entspannt das Antlitz des Abtes. Er schmunzelt. »Wir senden Vico von Trastevere. Er stammt schließlich aus dem römischen ›Hochadel‹.« Der Abt findet den jungen Mann auf der Baustelle. Er ist nun ebenso staubbedeckt wie sein Abt. »Vico, würdest du mir einen großen Gefallen erweisen?« bittet der Abt. Er kleidet seine Befehle stets in die Form einer Bitte. Er gibt dem aufmerksam Lauschenden die notwendigen Erklärungen und beschreibt ihm den Weg nach Altshausen. Behutsam erzählt er ihm von dem mächtigen und unberechenbaren Grafen, von der gütigen Frau Hiltrud und dem Kind Hermann. »Der Bub ist irgendwie gelähmt. Genaueres hat uns sein Vater nicht geschrieben. Nimm dich seiner an und bleibe bei ihm, wenn man es in Altshausen wünscht, bis man ihn zur Abtei bringt!« Vico dankt dem Abt für den Auftrag und will sich sogleich für die Reise rüsten. Abt Berno ruft ihn noch einmal zurück: »Herr Wolfrad ist sehr adelsstolz. Erzähle ihm nichts von deiner Herkunft. Er würde dich sonst schlecht behandeln.« Impulsiv ruft Vico aus: »Seit Ihr mich in Trastevere von der Straße aufgehoben habt, seid Ihr mir Vater, Herr Berno!« »So geh' mit Gott, mein Sohn!«

Abt Berno begibt sich in seine Zelle und entfernt die Tonschale mit den bunten Frühlingsblumen aus den Händen der hölzernen Marienstatue. Er legt den Brief des Altshauseners an ihre Stelle. »Es muß so sein, guter Bruder Florian. Unsere Liebe Frau muß meine Schwierigkeiten in ihre Hände nehmen.«

Frühling und Sommer gehen rasch dahin mit den anfallenden Arbeiten in Feld und Garten, in der Abtei und beim Abriß der beschädigten Kirchengebäude. In ruhigen Stunden denkt Abt Berno an Vico und an das Kind Hermann. Er weiß nur, daß der Scholar die Burg gut erreicht hat.

Am Morgen des 15. September, es ist einer der hellen Herbsttage unter dem tiefblauen hohen Himmel, kommt der Bruder Pförtner beim kargen Morgenmahl der Mönche in das Refektor und flüstert dem Abt zu: »Eben traf ein Bote ein. Er läßt Euch bestellen, daß Graf Wolfrad und seine Gattin mit ihrem Sohn bald an der Herrenbruck landen werden.« Leise verläßt der Abt das Refektor, ohne sein Mahl zu beenden. Er weist den Pförtner an, den Knecht reichlich zu bewirten. Dann verläßt er die Abtei und begibt sich allein zur Herrenbruck. Er hält sich sehr gerade und macht ein undurchdringliches Gesicht. Zwölf lange Jahre schrumpfen zu einem Nichts zusammen. Sie werden zu einem einzigen Augenblick. Damals kniete Frau Hiltrud vor ihm und bat um seinen priesterlichen Segen. Zwölf Jahre... und heute ein Wiedersehen auf der Insel? »Eigentlich müßte ich ihr zu Ehren meine alte Kutte tragen«, denkt er unwillkürlich und schüttelt über sich selbst den Kopf. »Herr, verzeihe meine Torheit! Manchmal bin ich wie ein Kind.« Regungslos steht er auf der Herrenbruck und beobachtet, wie der große Kahn näherkommt. Bald erkennt er Vico. Der Scholar sitzt neben Frau Hiltrud. Sie trägt ein lichtblaues Gewand und hält ein schmächtiges Kind auf ihrem

Schoß. Am Bug des Kahnes sitzt der Graf, breitschultrig und grüngewandet. Lichtblau und Grün... Der Gegensatz der beiden Farben schmerzt, zumal das Blau des Sees und des Himmels und die bunten Blätter an den Büschen und Bäumen die Farbpalette vervollständigen. Alles, was Graf Wolfrad tut, ist zu laut und zu mächtig, auch wenn er nur die Farbe seines Gewandes wählt.

Die Ruderer treiben den Kahn zur Herrenbruck. Abt Berno reicht dem Grafen die Hand, um ihm beim Aussteigen behilflich zu sein. Einen Augenblick lang stehen die beiden Männer auf der Herrenbruck einander gegenüber. Sie sehen sich schweigend, wie abschätzend an, der Graf und der ihn mindestens um zwei Handbreit überragende Abt. »Die Reichenau heißt Euch durch mich willkommen, Graf Wolfrad«, sagt der Abt höflich und beugt sich nieder, um Frau Hiltrud behilflich zu sein. Sie zögert ganz kurz und legt dann das Kind in Vicos Arme. Ihre Hand zittert ein wenig, als der Abt ihr auf die Herrenbruck hilft. Er verneigt sich vor ihr. »Herzlich willkommen auf der Insel, Frau Hiltrud!« Sie möchte ihm antworten, aber Graf Wolfrad mischt sich ein. »Wir sind so spät gekommen, weil Hermann zu krank zum Reisen war.« Seine Worte sind von einer geringschätzigen Geste begleitet. Er hat keinen Blick für das Kind in Vicos Armen. Abt Berno bemerkt den Schmerz im Antlitz der Mutter. Er nimmt das Kind in seine Arme. Hermann sieht ihn an mit den leuchtendblauen Augen der Frau Hiltrud. Er hat ihre feinen Gesichtszüge geerbt und die Fülle blonden Haares. »Willkommen bei uns, lieber Hermann«, sagt er leise. »Welch ein reizendes Bild, wenn Ihr wie weiland der Nährvater Jesu ein Kind auf den Armen tragt, Vater Abt. Es steht euch wirklich gut«, spottet Graf Wolfrad. »Noch ist nichts entschieden, Graf Wolfrad. Euer Begehren ist zumindest ungewöhnlich«, wehrt Berno ab.

Er weiß innerlich, daß er Hermann in der Abtei behalten will. »Würdet Ihr dies wirklich meiner edlen Gattin antun und uns abweisen, Herr Abt?« fragt der Graf betroffen. Frau Hiltrud wird ungewohnt heftig. »Ihr wißt ganz genau, daß ich Hermann bei mir behalten möchte und sonst nichts!« »Und Ihr, edle Fraue, wißt, daß dies unmöglich ist. Ihr habt als Herrin unseres Hauses und Mutter gesunder Kinder genügend Pflichten. Schlägt mir der hohe Herr der Reichenau meine bescheidene Bitte ab, muß ich zu meinem Bedauern Hermann einem Hörigen zur Pflege geben. Auf keinen Fall bleibt er in der Burg!« Abt Berno fühlt, wie das Kind bei den grausamen Worten des eigenen Vaters zusammenzuckt. Helle Tränen laufen ihm lautlos über die schmalen Wangen. Unwillkürlich nimmt Berno das Kind fester in die Arme, als müsse er es vor seinem Vater schützen. Er wagt nicht, Frau Hiltrud anzuschauen. Beim Gästehaus wendet er sich ihr zu. »Darf Vico, der Hermann vertraut ist, für ihn sorgen, während wir gemeinsam überlegen, was zu seinem Besten ist?« Bereitwillig gibt die Mutter ihre Zustimmung. Danach ist Abt Berno nur der aufmerksame Gastgeber, der seinen Gästen reiche Erfrischungen auftragen läßt und sich höflich um sie bemüht. »Übrigens ein ausgezeichneter Mensch, dieser junge Adelige aus Rom, bestimmt viel zu schade für das Klosterleben«, meint Graf Wolfrad kauend. »Ludovico von Trastevere wird kaum ins Kloster gehen. Ich stelle es ihm frei wie allen Scholaren«, antwortet der Abt. Wenn Graf Wolfrad wüßte, wie es um Vicos »Adel« bestellt ist! Der Graf nimmt einen kräftigen Schluck aus seinem Becher und fragt: »Ist das Reichenauer Wein? Ein guter Jahrgang! Ich glaube fast, Ihr versteht zu leben. Mit dem Münsterbau habt ihr auch schon angefangen...« »Darüber kann man geteilter Meinung sein, Graf Wolfrad. Der Brand liegt mittlerweile vierzehn Jahre zurück, und wir haben erst mit dem Abriß des beschädigten Teiles begonnen.« Lauernd verengen sich die grauen Augen des Altshauseners. »Und woher nehmt Ihr das Geld zum Neubau des Münsters?« »Dafür wird Gott sorgen. Wir rechnen mit einer Bauzeit von Jahrzehnten.« Wieder nimmt der Graf einen Schluck aus dem Becher. »Ihr überlaßt dem Herrgott reichlich viel«, lacht er geringschätzig. »Alles, Graf Wolfrad, einfach alles!« Das ist eine Antwort, auf die er nichts erwidern kann. Der Abt wendet sich an Gräfin Hiltrud: »Darf ich um die Art der Krankheit wissen, die Euren Sohn befallen hat?« Sie sieht ihm in die Augen. Ihr feines Antlitz ist von Schmerz und Leid geprägt. »Hermann war ein kerngesundes Kind. Der Bub tobte mit seinem Bruder Wolfrad und seiner Schwester Irmingard um die Wette. Nach dem Tod der geliebten Großeltern kam ihm der Gedanke, sie im Himmel zu besuchen. Er wollte dort in den Himmel schlüpfen, wo dieser scheinbar an die Erde grenzt. Um den Eingang zum Himmel zu finden, lief er einige Male von der Burg fort. Am Abend seiner letzten Himmelssuche plauderte er wie gewöhnlich mit mir. Am nächsten Tag war er gelähmt.« Graf Wolfrad hat finster dem Bericht seiner Gattin gelauscht. Jetzt meldet er sich wieder zu Wort: »Wir ließen alle möglichen Ärzte kommen. Es wollte und wollte nicht besser mit ihm werden. Darum habe ich beschlossen, ihn zur Augia zu bringen.« Die herrische Art des Grafen möchte Abt Berno veranlassen, seine Gegengründe anzuführen. Nach einem Blick in das hilflos flehende Gesicht der Mutter sagt er: »Ich rufe jetzt den Bruder Oekonom, der die wirtschaftlichen Fragen mit Euch klären wird, Herr Graf.« Er erhebt sich. »Wollt Ihr derweil nach Eurem Sohn sehen, Frau Hiltrud? Hermann und Vico sind gleich nebenan.« Vor dem Abt verläßt Frau Hiltrud das Gemach. In dem kleinen Vorflur wendet sie sich ihm hastig zu und fleht: »Herr Berno, behaltet Hermann hier und habt ihn lieb! Von allen Menschen möchte ich ihn nur Euch anvertrauen. Er ist das Kind meines Herzens.« Dann tritt sie rasch in das Nebengemach.

Der Bruder Oekonom erweist sich als kluger, zäher Verhandlungspartner. Prior Burkhard unterstützt ihn in seiner sachlichen Art. Abt Berno hört schweigend zu. Er würde Hermann jetzt auch ohne Entgelt auf der Augia behalten. Nach erregter Widerrede gibt sich Graf Wolfrad endlich geschlagen. Er überschreibt der Abtei Eberstein und Isny und zudem zwei weitere Liegenschaften. »Und was geschieht, wenn sich das Befinden Hermanns wider alles Erwarten bessern sollte?« erkundigt er sich listig. »Dann kann er frei hinziehen, wohin er will. Er erhält von seiner Mitgift das zurück, was nicht zuvor für seinen Unterhalt verbraucht worden ist«, antwortet Abt Berno kühl. Graf Wolfrad leert den dritten Becher Wein. »Nun, wer kann wissen, ob Euch bei diesem Kind nicht ein Wunder gelingt, Vater Abt! Man hört allenthalben große Dinge über Euch. Zur Zeit ist dieser Hermann kraftlos wie ein Bündel Kleider und zu nichts nutze. Später mag er zum Mönch taugen, denn er hat einen hellen Kopf.« Wieder verzichtet Abt Berno der Frau Hiltrud zuliebe auf eine scharfe Entgegnung. Ihr zuliebe entscheidet er mit fester Stimme: »Graf Wolfrad, im Namen der Abtei Maria von der Au will ich Euren Sohn Hermann als Oblatio dem Herrn weihen. Ich nehme die Weihe nur unter der Bedingung vor, daß Hermann sich später frei entscheiden und die Weihe aus eigenem Entschluß widerrufen kann. Bruder Prior, holt bitte Frau Hiltrud, Hermann und Vico. Für den Weiheakt begeben wir uns in die Kirche. Sorgt, daß die Abrißarbeiten vorübergehend eingestellt werden!«

Sie betreten den Kirchenraum durch eine niedrige Seitenpforte. In der Kirche nimmt Frau Hiltrud das Kind aus Vicos Armen. Sie bittet: »Ich möchte Hermann allein zum Altar tragen!« Mit schweigender Ehrfurcht sehen die Männer, der Abt, der Prior, Vico und die Bauarbeiter, wie die Mutter unter der Last des gelähmten Kindes, das sie getragen und geboren hat, leicht schwankend durch das lange Kirchenschiff bis zum Hochaltar geht. Das Köpfchen des Kindes ruht auf der Schulter der Mutter. Keiner der Männer wagt, sie zu stützen. Selbst dem Altshausener steigt es heiß in die Augen bei diesem mühsamen Weg der Frau Hiltrud. Ahnt er wenigstens etwas von der Größe ihrer Liebe? Am Altar betet Frau Hiltrud laut, wenn auch mit zitternder Stimme: »Herr Jesus Christus, Dir und Deiner lieben Mutter vertraue ich dies Kind meines Herzens an! Fortan wird es Euch in ganz besonderer Weise gehören. Helft Ihr meinem Hermann und macht ihn zu einem guten Menschen!« Dann legt sie das Kind in die Arme des Abtes und sagt: »Herr Berno, hütet mein Kind. Seid ihm Vater! Gott allein weiß, was mich diese Stunde kostet.« Mit dem gelähmten Kind, das kraftlos wie ein Bündel in seinen Armen ruht, kniet Abt Berno auf den Stufen des Altares. Er fühlt sich klein vor Gott und ohnmächtig angesichts der Not einer Mutter. Er weiß um seine leeren Hände, um seine Hilflosigkeit. Selten ist er sich seiner engen Grenzen so klar bewußt gewesen. Und darum gibt er die beiden Menschen, Mutter und Kind, und sich selbst bedingungslos in Gottes Hände.

LEVI

Die Gäste aus Altshausen verbringen einige Tage auf der Insel, ehe sie die Rückreise antreten. Abt Berno hat sie herzlich dazu eingeladen, weil er weiß, was jeder Tag mit ihrem Sohn Hermann für Frau Hiltrud bedeutet. Prior Burkhard führt Graf Wolfrad über die Insel und macht ihn mit allen Neuerungen und Fortschritten bekannt. Seine ruhige, sachliche Art, die nichts beschönigt, aber auch nichts Gutes unerwähnt läßt, beeindruckt den Grafen. Wolfrad hat die Insel zuletzt zur Zeit des Abtes Immo gesehen und mit Entsetzen die Verwahrlosung der Gebäude, Äcker und Weingärten bemerkt. Nun kann er nicht umhin, die Veränderungen anzuerkennen. »Die Reichenau ist wieder ein geordnetes Gemeinwesen«, stimmt er mit widerwilliger Miene zu. »Euer Abt Berno ist wirklich ein fähiger Mensch.« Der Prior denkt kurz nach, dann meint er: »Fähig ist Abt Berno zweifellos, aber er ist mehr . . . er ist der Vater der Seinen.« Bruder Burkhard lächelt innerlich über die Gefühlsregungen, die sich im Gesicht des Grafen widerspiegeln – Staunen, Ablehnung und Trotz – wie bei einem unerzogenen Scholaren. Leider hat es Graf Wolfrad in seiner langen Regierungszeit nie vermocht, seinen Untertanen väterlich zu begegnen. »Ihr werdet Eure Freude an unserem morgigen Gottesdienst haben, Graf Wolfrad, denn alle Gesänge, die unser Chor zu Gehör bringt, hat unser Vater Abt verfaßt.« Hat Graf Wolfrad seine Worte nicht gehört? Scheinbar interessiert begutachtet er im Holzschuppen den reichen Vorrat an Brennholz für den Winter, der dort säuberlich aufgeschichtet ist. Schließlich brummt er geringschätzig: »Für so etwas findet Euer Abt auch noch Zeit?« Der Prior schmunzelt. »Abt Berno komponiert in der letzten Zeit oft und gern. Wir verdanken ihm eine echte Bereicherung unseres Gottesdienstes. Außerdem arbeitet er an musiktheoretischen Schriften. So stellte er kürzlich für unsere Schule die Schrift ›De consona et tonorum varietate‹ her und ist dabei, sein Werk ›De instrumentis musicalibus‹ zu beenden. Seine Hymnen verschönern unsere Kirchenfeste...« Ärgerlich wehrt der Ritter die Aufzählung ihm unverständlicher lateinischer Texte und Gesänge ab. »Genug, Herr Prior. Ich weiß seit langem, daß Euer Vater Abt ein vielseitiger und begabter Mann ist. Warum hat ihn Kaiser Heinrich nicht zum Nachfolger des Erzbischofs Willigis gemacht und zum Kanzler des Reiches ernannt? Seinerzeit war am Hof öfter davon die Rede.« Jetzt strahlt das meist ernste Gesicht des Bruders Burkhard förmlich auf. Seine innere Freude bricht sich Bahn. »Kaiser Heinrich hat ihm die Würde angetragen, aber Abt Berno hat sie zurückgewiesen.« Der Altshausener bleibt stehen und starrt den Mönch mit offenem Mund an. »Zurückgewiesen, einfach zurückgewiesen? Dem Kaiser ein Nein gesagt? Das hat Abt Berno gewagt?« Der Prior nickt bestätigend und sagt: »Herr Heinrich ließ sich von ihm überzeugen, daß die Reichenau für ihn der gottgewollte Platz ist.« Nun schweigt Herr Wolfrad. Er ist noch mehr beeindruckt. Die beiden Männer setzen ihren Rundgang über die Insel fort.

In der gleichen Zeit geht Frau Hiltrud mit ihrem Sohn Hermann am Ufer des Gnadensees entlang. Fürsorglich hat Abt Berno ihr zwei Gehilfen gegeben, die abwechselnd das gelähmte Kind tragen. Er hat dafür den jungen Mönch Wipold und den Scholaren Vico ausgewählt. In weiser Zurückhaltung hat er darauf verzichtet, Frau Hiltrud und ihrem Sohn selbst diesen Dienst zu erweisen. Wipold erzählt lebhaft und anschaulich von den schweren Anfängen auf der Reichenau. »Und dabei war unser Abt, als er hier eintraf, eigentlich viel zu geschwächt nach dem langen Krankenlager. Ihr hättet sehen sollen, wie er dennoch sofort mit dem Aufräumen auf der Augia deserta begonnen hat!« Er berichtet von der Säuberung der Kirche und der Klosterräume, vom Pirmin-Brunnen, von der Fürsorge für die Armen, vom Verleihen des Ringes... Längst sitzen sie auf einer Bank am See. Frau Hiltrud hält Hermann auf dem Schoß. Das Kind verfolgt aufmerksam das Gespräch. Hermann horcht noch mehr auf, als Vico die römischen Erlebnisse des Abtes berichtet. »Dann bist du gar nicht von Adel, Vico?« wirft Frau Hiltrud lächelnd ein. »Sagt das bitte nicht Herrn Wolfrad, sonst macht der Graf unserem Vater wieder neue Schwierigkeiten.« Rasch fällt Frau Hiltrud ein: »Hat Graf Wolfrad ihm denn schon einmal Schwierigkeiten bereitet?« Die beiden jungen Männer blicken sich verlegen an. Was sollen sie antworten? Offensichtlich hat Frau Hiltrud nichts von dem Überfall auf Eberstein gehört. »Laßt mich alles wissen!« bittet sie eindringlich. Da geben die beiden nach und erzählen von dem Überfall auf das Gut der Abtei. Sie wagen es nicht, der Gräfin dabei ins Antlitz zu schauen. Fast krampfhaft richten sie ihre Blicke auf den glatten Wasserspiegel des Gnadensees, als gäbe es dort außer Wasservögeln etwas ganz Besonderes zu sehen. So entgeht ihnen, daß Frau Hiltrud erblaßt und ein Ausdruck übergroßen Schmerzes in ihre Augen tritt. »Nun bekommen wir den Meierhof als Mitgift Hermanns wieder zurück«, meint Bruder Wipold abschließend. »Damit ist getanes Unrecht nicht aus der Welt geschafft«, meint Frau Hiltrud leise. »Euer Abt ist ein edler Mann, daß er trotz allem Hermann aufnimmt.« »Er wird ihn wie seinen Sohn behandeln«, versichert Vico lebhaft. Er hat es an sich selbst erfahren dürfen, wie groß die Menschenliebe des Abtes ist. »Wie einen Sohn«, wiederholt Frau Hiltrud und legt die Arme fester um das Kind. Nach einer Weile nimmt Bruder Wipold den Bericht wieder auf und endet mit der Sorge um den Münsterbau. »Wenn wir wirtschaftlich bessergestellt wären, könnte mehr geschehen. Manchmal muß ich bei Abt Berno an einen kühnen Adler denken, dessen Schwingen gestutzt sind. Er könnte sich in andere Höhen erheben, wenn die Abtei nicht arm wäre.« Frau Hiltrud streicht über das Blondhaar ihres Sohnes und zeigt dem Kind eine Bläßhuhnfamilie zwischen dem Röhricht. Dann sieht sie den Mönch voll an. »Ob Euer Vater Abt es anders haben will? Letztlich ist es Gott, Der ihm die Grenzen zieht. Ich glaube, daß er Ihm sehr nahe ist.« Ist es zuviel an Vertrauen? Wipold muß der Burgherrin, die sie vor Jahren so gütig aufgenommen und den Abt gepflegt hat, auch vom Kreuz des Willigis erzählen und von der Statue Unserer Lieben Frau mit den leeren Händen. »In die Hände der Mutter legt unser Abt Freude und Leid.« Ein mütterliches Lächeln verschönert die leidgezeichneten, feinen Züge der Frau Hiltrud. Sie beugt sich nieder und legt ihre Wange an die ihres Kindes. »Hermann, so hast du hier auf der Insel auch immer eine Mutter. Abt Berno wird dich zu ihr führen.« In der Stunde des Abschieds bricht der Trennungsschmerz sich bei Mutter und Sohn rückhaltlos Bahn. Frau Hiltrud wird von wehem Schluchzen geschüttelt, als sie in den Kahn steigt. Dem Gelähmten in Vicos Arm laufen wieder lautlos Tränen über die schmalen Wangen. Abt Berno findet keine Worte. Stumm verneigt er sich vor der armen Mutter. Mit ungewöhnlichem Zartgefühl verzichtet auch der Graf auf jedes Wort. Er reicht dem Abt die Hand, drückt sie fest und fährt

unbeholfen über die blonden Locken des Sohnes. Der Kahn löst sich vom Ufer. Bis die Ferne ihn aufnimmt, bleiben die vier Menschen auf der Herrenbruck, Abt Berno, Bruder Wipold und Vico mit dem Kind Hermann. Schweigend kehren sie in die Abtei zurück.
Auf Abt Bernos Geheiß bemühen sich Wipold und Vico auch weiterhin um den Siechen. Sie trösten ihn, versuchen ihn aufzumuntern, waschen, kleiden, füttern und betten ihn. Die Augen des armen Kindes verraten, was in ihm vorgeht. Das Heimweh nach der Mutter zehrt an seinen geringen Kräften.
Die goldene Oktobersonne schenkt den prallen Trauben in den Rebgärten der Abtei letzte Süße. Die Blumen blühen in üppiger Fülle. Rosen duften im Klostergarten. Die Fischer bringen reiche Fänge heim. Überall ist Leben in praller Fülle spürbar. Aber das Leben des Gelähmten scheint täglich abzunehmen. Er verweigert die Nahrungsaufnahme und wird zunehmend magerer und blasser. Ein hartnäckiger Husten quält den kleinen Körper und läßt ihn nachts nicht zur Ruhe kommen. Hohes Fieber stellt sich ein und widersteht allen Versuchen, die der besorgte Infirmar auf Geheiß der Kräuterfrau unternimmt. Abt Berno läßt den Arzt des Bischofs von Konstanz herbeiholen. Lange untersucht er in Gegenwart des Abtes den mageren, fieberheißen Körper des Kindes, das zwischendurch von krampfartigem Husten geschüttelt wird. Dann verlassen die beiden Männer die Krankenzelle. Achselzuckend meint der Medicus: »Ein schwerer Fall von Pneumonia. Der Junge hat nichts zuzusetzen. Es ist sehr fraglich, ob er die Krankheit übersteht. Außerdem wäre es für ihn wohl das Beste, wenn er sterben würde bei der Behinderung.« Vergeblich wartet der Arzt auf zustimmende Worte des Abtes. Herr Berno übergibt ihn dem Bruder Pförtner zur weite-

ren Betreuung, verabschiedet sich kurz und eilt zur Krankenzelle. Wider alle nüchternen Vernunftgründe weiß er, daß Hermann nicht sterben darf und nicht sterben wird. Er schaltet sich in den Kampf um das Leben des Kindes ein. Die alte Gundel wird herbeigerufen. »Wir geben das Kind nicht auf, Vater Abt«, versichert sie ihm. »Wir müssen nur mit aller Kraft den Kampf um sein Leben aufnehmen. Allein kann ich das nicht schaffen.« »Darf ich dir helfen, Gundel?« Die weisen Augen der alten Kräuterfrau sehen ihn verstehend an. »Ja, Abt Berno, Ihr helft mir und Bruder Wipold und Vico. Es ist wichtig, daß Hermann, wenn er wach ist, in das Gesicht eines Menschen sieht, dem er vertraut.« Gundel übernimmt in ihrer ruhigen Art die Behandlung des Kranken. Eigentlich ist nichts Geheimnisvolles an ihren Tees, Tränken und Mixturen. Die Hauptmedizin besteht aus dem Saft des schwarzen Rettichs, den sie mit Honig vermischt. Das Getränk schmeckt scheußlich, und es bedarf ihres liebevollen Zuredens, bis Hermann es schluckt. Als das Fieber zurückgeht, stellen sich bei dem bisher durch die Lähmung regungslosen Kind Krämpfe ein. Hermann beginnt, sich hin und her zu wälzen und zu zucken. »Ist das am Ende der Veitstanz«, argwöhnt Ekkehard, in dem sich erneut Eifersucht regt, weil Gundel die Hauptperson in der Krankenzelle geworden ist. Abt Berno rügt ihn mit ungewohnter Schärfe: »Sollte ich das Gerücht hören, Hermann wäre besessen, so kenne ich seinen Urheber. Hütet Euch, solches zu verbreiten!« Abwechselnd mit Gundel, Vico und Wipold wacht Abt Berno am Lager des Kindes. »Nun kann ich Euch endlich in der Tat dafür danken, was Ihr vor Jahren an mir getan habt«, denkt er und hat dabei das gütige Antlitz der Frau Hiltrud im Geiste vor sich. Gundel führt ihre Helfer mit großer Genauigkeit, und sie folgen treu ihren Anordnungen. Sie waschen den Kranken, erneuern seine Umschläge, flößen ihm den Heiltrank ein und überziehen sein Lager mit frischen Linnen. Auf Geheiß der alten Kräuterfrau sprechen sie mit verhaltener Stimme auf das Kind ein oder singen ihm allerlei kleine Volkslieder vor. Mit großer Hingabe und melodischer Stimme singt Vico italienische Volksweisen aus Trastevere. Die Texte sind für gebildete Ohren manchmal recht volkstümlich und derb. Zum Glück versteht sie keiner. Um so inhaltsreicher und erhabener sind die Hymnen in lateinischer Sprache, die Abt Berno vorträgt. Würden die vier Sänger miteinander singen, wäre es ein allzu gemischter Chor. Die Therapie der weisen Frau hat Erfolg. Das Fieber sinkt. Die glänzenden Augen des Kindes werden wieder ausdrucksvoll. Erleichtert beugt sich Abt Berno zu dem Kranken nieder und sagt ihm: »Hermann, wir wollen fortan unser ganzes Vertrauen auf unsere liebe himmlische Mutter Maria richten. Unsere Liebe Frau wird dir helfen. Du wirst ihr später auf deine Weise danken. Das soll wie ein Vertrag sein. Bist du einverstanden?« Da greift die magere Kinderhand nach seiner Rechten. Er spürt einen leichten Druck. Das völlig gelähmte Kind kann seine Hand bewegen! Seit die Krämpfe aufgehört haben, ist Hermann sonst wieder zur Bewegungslosigkeit verurteilt. Nur die Hände beginnen, gleichsam ein eigenes Leben zu führen. Sie bewegen sich, suchen, greifen, ergreifen, und halten fest.

Es bleibt nicht aus, daß im Konvent einiges Geraune entsteht, weil die Fürsorge des Abtes für den kleinen Krüppel ungewöhnlich ist. »Nun, ich kann das verstehen«, mutmaßt Bruder Ludger, »denn beim Tode des Kindes gehen der Abtei wahrscheinlich die kostbaren Liegenschaften wieder verloren. Man sollte fast meinen, von dem Siechen hinge das Schicksal unserer Abtei ab!« Jetzt meldet sich der bedachtsame Prior Burkhard zu Wort. »Welch niedrige Beweggründe unterschiebt Ihr unserem Vater Abt, Bruder Ludger! Habt Ihr nie etwas von Nächstenliebe gehört? Laßt unseren Vater Abt gewähren! Er tut, was Gott gefällt. Prüft Euch, ob Eure Reden mit Gottes Willen in Einklang stehen!«

Nachdem sich das Befinden des Gelähmten gebessert hat, widmet sich Abt Berno mit erneutem Eifer seinen täglichen Pflichten. Nebenher studiert und komponiert er mit großer Hingabe und verfaßt musiktheoretische Abhandlungen, die er an seine geistlichen Freunde, die Bischöfe Pilgrim von Köln und Gero von Magdeburg, sendet. Endlich wird das Kräutergärtlein nach der Weisung des »Hortulus« so vervollständigt, daß alle Kräuter darin zu finden sind, die der kluge Abt erwähnt hat. Berno kümmert sich persönlich darum, daß das Erbe des Walahfried Strabo in diesem Gärtlein weiterlebt. Welche Wandlung hat er seit Prüm durchgemacht! Damals waren ihm Pflanzen und Kräuter fremd und fast verhaßt. Heute sieht und liebt er jedes Kräutlein. Aber er hält auch die Augen des Geistes und des Herzens offen für die Menschen. Er nimmt sich der Kleinigkeiten an. Die Rundbank unter der großen Linde im Binnenhof der Abtei ist abgenutzt und brüchig geworden. Der Abt sorgt, daß der Bruder Zimmermeister sie durch eine neue Bank ersetzt. Es gehört auch zu Bernos sparsamen, aber nachhaltigen Erlebnissen der Freude, auf dieser Bank sitzend, dem Leben und Weben im breitästigen Baum zu lauschen und sich der Stille eines Abends zu überlassen. Die Abrißarbeiten am Münster finden ein vorläufiges Ende. Eine provisorische Wand schützt das große Kirchenschiff vor Wind und Wetter. Sie hat keine Öffnung von Westen her. Mönche und Inselleute müssen die Kirche durch die niedrige Seitenpforte im Nordwesten betreten und sich tief bücken. Der hochgewachsene Abt muß sich am tiefsten bücken. »Bei dieser täglichen Übung denke ich immer an die

Bibelstelle vom Kamel, das durch ein Nadelöhr schlüpfen soll«, schnauft der dicke Cellerar. Der übermütige Scholar Vico lacht hellauf. »Beruhigt Euch, Bruder. Wir kommen alle hindurch, folglich ist kein Kamel unter uns.« Abt Berno droht dem jungen Römer mit ausgestrecktem Zeigefinger, aber er kann ein Lächeln nicht unterdrücken. Wie anmutig bewegt sich Vico durch die enge Pforte, und welche Mühsal verursacht sie dem Cellerar!

Dieses Mal stört der Pförtner den Abt bei dem gemeinsamen Mittagsmahl. Abt Berno hat die Rolle des Vorlesers übernommen und liest zur Erbauung seiner Mönche aus dem Büchlein »Dicta Pirminii«, dem Büchlein des Wanderbischofs Pirmin, vor. Zunächst bemerkt er den Pförtner nicht, der ihm stumm bedeutet, daß er ihn benötige. Als er die lebhafte Gestik des Bruders endlich gewahrt, reicht er einem andern Mönch das Büchlein und folgt dem Pförtner vor das Refektor. »Ein Herr Levi aus Konstanz wünscht Euch dringend zu sprechen, Vater Abt! Es handle sich um eine wichtige Angelegenheit.« »Gut, Bruder, sagt Herrn Levi, daß ich in einigen Minuten zu ihm komme! Tragt Sorge für eine Erfrischung. Ich muß den Brüdern noch einige Mitteilungen machen.« Abt Berno öffnet die Türe zum Refektor, als der Pförtner ziemlich laut fragt: »Soll denn der Jude im Gästehaus bewirtet werden?« Zornig wendet sich Berno zu ihm um. »Der Goldschmiedemeister Herr Levi ist mir ein lieber und ehrenwerter Gast, dem die Abtei viel zu verdanken hat. Noch einmal: er ist aller Ehren wert!« In seiner Erregung hat auch der Abt lauter gesprochen, als es in Klosterräumen üblich ist. Einige Mönche haben es gehört. Ludger von Prüm verzieht die Mundwinkel. Seltsame Leute bevorzugt dieser seltsame Abt der Augia: ein Straßenkind aus Rom, ein altes Kräuterweib, einen Krüppel und nun sogar einen Juden... Das ist wieder ein dankbares Thema für die

Rekreation. Unwillkürlich reibt sich Ludger die Hände. Immerhin gibt es einige Herrn von hohem Adel im Konvent, die dem Abt seine ausgesprochene Vorliebe für die geringen Leute verübeln und auf die gottgewollten Vorrechte ihres Standes pochen.

Abt Berno begrüßt den Juwelier aus Konstanz mit großer Herzlichkeit. Er hat es ihm nicht vergessen, daß er ihm vor Jahren aus der Armut geholfen hat. Nur durch Levis Unterstützung konnte er damals die Not der Inselleute lindern. Er sieht, daß Herr Levi die Speisen nicht angerührt hat, die ihm der Bruder Pförtner vorsetzte. Rasch überprüft der Abt das Tischchen. Brot, Kuchen, Käse, Eier, Fisch und Obst . . . Keine Speise ist dabei, die der Jude aus religiösen Gründen verweigern müßte. Ist Herr Levi krank? Berno ist betroffen über die Veränderung, die mit ihm vor sich gegangen ist. Der ehedem vornehme und selbstsichere Mann ist nachlässig gekleidet und macht einen verängstigten Eindruck. Sein schwarz-graues Lockenhaar hängt unordentlich um sein gelbliches Gesicht. Seine dunklen Augen irren unstet umher, und seine sensiblen Hände zittern. Seine linke Wange zeigt eine blauverfärbte Schwellung. »Was tat man Euch an, Herr Levi?« fragt Abt Berno, als sie sich gegenübersitzen. Herr Levi schließt erschöpft die Augen und antwortet mit einer fremden, heiser-monotonen Stimme: »Aufgehetzter Mob stürmte gestern meinen Laden und meine Werkstatt. Er verwüstete ihn und plünderte auch meine Wohnung. Die Devise der Plünderer war: ›Tod dem Christusmörder!‹« »Und Eure Diener?« Ein bitteres Lächeln umspielt seine Lippen. »Meine Diener flohen. Keiner ist für mich eingetreten, auch nicht meine Glaubensgenossen, die seltsamerweise unbehelligt blieben. Der Anführer der Plünderer schlug mich nieder. Anscheinend habe ich allein Euren Herrn Jesus Christus auf dem Gewissen.« Der Abt springt auf, ergreift Levis Hände und sagt eindringlich: »Sprecht bitte nicht so, Herr Levi! Ihr wißt, wie ich über diese unsinnige Beschuldigung denke! Wenn sich die Verfolgung gegen Euch richtete, hängt sie nicht einmal mit religiösem Fanatismus zusammen. Sie muß andere Hintergründe haben. Wißt Ihr, wer dahinter stecken könnte?« Nun sieht ihn der Jude wieder an. Seine Augen sind leidvoll, nein, hoffnungslos, als er antwortet: »Mir fehlt jeder Beweis, Vater Abt. Ich kann nur Vermutungen äußern. Ein Euch wohlbekannter Herr aus dem Adel Schwabens ließ wertvolle Schmuckstücke mit einer hohen Summe beleihen. Nach diesem Schmuck suchte der Mob vor allem. Der Anführer zwang mich zur Herausgabe. Die Mundart meiner Peiniger stimmte mit der in der Heimat dieses Adeligen überein. Die Plünderer waren keine Konstanzer.« »Habt Ihr beim Bischof Euer Recht gefordert und eine gerichtliche Untersuchung des unerhörten Vorfalls gefordert?« Mit einem tiefen Seufzer senkt Levi den Kopf und blickt auf seine zitternden Hände. »In meinem naiven Glauben an Recht und Gerechtigkeit habe ich den Versuch unternommen. Der Bischof hat mich gar nicht empfangen. Sein Sekretär teilte mir von oben herunter mit, ein Jude habe jedes Ungemach als Strafe des Himmels anzunehmen und geduldig zu tragen.« Abt Bernos Ring schlägt einen wahren Trommelwirbel auf die Tischplatte. »Ein recht bequemer Versuch, schreiendes Unrecht in Recht zu verwandeln! Was kann ich für Euch tun, Herr Levi? Mein Einfluß in Konstanz ist leider gering. Soll ich mich bei Kaiser Heinrich für Euch verwenden?« Ergeben meint der Jude: »Bis der Kaiser Euch zu antworten geruht, dürfte es für mich zu spät sein. Man wird mir vorher den Garaus machen. Verzeiht mir, daß ich Euch durch mein Kommen in schlechtes Licht gebracht habe! In meiner Not wußte ich keine andere Zuflucht mehr als die Augia.« »Das ehrt die Reichenau! Ich habe Euch nichts zu verzeihen, und ich bin froh, daß Ihr zu uns gekommen seid! Bleibt unser Gast, Herr Levi! Ihr habt Euch hier schon vor Jahren Heimatrecht erworben. Mich wird der Bischof empfangen, und ich werde ihm mit allem Nachdruck Euer Anliegen vortragen.« Der Abt spricht so, als müsse er sich selbst Mut machen. Fürchtet er, durch Levis Kommen in ernste Schwierigkeiten zu geraten? Er will ihm helfen, das ist für ihn eine selbstverständliche Gewissenssache, aber er ist verunsichert. Der feinfühlige Juwelier hat es wahrgenommen. »Ich möchte auf keinen Fall, daß Euch neue Schwierigkeiten entstehen, Vater Abt«, murmelt er. »Macht Euch deswegen keine Sorgen, Herr Levi! Das Leben eines Abtes der Augia ist eine Kette von Schwierigkeiten. Eine mehr oder weniger kann mich nicht erschüttern.« Offensichtlich versucht der Abt, sein inneres Unbehagen herunterzuspielen. Als es klopft, hätte er beinahe erleichtert aufgeatmet. Der Scholar Vico tritt ein. »Verzeihet, daß ich störe, Vater Abt!« Die Augen des Römers strahlen vor Freude. »Ja, was gibt es denn so Wichtiges, Vico?« »Hermann kann sprechen!« stößt Vico aufgeregt hervor. Das bislang stumme Kind kann sprechen. Abt Berno springt auf. In seinem Übereifer zerrt Vico an seinem Kuttenärmel. »Kommt mit, Vater Abt, bitte kommt mit!« Berno wendet sich dem Juwelier zu. »Würdet Ihr mich für ein paar Minuten entschuldigen, Herr Levi? Ich bin gleich wieder da.«

Hermann lehnt, halb aufgerichtet, in den Kissen. Seine leuchtendblauen Augen blicken klar und freundlich. Deutlich formuliert er die Worte: »Gott zum Gruß, Vater Abt!« Die magere Hand des Siechen streckt sich nach Berno aus. Es vergeht eine Weile, bis Abt Berno sich mit der erfreulichen Besserung vertraut gemacht hat. Dann denkt er wieder an

Herrn Levi und eilt zum Gästehaus. Unterwegs überlegt er, wie er dem Juden wirkungsvoll helfen soll. Auf alle Fälle bleibt er zunächst in der Abtei. Sollte sich auch das als unsicher erweisen, bietet Kloster Schienen die beste Ausweichmöglichkeit. Im Gästezimmer ist der Bruder Pförtner dabei, die Speisen abzuräumen. »Wo ist Herr Levi?« »Herr Levi fuhr nach Konstanz zurück. Er läßt Euch durch mich bestellen, er wolle Euch keine Unannehmlichkeiten bereiten.« Der Abt wirft dem Bruder ungerechterweise vor: »Wie konntet Ihr ihn gehen lassen? Wahrscheinlich geht er in den Tod. Ich muß sofort nach Konstanz!« Der Bruder Pförtner sieht ihm nach. Der Abt läuft mit wehender Kutte in Richtung Herrenbruck. Offenbar geht es wirklich um Leben und Tod.

Abt Berno rudert in seiner Not um Levi mit einer Kraft, die den Kahn fast über die Wasserfläche fliegen läßt. Bald bohrt sich der Kiel des Kahnes in das kiesige Ufer von Konstanz. Er zieht ihn an Land und hastet davon. Es ist ihm völlig gleichgültig, was die Menschen von ihm denken mögen, als er keuchend an ihnen vorbeiläuft. Manche Konstanzer bleiben stehen und starren dem Abt nach. Endlich erreicht er die Judengasse. Die Türe im Haus des Juweliers ist weit offen. Ihre Flügel hängen nur noch halb in den Angeln. Abt Berno stolpert beinahe über zerschlagene Möbel und sinnlos zerstörten Hausrat, als er in die anderen Räume des Hauses geht. Überall Scherben, zerfetzter Stoff, Zerstörung. Er ruft verzweifelt: »Levi! Levi!« Er durchsucht jede Stube, geht treppauf. Überall herrscht das gleiche Chaos und das gleiche Schweigen. Dennoch ruft er mit lauter Stimme: »Levi, so meldet Euch doch bitte!« Da sagt jemand hämisch hinter ihm: »Der Jud' meldet sich höchstens aus der Hölle.« Abt Berno wirbelt herum und packt einen gutgekleideten Herrn am Samtwams. »Wo ist Levi? Was habt Ihr mit ihm gemacht?«

Der andere, ein reicher Kaufherr, versucht vergeblich, sich aus den Händen des Abtes zu befreien. »Laßt mich los! Ich werde mich beim Rat der Stadt über Euch beschweren!« zetert er. »Wo ist Levi?« fragt der Abt erneut und verstärkt seinen Griff. »Ich weiß es wirklich nicht. Das könnt Ihr mir glauben. Allerdings besagt das Gerücht, der Mob habe sich seiner bemächtigt und...?« »Und?« schreit Berno. Seine Fäuste pressen die Schultern des Kaufherrn wie Schraubstöcke. Der Mann windet sich unter dem harten Druck und meint geringschätzig: »Der Mob bereitete ihm wahrscheinlich ein nasses Grab.« Da läßt Abt Berno ihn so plötzlich los, daß er sich taumelnd um Gleichgewicht bemühen muß. »Ach, der Mob hat ihn wie eine überzählige Katze ersäuft? Wer hat den Mob aufgestachelt, den Mord zu begehen?« Der Kaufmann ordnet seine Kleidung, betastet seine schmerzenden Schultern. »Ich tat es gewiß nicht, obwohl ich die Hebräer nicht liebe. Seid Ihr übrigens nicht der Abt der Augia? Ja? So nehmt meinen Rat an und macht nicht noch mehr Aufhebens um den verschwundenen Juden! Unser Bischof steht solchen Ereignissen sehr distanziert gegenüber. Die Kirche übernimmt dieses Haus des Levi. Ich taxiere und versiegle es im Namen der Kirche.« »Ach, im Namen der Kirche?« Abt Berno lacht laut und bitter. »Im Namen Jesu Christi? Herr, erbarme Dich unser, weil wir Deinen Namen mißbrauchen!« Verwirrt blickt der Konstanzer Kaufherr ihm nach. Er hat bereits davon gehört, daß der Reichenauer allerlei wunderliche Ideen hat. Aber verstehe einer dies' Getue um einen alten Juden! Kopfschüttelnd fährt er mit der Bestandsaufnahme fort. Es ist schade, daß der Mob das meiste zerschlagen hat!

Der Abt geht wie ein Schlafwandler durch die sonnenhellen, betriebsamen Straßen. Er bemerkt nicht, daß die Leute ihm nachstarren. Die Frage quält ihn: »Bin ich an Levis Tod mitschuldig? Ist er so rasch gegangen, weil er mein Zögern und meine Unsicherheit gespürt hat? Habe ich ihn insofern in den Tod getrieben? Wie willkommen war es mir, daß Vico unser Gespräch unterbrach, weil ich unsicher war! Würde Levi noch leben, wenn ich entschlossen mein Ja gesagt hätte?« Er fühlt sich mitschuldig, traurig und todmüde. Am Abend kniet er zu den Füßen des greisen Bruders Reginhart und vertraut ihm seine große Not an. Der Bruder lauscht aufmerksam und entscheidet: »Ihr seid nicht schuldig, denn Ihr wieset ihn nicht ab. Euer inneres Zögern geschah aus menschlicher Schwäche. Es ist keine Schuld. Sagt mir ehrlich: hättet Ihr ihm geholfen, wenn er geblieben wäre?« Der Abt schweigt lange und geht schonungslos mit sich zu Gericht. Endlich hebt er sein Haupt. »Es war mir nicht leicht, ihm zu helfen. Das gebe ich zu. Ich hätte aber auf jeden Fall geholfen. Herr Levi sollte unser Gast sein, hier in der Abtei oder in unserem Tochterkloster Schienen.« »So war es letztlich sein eigener Entschluß, der ihn nach Konstanz zurückführte und ihm den Tod brachte, Vater Abt. Ihr müßt diese Entscheidungsfreiheit respektieren, auch wenn Euch der tragische Ausgang bedrückt. Wie oft bleibt unser bestes Wollen schon im Ansatz vergeblich!« »Ja, Bruder Reginhart, Ihr habt recht. Ich muß mich bescheiden. Immer wieder stehen wir Menschen am Anfang, und immer wieder haben wir leere Hände.« Die Stimme des Abtes klingt resigniert. Sein greiser Beichtvater wird streng. »Leere Hände, Vater Abt? Ist das nicht schon oft unser Thema gewesen? Ihr habt Eure Armut und Ohnmacht noch nicht bejaht. Ihr wollt immer noch zuviel erreichen. Vor Gott habt Ihr nichts, und vor Ihm seid Ihr nichts. Wird durch Euch Gutes gewirkt, geschieht es durch Seinen Heiligen Geist.« Insgeheim freut sich der gestrenge Beichtvater darüber, wie bescheiden der Abt den harten Verweis aufnimmt.

Ein paar Tage darauf legt Abt Berno einen umfangreichen Brief in die Hände Unserer Lieben Frau. Der Bischof von Konstanz ist sein Verfasser. In recht ungnädigem Ton verbittet er sich die Einmischung des Herrn Berno in innerstädtische Angelegenheiten. »Es befremdet hier außerordentlich, daß Ihr, ein Abt und Reichsprälat, Euch in auffälliger Weise um das Los eines Hebräers bekümmert...« Der Abt könnte ihm daraufhin antworten: »Nehmt Ihr, Herr Bischof, nicht innigsten Anteil am Los eines Hebräers und habt Ihr sein Bild nicht in Eurem Gemach und in Euren Kirchen? Welchem Volk gehört unser Herr Jesus Christus an? Woher stammt Seine heilige Mutter? Was für Landsleute waren die Apostel, als deren Nachfolger Ihr Euch versteht? Petrus, auf dem unser Herr Seine Kirche baute, war nur ein Jude vom See Genezareth. Zu diesem Hebräer Petrus betet Ihr zu Konstanz am Bodensee.«

Nach der großen inneren Erschütterung, die Levis Tod ihm bereitet hat, widmet sich der Abt mit neuer Hingabe seinen Pflichten auf der Augia. Ein stiller Ernst liegt über seinem ganzen Wesen, aber dennoch ist er fröhlich in der Gemeinschaft der Mitbrüder, lacht über die kindlichen Blumengeschichten des Bruders Florian und über die Späße des dicken Cellerars.

Auf sein Geheiß hat man dem Gelähmten eine eigene Zelle eingeräumt im Nordwesten der Abtei. Der Abt findet oft den Weg dahin und freut sich, daß Hermann von ihren Fenstern auf den Gnadensee schauen kann. Der Sieche nimmt nicht am allgemeinen Unterricht in der Klosterschule teil. Er faßt sehr rasch auf, aber seine geringe Kraft hält nicht lange genug stand. Kerung, Purchard und Tatto, die besten Magister der Reichenauer Klosterschule, erteilen ihm Einzelunterricht. Sie fördern ihn gewissenhaft in allen Fächern. »Wo liegt die

Hauptbegabung unseres Hermann?« fragt Abt Berno den erfahrenen Magister Tatto. »Diese Frage kann ich eigentlich nicht beantworten. Hermann ist so talentiert, daß er in allen Fächern beste Leistungen bringen wird. Seine eigentliche Neigung gilt wohl der Musik. Er ist Euch sehr verwandt, Vater Abt.« Mit Eifer und Freude leitet der Abt fortan die musikalische Schulung des Scholaren und beschenkt ihn aus der Fülle seiner Kenntnisse auf dem Gebiet der Musiktheorie. Hermann hat eine schöne, klare und tragende Stimme. Wenn die Lähmung ihm das Sprechen unmöglich macht, kann er immer noch singen. »Graf Wolfrad hat der Augia in seinem Sohn ein großes Geschenk gemacht«, sagt Prior Burkhard, als der zehnjährige Knabe der Mönchsgemeinde im Münster sein selbstverfaßtes Lied auf die Gottesmutter vorgesungen hat. »Graf Wolfrad wüßte die Gaben seines Sohnes nicht zu schätzen. Seine Werte sind Kraft und Gewandtheit des Leibes. Frau Hiltrud wäre glücklich über ihren Hermann.« Der Abt führt manches gute Gespräch mit dem Gelähmten. Da sich Hermann ihm vertrauensvoll erschließt, kann er ihm helfen, wenn Not, Bitterkeit und Heimweh ihn zu überwältigen drohen. Er nimmt ihm die Bitterkeit, zeigt ihm die Güter, die auch für einen Behinderten ihren vollen Wert besitzen, und begleitet ihn behutsam Schritt für Schritt, den er im geistig-religiösen Bereich mühsam vorangeht. Oft staunt er über die Reife und Weisheit des Knaben, die weit über sein Alter hinausgehen. Manchmal erschrickt er über die tiefe Not des armen Kindes, das am liebsten heim zur Mutter möchte. Wird Hermann von Altshausen spürbar erfahren, daß Gott ihn liebt? Wird er fähig sein, ihm zu antworten? Letztlich ist jeder Mensch ein »mysterium fidei«, ein Geheimnis des Glaubens...

An einem schönen Sommerabend trägt Abt Berno den Gelähmten in den Kräutergarten. Er weiß, daß Hermann das stille Plätzchen nahe am Gnadensee liebt. Der Abt und sein jüngster Scholar sitzen auf der grauen Steinbank, betrachten die Fülle der Blumen und Kräuter und das rege Leben der Vögel, Schmetterlinge und Käfer. »Etwas Schule muß sein«, lacht der Abt und pflückt für den Siechen Blätter oder Blüten der Heilkräuter ab und zitiert dazu aus dem »Hortulus«. »Wie schön ist die Welt!« ruft Hermann, der ein kleines Kräuterbüschel auf dem Schoß hält. Er zeigt auf den See, dessen Wasser im Sonnenlicht glitzern. »Sie ist sogar schön für einen Krüppel.« Betroffen sieht Abt Berno in das schmale, unkindliche Gesicht über dem dunklen Scholarengewand. In Hermanns Augen liest er eine Trauer, die uralt ist. Der Mönch möchte den Bann dieser Trauer brechen, die das Leben des Gelähmten einengt. Er sagt: »Wäre es dir eine Freude, wenn wir beide morgen früh mit einem unserer Fischer ausfahren würden?« Hermann zerreibt ein Minzblatt zwischen den Fingern und atmet den herben Duft ein. »Bin ich unbescheiden, wenn ich um eine Abendfahrt bitte, Vater Abt? Abends ist der See wunderschön, still und friedlich. Wenn ich am Fenster sitze, habe ich mir schon oft gewünscht, einmal in all dies Leuchten fahren zu dürfen.« Von der nahen Abtei ruft mahnend eine Glocke. »Es ist Zeit zum Chorgebet. Wir müssen zur Kirche. Wenn es mir möglich ist, Hermann, fahren wir heute abend.« Die Mönche der Abtei haben sich daran gewöhnt, daß ihr Abt den kleinen Krüppel zum Chorgebet mitbringt. Hermann kauert in einer der Chorstallen und folgt aufmerksam den Worten und Weisen. Manchmal fällt seine helle, klare Stimme in den dunklen Chor der Mönche ein. Am Abend macht Abt Berno sein Versprechen wahr. Er rudert mit Hermann über den Gnadensee. Sie sprechen kaum miteinander. In stillem Einvernehmen genießen sie den abendlichen Frieden unter dem hohen Himmel. Friede erfüllt beide Menschen, den Mann und das gelähmte Kind.

Ab und zu ertönt ein müder Vogelruf. Fische springen und fallen ins Wasser zurück, das leise plätschert. Im Ried wispert, flüstert, rauscht und raschelt es geheimnisvoll. Leichte Nebel weben über der Wasserfläche. Die Dämmerung nimmt rasch zu. Gerade noch kann der Abt erkennen, wie gelöst und kindlich das sonst so angespannte und ernste Gesicht des Hermann von Altshausen ist. Langsam treibt er den Kahn am Ufer entlang in Richtung Niederzell. Am Himmel leuchtet und blinkt ein erster Stern.

DIE VERSUCHUNG DER MACHT

Stern um Stern leuchtet am samtschwarzen Himmel auf. Wie mattes Silber schimmert der See. »Leider müssen wir bald umkehren, Hermann«, meint Abt Berno bedauernd. Ehe der Knabe etwas sagen kann, ertönt ein Rufen vom Ufer her: »Abt Berno! Vater Abt!« Ist das nicht Gundels heisere Altfrauenstimme? Was will sie zu später Stunde von ihm? Hat man sie etwa wieder aus abergläubischer Furcht bedrängt? Berno tadelt sich im stillen, daß er sofort etwas Ungutes vermutet. Er antwortet: »Warte, Gundel, wir kommen!« Mit ein paar Ruderschlägen erreicht der Kahn die seichte Einbuchtung. An deren Rand kauert, von hohem Ried schützend umhegt, eine niedrige Hütte, beinahe ein Schuppen. Darin verwahrt die Alte Kräuter und Beeren. Sie verbringt dort auch schon einmal eine Nacht, wenn ihr nach der Kräutersuche der Weg bis zum Hochwart zu mühsam ist. Der Kahn stößt ans Ufer. Berno steigt aus und bindet ihn fest. Er bietet der Kräuterfrau die Hand. Sie ergreift sie mit festem Druck. »Wie gut, daß ich Euch treffe, Vater Abt! Ich wäre sonst morgen in aller Frühe zu Euch gekommen.« In ihrer Stimme schwingt keine Not mit, eher Freude und Frohlocken. Der Mond gießt seinen milden Schein auf See und Insel nieder. Den Ausdruck im Antlitz der Frau kann der Abt nicht erkennen. So fragt er, immer noch zögernd, weil er vor neuen Schwierigkeiten instinktiv zurückscheut: »Hast du ein Anliegen, Gundel? Kann ich dir helfen?« Die Frau schüttelt den Kopf. »Nein, nein, Vater Abt! Dieses Mal geht es nicht um mich. Mit mir ist alles in Ordnung. Ich freue mich, daß ich endlich etwas für Euch tun darf. Ich möchte ein großes Leid aus Eurem Herzen nehmen.« Sogleich fällt Abt Berno mancherlei Leid ein, das ihn bedrängt. Er trägt daran, daß sich die Mönche Ruodhard und Oderich wegen einer Kleinigkeit derart zerstritten haben, daß sie auch nach einem Vermittlungsversuch des Abtes nicht bereit sind, einander den Friedensgruß zu entbieten. Er denkt auch an die zunehmende Eifersucht der Abtei zu St. Gallen gegen die Abtei Reichenau und an die nur schlecht verhehlte Feindseligkeit des Bischofs Warman von Konstanz. Wie wechselnd ist auch das Verhalten von Kaiser Heinrich! Einmal macht er ihn zum Vertrauten seiner Pläne, ein anderes Mal begegnet er ihm kalt und mißtrauisch. Es gibt mancherlei, was ihn täglich belastet. Als junger Magister zu Prüm hat er von all dem keine Ahnung gehabt. Und gerade mit Prüm ist ein Leid verbunden, das nicht geringer wird: die Ablehnung, die er trotz aller Bemühungen von seiten des Mönchs Ludger erfährt...

Mit deutlicher Skepsis fragt er: »Welches Leid möchtest du mir denn abnehmen, Gundel?« Sie zieht sacht an seinem Ärmel. »Der Bub, Vater Abt... Darf Hermann alles hören?« flüstert sie. Der Abt wendet sich um. Im Silberschein des Mondes betrachtet er die kleine, kauernde Gestalt. »Hermann darf alles hören, Gundel. Trotz seiner Jugend besitzt er mein vollstes Vertrauen«, sagt er warm. Die Kräuterfrau nickt. »Ja, der Bub ist reif für sein Alter, und er mag Euch gern.« Sie macht eine kleine Pause. Jetzt wird das Wichtige kommen. »Vater Abt, ich soll Euch folgende Botschaft übermitteln: Ihr möchtet morgen beim ersten Hahnenschrei von der Augia aufbrechen und nach Konstanz fahren. Südlich von Konstanz, am linken Ufer des großen Sees, steht zwischen vier großen alten Weidenbäumen eine Fischerhütte. Sie ist leicht zu finden, denn weit und breit steht kein anderes Haus. Sie gehört meinem Eidam, dem Fischer Fridwin.« Ratlos hebt der Abt die Hände. »Den Weg werde ich finden, Gundel. Aber was soll ich bei deinem Eidam – und das in aller Herrgottsfrühe?« »Ihr werdet von jemand sehnsüchtig erwartet, Vater Abt.« Wieder klingt ein deutliches Frohlocken in ihrer Stimme mit. »Das mußt du mir näher erklären. Wer wartet da auf mich?« forscht er. »Bitte, Vater Abt, habt Vertrauen zu mir! Fahrt dahin, ohne den Namen zu wissen! Ich verspreche Euch, daß Ihr eine ganz große Freude erleben werdet.« Mit diesen beschwörenden Worten zieht sich die Alte rasch und gewandt ins Ried zurück. »Gundel?« ruft der Abt. »Bleib! Ich will Näheres wissen!« Nur das Rascheln im Ried gibt ihm Antwort. Eine Weile steht er unschlüssig da. Freude? Leid aus dem Herzen nehmen? Wer soll ihn bei dem Fischer Fridwin erwarten? Wer? Jedenfalls ist es keine Falle. Die Treue der Kräuterfrau zu dem Abt der Augia ist unerschütterlich, sicherer als die Treue einiger Mönche.

Schließlich geht er zum Kahn. »Wir müssen zur Abtei, Hermann«, murmelt er gedankenverloren und rudert südwärts. Der Mond spiegelt sich im Wasser. See und Ufer wirken geheimnisvoll und märchenhaft in seinem Licht. Berno hätte den Knaben auf die Schönheit der nächtlichen Landschaft hingewiesen, aber er nimmt sie gar nicht wahr. Unablässig beschäftigt sich sein Geist mit dem morgigen Tag. Hermann schweigt. Begreift das Kind, daß der Abt nichts sagen kann, weil er innerlich zu angespannt ist? Der Kahn erreicht die Herrenbruck. »Wir sind bereits da?« wundert sich Abt Berno, wie jemand, der aus einem Traum erwacht. Er hebt den Knaben von der Bank und trägt ihn mühelos der Abtei zu.

Mitten auf dem mondhellen Weg, neben dem die Bäume wie stille Wächter aufragen, bleibt er stehen. »Möchtest du an meiner Fahrt nach Konstanz teilnehmen, Hermann?« Der Gelähmte staunt. »Ich, Vater? O, wie gerne...« »Gut! Jetzt bringe ich dich in deine Zelle und helfe dir auf dein Lager. In aller Frühe hole ich dich wieder. Den guten Bruder Ekkehard wollen wir gar nicht stören«. Die beiden lächeln in verschmitztem Einvernehmen. Der »gute« Bruder Ekkehard, der Infirmar, ist immer heilfroh, wenn ihm jemand seine Pflichten abnimmt.

Morgennebel weben zart über dem Gnadensee. Im Osten hellt sich der Himmel auf. Es ist kühl. Der Abt hat den Gelähmten fürsorglich in den Mantel und in eine Decke gehüllt. Wieder stößt der Fischerkahn mit dem Siechen und Abt Berno von der Herrenbruck ab und gleitet durch das klare Wasser. Ein Fischer ist schon unterwegs. Er hebt grüßend sein Ruder, als er den Kahn vorbeifahren sieht. Der Abt ruft ihm einen freundlichen Morgengruß zu. Er ist für die Seinen inzwischen der *Vater* Abt, dem sie vertrauen. Die Helle am Osthimmel breitet sich mehr und mehr aus. Dann steigt langsam und stetig die Sonnenscheibe hinter den Hügeln auf. Büsche und Bäume am Ufer gewinnen unter ihrem Licht ihr leuchtendes Grün, und der See glänzt silbern auf. Glockenläuten weht über das Wasser. Abt Berno bekreuzigt sich. »Adiutorium nostrum in nomine Domini...« Er betet laut die Psalmen der Laudes. Ab und zu läßt er den Kahn gleiten und entlastet die müden Arme.

Am hohen Morgen erspäht Abt Berno die Hütte zwischen den vier alten, knorrigen Weiden. Klopft sein Herz von der Anstrengung des Ruderns oder vor Erwartung? Rasch treibt er den Kahn ans Ufer, dehnt einen Augenblick die schmerzenden Schultern und hebt dann den Gelähmten auf. Vor der Hütte steht eine Holzbank. Dahin wird er Hermann bringen und bei den Fischersleuten Milch und Brot für ihn besorgen. Als er den Buben niedersetzt, öffnet sich die Türe der Hütte. Eine einfach gekleidete, untersetzte Frau kommt heraus. Sie faltet ihre Hände und sagt freudig: »Gott sei Dank, daß Ihr gekommen seid, Vater Abt!« »Hast du etwas Brot und Milch für das Kind?« bittet er. Mitleidig betrachtet sie das kleine, verwachsene Kind auf der Hausbank. »Ich werde für das Kind sorgen«, sagt sie, und ein mütterliches Lächeln verschönt ihr breites Gesicht. Sie geht wieder ins Haus. In der Hütte muß die Lösung des Rätsels zu finden sein. Entschlossen geht der Abt zur Tür, da wird sie von innen geöffnet. Ein Mann tritt heraus und blinzelt in den hellen Sonnenschein. Es ist ein kleiner, magerer Mann mit olivfarbenem Teint, gebogener Nase und dunklen Augen unter grau-schwarzem Gelock. Wie erstarrt bleibt Abt Berno stehen. Sein Mund ist leicht geöffnet, die Augen sind weit aufgerissen. »Wollt Ihr mich nicht begrüßen, Vater Abt?« fragt der ältere Mann. Da löst sich Bernos Erstarrung. Mit einem Schritt ist er bei ihm und schließt ihn in die Arme. »Levi! Levi!« ruft er jubelnd aus. »Levi, Ihr lebt!« Helle Freudentränen laufen über seine Wangen. »Gott sei gedankt, daß Ihr lebt!« Der Jude hat auch Freudentränen in seinen Augen, als er lächelnd bittet: »So laßt mich leben, Vater Abt! Bitte, erdrückt mich nicht!« »Verzeiht, Herr Levi«, erwidert Berno und lockert seinen Griff. »Die Freude hat mich übermannt. Ich habe Euch tot geglaubt, und ich habe mir Euretwegen die bittersten Vorwürfe gemacht. Mein damaliges Zögern, nahm ich an, sei die Ursache dafür, daß Ihr in den Tod gegangen ward.« »Bei dem fanatischen Haß, mit dem ich seinerzeit verfolgt worden bin, war es besser für Euch und für mich, daß man mich in Konstanz für tot hielt. Als Ihr mich für kurze Zeit allein gelassen habt, bin ich wieder zur

Besinnung gekommen. Ich habe eingesehen, in welche Gefahr ich Euch und die Abtei gebracht hätte. Es gibt leider in Euren Reihen Spione, die fortgesetzt nach Konstanz, nach St. Gallen und zum Kaiserhof berichten. Darum habe ich eilends die Abtei verlassen und bin auf Umwegen zu Fridwin geflohen. Das Gerücht über meinen Tod habe ich in die Welt gesetzt. Ein Gehilfe konnte einen kleinen Teil meiner Habe retten.« Die beiden Männer sitzen neben Hermann auf der Bank. Die Frau hat dem Kind Fladenbrot und Milch gebracht. »Warum seid Ihr zu Fridwin gegangen?« »Hier war ich sicher. Ich habe Fridwin einmal vor dem Schuldturm bewahrt und wußte um seine Dankbarkeit und Verschwiegenheit. Die armen Leute haben alles mit mir geteilt...« Spontan unterbricht Abt Berno: »Die Abtei wird es ihnen vergelten!« Herr Levi lächelt ihn vertrauensvoll an. »Daran habe ich nicht gezweifelt, Herr Berno. Fridwin und seine Frau möchten gern zu ihrer Mutter, zu Gundel, auf die Insel. Ich hoffe sehr, daß Ihr es ihnen ermöglichen könnt!« »Das werde ich tun«, verspricht der Abt, »und wenn ich sie bei Bischof Warman freikaufen müßte.« Forschend betrachtet er das vertraute und doch durch Leid und Alter stark veränderte Gesicht des Juden. »Und was habt Ihr für Pläne, Herr Levi? Jetzt müßt Ihr mir aber erlauben, Euch zu helfen.« Während Abt Berno den Milchbecher aus der zitternden Hand des Kindes nimmt und es sorgsam trinken läßt, entwickelt der ehemalige Juwelier seinen Plan. »Ich komme nicht mit Euch zur Abtei, Herr Berno. Das ist nach wie vor viel zu gefährlich.« »Wegen der Spione unter meinen Brüdern?« mutmaßt der Abt und setzt den leeren Becher auf die Bank. Er gießt aus der Kanne Milch ein und reicht den Becher erneut dem Kind, das durstig trinkt. »Nennt mir die Namen jener Brüder, Herr Levi. Ich möchte mich vor ihnen schützen können.« Traurig sieht der Jude ihn an. »Es wird

Euch schmerzen...« Er zögert. Abt Berno versteht seine Gründe. Er legt den Arm um die verkrümmten Schultern des Kindes und sagt mit Wärme in der Stimme: »Habt keine Bedenken, vor Hermann zu sprechen. Ich verbürge mich für ihn. Er wird schweigen.« Levi atmet tief ein und aus. »Nun denn... Zuträger sind Eure Mönche Ludger, Rigobert und Walerich. Sie berichten nach Konstanz, nach St. Gallen und gelegentlich sogar an den Kaiserhof. Abt Berno, Ihr seid berühmt und... berüchtigt wegen Eurer Zuneigung zu den Hörigen und armen Leuten, zu einem alten Kräuterweib und zu einem Hebräer namens Levi.« Da lacht der Abt, aber sein Lachen hat einen harten, bitteren Unterton. »Wenn man mir nicht mehr vorzuwerfen hat, geht es noch. Aber nun verstehe ich erst, warum Kaiser Heinrich einmal huldreich zu mir ist und ein anderes Mal schroff und abweisend.« »Dabei dürft Ihr auch Euren früheren Prior Diemuth und den flüchtigen Mönch Thankmar nicht vergessen! Sie fanden dort liebreiche Aufnahme...« Die Hand des Juden weist nach Konstanz. »Sie wollen sich an Euch rächen und spinnen Ränke gegen Euch.« »Damit hatte ich gerechnet, aber Verräter in den eigenen Reihen zu haben, das ist bitter. Ich werde einen Weg finden, um ihren Verrätereien ein Ende zu bereiten. Wichtiger ist jetzt, daß Euch geholfen wird. Sagt mir, was kann ich für Euch tun?« »Mein Retter Fridwin brachte aus Konstanz die Nachricht mit, daß der Kaiser einen weiteren Italienfeldzug plant. Wißt Ihr darum?« Der Abt wehrt fast verlegen ab. »Ich hörte vage davon, hoffte aber, es wäre nur leeres Gerede. Mein Alltag in der Abtei fordert mich voll und ganz. Ich bin froh, wenn die Großen ihre Händel ohne mich austragen.« Levi macht eine bedauernde Geste. »Ausgerechnet auf Eurer Teilnahme am Feldzug des Kaisers habe ich meinen Fluchtplan aufgebaut, Abt Berno. Ihr werdet daran teilnehmen müssen, wenn Herr Heinrich Euch ruft, nicht wahr? Nehmt mich dann bitte in Eurem Gefolge mit und laßt mich irgendwo in der Lombardei zurück!« »Nicht irgendwo, Herr Levi! Ich bringe Euch nach Limonta, dem Besitztum der Reichenau am Comer See.« »Dort wäre ich in Sicherheit. Hier ist meines Bleibens nicht länger. Man munkelte nämlich bereits, daß der angebliche Vater der Frau Fridwins recht seltsam aussähe.« »So ist es abgemacht, daß ich Euch nach Limonta bringe. Wenn der Kaiser seinen Feldzug verschieben sollte, unternehmen wir allein die Reise.« »Ich bin bereit, Vater Abt. Mein Bündel ist geschnürt, und bei einem benachbarten Bauern steht ein ausdauerndes Pferd für mich.« Gegen Mittag rudert Abt Berno mit Hermann wieder heimwärts. Er ist von dankbarer Freude erfüllt darüber, daß Levi lebt. Mitten auf dem See läßt er die Ruder sinken und sagt ernst zu seinem Gefährten: »Hermann, ist dir wohl bewußt, was ich heute tat? Ich habe das Leben des Herrn Levi und mein Leben in deine Hand gelegt. Wenn du meine Freundschaft für ihn, einen Juden, und unsere Pläne verrietest, würde man mir wahrscheinlich den Prozeß machen und mich der Ketzerei zeihen. Was mit Herrn Levi geschähe, brauche ich dir nicht auszumalen.« Hermann sieht ihm, ohne zu zögern, in die Augen. In den großen Augen des jungen Menschen steht bereites Vertrauen. »Ich danke Euch, Vater Abt, daß Ihr mich in Eure Freundschaft mit Herrn Levi einbezieht!« »Ja, Herr Levi ist mein Freund. Er hat der Augia und mir vor Jahren selbstlos aus großer Not geholfen. Gewiß, er dient unserem Gott anders als wir, aber in seinem Handeln steht er Gott näher als mancher sogenannte Christ, der seine Mitmenschen verrät und verfolgt.« Abt Berno nimmt die Ruder wieder auf. Der langgestreckte Rücken der Insel Reichenau kommt in Sicht. Ehe sie anlegen, wagt der Knabe die kühne Frage: »Vater Abt, was geschieht nun mit den drei Mönchen?« Erstaunt betrachtet der Abt den Gelähmten. Soll er die Frage als zu kühn abweisen? Nein, Hermann nimmt nur in einer für sein Alter außergewöhnlich klugen und tiefen Weise Anteil an den Vorgängen auf der Augia. »Ludger, Rigobert und Walerich werden sich in Schienen bewähren können, dort herrscht großer Notstand. Einige Brüder sind erkrankt.« Der Abt will sich nicht rächen. Er hofft, daß die drei Mönche das Schändliche ihres Tuns erkennen und einlenken, wenn sie fern der Reichenau sind. Bewundernd schaut der Gelähmte ihn an. Wie anders ist der Abt als sein Vater Graf Wolfrad! Der Herr des Eritgaues hat manchen kleinen Dieb hinrichten lassen, denn nicht immer konnte Frau Hiltrud ihn zu milderem Vorgehen bewegen.

Auf der Herrenbruck steht ein Mönch. Er hält schon seit Stunden ungeduldig nach dem Abt Ausschau. »Endlich seid Ihr da, Vater Abt!« ruft er erleichtert, als der Kahn anlegt. »Prior Burkhard läßt Euch bestellen, ein kaiserlicher Bote sei eingetroffen.« »So«, antwortet der Abt gedehnt und befestigt das Seil des Kahnes sorgsam am Pfahl. Dann hebt er den Gelähmten heraus und sagt gelassen: »Hoffentlich habt Ihr den Boten gut bewirtet.« Er beschleunigt seine Schritte nicht. Kopfschüttelnd folgt ihm der Mönch. Er versteht den Vater Abt nicht. Ein Bote des Kaisers erwartet ihn, und er tut so, als wäre es die wichtigste Sache der Welt, den kleinen Krüppel zur Abtei zu tragen. »Soll ich Hermann ...«, fragt der Mönch und wird unterbrochen: »Danke, Bruder, was ich begonnen habe, führe ich auch zu Ende.« Er bringt Hermann zuerst in seine Zelle, versorgt ihn mit allem und begibt sich dann zum Gästehaus. Dort wartet der Prior mit dem kaiserlichen Boten. Mit einer tiefen Verneigung überreicht der Mann dem Abt das versiegelte Schreiben. »Erwartet der Herr Kaiser eine schriftliche Antwort von mir? Ja? Dann bitte ich dich, bis morgen zu bleiben. Der Bruder Pförtner wird sich deiner annehmen. Ruhe dich gut aus, denn du hast einen langen Rückweg vor dir.«

Abt Berno geht in sein Gemach, wie er es schon oft getan hat, um den Brief zuerst in aller Stille zu lesen. Später berichtet er seinen Mönchen: »Unser gnädiger Herr Kaiser erwartet, daß eine Delegation der Augia ihn auf seinem großen Italienzug begleitet. Reisige werden uns nur zu unserem Schutze begleiten. Sie nehmen nicht an den Kämpfen teil. Den betreffenden Mönchen und mir sind nur geistliche Belange des Heeres anvertraut...« Die aufmerksam lauschenden Mönche wundern sich über die freudige Erregung in der Stimme ihres Abtes. Sie können nicht wissen, daß Berno im tiefsten erleichtert ist, weil nun Levis Reise gesichert ist. Ein Knecht mehr, das wird in der großen Schar nicht auffallen. Er hebt den Blick von dem Schreiben und überschaut die Reihen der Mönche. »Bruder Burkhard und ich überlegen noch, wer von Euch an diesem Zug teilnehmen wird. Ihr erfahrt das später, liebe Brüder. Ihr wißt natürlich schon, daß unsere Abtei unter der bewährten Leitung unseres Priors Burkhard bleibt. Bruder Kerung, Purchard und Tatto betreuen die Scholaren. Ihr, Bruder Wipold, übernehmt die Hauptsorge für Hermann von Altshausen und entlastet unseren Bruder Ekkehard in jeder Weise...« »Als ob das wichtig wäre!« zischelt Ludger wütend. Berno hat es vernommen und schaut ihn lange schweigend an. Er zwingt sich zur Ruhe und sagt langsam: »Drei Mönche dürfen ihr Reisebündel schnüren. Ihre Fahrt führt sie allerdings nicht in die Ferne, sondern nur in den Zeller See. Bruder Ludger, Bruder Rigobert und Bruder Walerich werden gewiß gerne in unserem Tochterkloster Schienen die kranken Mönche entlasten.« Obwohl es gegen jeden Brauch verstößt, fragt Bruder Walerich entsetzt: »Für wie lange müssen wir nach Schienen fahren, Vater Abt?« Abt Berno tadelt den Einwurf nicht. »Das steht bei Gott. Ihr bleibt auf alle Fälle in Schienen, bis ich aus Italien komme.« Mit seinem Segen beendet der Abt das Kapitel.

In der Rekreation werden allerlei Vermutungen über die Versetzung der drei Mönche nach Schienen ausgetauscht. Fast alle sind der Ansicht: »Das war eigentlich bereits überfällig. Es mußte einfach geschehen.« Abt Berno sendet Bruder Wipold zu Herrn Levi und vereinbart einen Treffpunkt mit ihm für den Aufbruch zur gemeinsamen Reise nach Italien. Mit Umsicht trifft er in der Abtei die Vorbereitungen für die Abreise. Zunächst schreibt er ein geistliches Testament, versiegelt es und legt es in die Hände Unserer Lieben Frau. »Wenn mir bei diesem Feldzug etwas zustößt, öffnet es bitte und teilt den Inhalt unseren Brüdern mit, Bruder Burkhard! Nehmt Euch auch persönlich des Scholaren Hermann von Altshausen an! Er ist hochbegabt, aber darüber hinaus spüre ich, daß Gott etwas Besonderes mit ihm vorhat. Segregatus est.« Der Prior verspricht es gern. Er teilt die Zuneigung des Abtes für den Siechen. »Ich habe ebenfalls ein Anliegen an Euch, Vater Abt. Seit längerer Zeit beobachte ich unseren lieben Vico, und ich bin mir sicher, daß er gern mit Euch ziehen möchte, um in seinem Heimatland zu bleiben. Er ist nicht zum geistlichen Stand berufen.« »Darin sind wir wieder einer Meinung, lieber Bruder. Würdet Ihr Vico zu mir holen?« Verlegen wie ein kleines Schulkind steht der junge Römer vor dem Abt. Er tritt von einem Fuß auf den anderen, beißt sich auf die Lippen und weicht dem fragenden Blick seines geliebten Vaters aus. »Hast du kein Vertrauen mehr zu mir, Vico?« Da kommen die Worte wie ein Sturzbach über Vicos Lippen. »Vater Abt, ich vertraue Euch voll und ganz, und ich sehe in Euch wirklich meinen Vater und Gönner. Gerade darum fällt es mir so schwer, Euch enttäuschen zu müssen.« Abt Berno lächelt ihm ermutigend zu. »Bist du denn sicher, daß du mich mit deiner Entscheidung enttäuschst? Habe ich dir nicht gesagt, daß du dich in voller Freiheit prüfen und entscheiden sollst?« Vico nickt eifrig. »Ja, das habt Ihr gesagt, Vater. Ich habe mich ehrlich geprüft, ob ich für das geistliche Leben tauge und ...«. Er stockt. Da fährt der Abt fort: »Und du hast eingesehen, daß du trotz aller Liebe zu unserer Abtei in der Welt wirken und eine Familie gründen möchtest, nicht wahr?« Aufatmend gesteht der junge Mann: »Ihr habt es erraten, Vater Abt! Ihr könntet mich der Undankbarkeit zeihen, denn Ihr holtet mich aus der Gosse von Trastevere, Ihr nahmt mich auf, pflegtet mich, sorgtet jahrelang für mich und liesset mich in der Klosterschule all das lernen, was die Söhne des Adels lernen dürfen. Nun kehre ich der Abtei den Rücken.« Abt Berno tritt ans Fenster und schaut eine Weile auf den See, der heute so grau ist wie der Regenhimmel. »Wenn Ihr meint, Vater Abt, daß ich in der Abtei bleiben soll ...«, beginnt Vico zögernd, weil ihn das Schweigen des Abtes verunsichert. Da wendet sich der Abt ihm zu und legt ihm beide Hände auf die Schultern. »Nach all den Jahren kennst du mich so wenig, Ludovico von Trastevere? Ich achte stets die Entscheidung, die freie Entscheidung des freien Menschen. Zudem ist deine Entscheidung für das Leben draußen keine Entscheidung gegen Gott. Du kannst dort dem Herrn mit deinem Wissen vielleicht besser dienen, als mancher träge Mönch, der meint, die Kutte allein mache ihn zum Heiligen. Gehe mit mir nach Italien! Willst du nach Rom zurück?« »Auf keinen Fall, Vater Abt. Das Stadtleben ist mir zu fremd geworden. Neben meinem Studium habe ich dem Cellerar und dem Vogt manches von der Landbestellung,

der Ernte und der Vorratswirtschaft abgesehen und bin ihnen oft zur Hand gegangen. Ob sich irgendwo auf dem Land für mich ein Platz als Verwalter finden läßt?« Mit einem Mal hat Abt Berno einen glänzenden Einfall. Er wird zwei ihm nahestehende Menschen glücklich machen. »Der Platz für dich ist bereits gefunden, Vico. Unser Vogt in Limonta am Comer See bat kürzlich darum, in die Heimat zurückkehren zu dürfen, weil seine Gesundheit ihm zu schaffen macht. Anfangs bist du sein Gehilfe, aber bald kannst du seine Pflichten verantwortlich übernehmen. Du bist dann auch weiter mit der Augia verbunden und für sie tätig. Gefällt dir dieser Plan?« Stumm vor Rührung beugt sich Ludovico von Trastevere über den Ring des Abtes. Herr Berno, der solche Gesten der Verehrung im allgemeinen unterbindet, läßt es diesmal still geschehen. Dann bietet er dem jungen Mann Platz an. »Ich muß dir etwas für mich sehr Wichtiges erzählen, und ich habe eine große Bitte an dich.« Der atemlos Lauschende hört die Geschehnisse um den Goldschmied Levi und den Wunsch des Abtes, dem Juden in Limonta eine sichere neue Heimat zu bieten. Vico zeigt sich sofort bereit, bei der Ausführung des Planes behilflich zu sein und sich des Herrn Levi in Limonta anzunehmen. »Euer Freund ist mein Freund, Vater Abt. Ich werde mich um Herrn Levi bemühen, als ob Ihr es wäret«, verspricht er begeistert. Abt Berno weiß, daß Vico sein Versprechen halten wird. Levi wird nicht nur in Sicherheit weilen, er wird Heim und Heimat finden.
Zwölf Mönche begleiten ihren Abt auf dem großen Italienzug des Kaisers. Herr Heinrich hält sich an seine Zusage. Kein Reichenauer Mönch oder Reisiger braucht sich an den kriegerischen Auseinandersetzungen zu beteiligen. Abt Berno und seine Brüder stehen Kranken und Verwundeten bei, feiern die heilige Messe, spenden die Sakramente, trösten und helfen,

wo sie nur können. Sie machen dabei keinen Unterschied zwischen eigenen und feindlichen Soldaten.
In der Lombardei bittet Abt Berno den Kaiser um einige Tage Urlaub, um in Limonta nach dem Rechten zu sehen. Vico und ein älterer Mann, der wegen seines fremdländischen Aussehens als Italiener gilt, begleiten ihn auf seinem Ritt. Bruder Volkmar, der auch zu der kleinen Gruppe gehört, wundert sich nicht wenig, als der Abt den älteren Mann mit einem Mal »Herr Levi« nennt. Zuvor hat er ihn mit Leonardo angeredet.
In Limonta ist der alte Vogt froh, daß der Abt ihm in Vico seinen Nachfolger bringt. Bald wird er nach Hause fahren ...
Abt Berno gönnt sich nur wenige Stunden der Rast. Er muß den Anschluß an das Heer des Kaisers wieder finden. Bewegten Herzens nimmt er Abschied von Levi und Vico. Er schließt sie in die Arme, den römischen Straßenjungen und den Juden aus Konstanz. Sie bitten um seinen Segen. Besonders lange läßt der Abt seine Hände auf dem Haupt des Juden ruhen. Dann steht Levi auf und nimmt die Hände des Abtes in seine schmalen Finger. »Ihr habt gute Hände, Vater Abt. Sie sind nicht brutal und raffgierig wie viele Hände der Großen, die ich gesehen und mit Ringen geschmückt habe. Eure Hände wollen die Güter nicht festhalten. Sie wollen geben.« Er betrachtet den ihm bekannten Rubin am breiten goldenen Ring und fährt mit dem Zeigefinger über die lange Brandnarbe. »Zeichen der Macht, Zeichen der Ohnmacht und des Leidens. Ihr werdet immer beides haben, die Würde des Amtes und die Härte des Leidens, bis in Eure Todesstunde.« Mit einem etwas mühsamen Lächeln entzieht ihm der Abt seine Hände. Er versucht zu scherzen: »Wie gut, daß Ihr mir keinen Reichtum verheißen habt, Herr Levi!« Die Antwort des Juden ist rätselhaft und geheimnisvoll für die anderen

Zuhörer: »Ihr seid ja reich, Herr Berno, weil ihr den Mut habt, arm zu sein.«
Vico wird der Abschied so schwer, daß er sich nicht von den beiden Reichenauern trennen will. Er reitet eine halbe Tagereise mit ihnen, bis Abt Berno ihn schließlich nach Limonta zurücksendet. »Du hast dich entschieden, Vico, und du mußt nun mit ganzem Herzen ausführen, was du dir vorgenommen hast. Werde glücklich! Betreue meinen Freund Levi gut! So Gott will, sehen wir uns in Limonta oder auf der Augia wieder. Gott sei mit dir!« Mit diesen Worten gibt der Abt seinem Pferd die Zügel frei und sprengt mit Bruder Volkmar davon.
Die Heere des Kaisers sind nicht aufzuhalten. Die Großen Italiens unterwerfen sich, die Städte öffnen ihre Tore. Bald liegt ganz Oberitalien dem Sieger zu Füßen. Kaiser Heinrich steht auf der Höhe seiner Macht.
Man lagert bei Campobasso. Abt Berno betet wie daheim auf der Augia mit seinen Mönchen die Komplet. Vor seinem Zelt brennt ein Feuer, denn die Nächte können auch im Süden kühl werden. Die Reisigen der Reichenau beteiligen sich am Wachdienst und unterhalten dabei das Feuer. Mit einem freundlichen Wort will sich der Abt zur Ruhe begeben. Der Ritt des Tages war anstrengend. »Darf ich mich ein wenig zu Euch setzen, Vater Abt«, fragt neben ihm eine wohlbekannte Stimme, »oder seid Ihr zu müde?« Kaiser Heinrich hat bisher wenig nach dem Reichenauer Abt verlangt, und Berno hat sich seinerseits still verhalten. Die Brüder entfernen sich leise. Der Kaiser, der in einen alten Mantel gehüllt ist, setzt sich neben den Abt ans Feuer. Die beiden Männer schweigen längere Zeit. Abt Berno wartet ohne innere Unruhe auf ein Wort des Kaisers. Heinrich II. stößt mit einer spielerischen Bewegung ein paar trockene Zweige in die Flammen und sieht

zu, wie das Feuer sie züngelnd erfaßt. Im flackernden Feuerschein wirkt sein Antlitz hager und erschöpft. Er hockt mit vorgebeugten Schultern im Gras wie ein Greis. Man munkelt im Heer, die Gesundheit des Kaisers sei angegriffen. Wiederholt stößt er Zweige ins Feuer. Die Grillen zirpen schrill. Die Zweige knistern und knacken, wenn das Feuer sie ergreift und verzehrt. Von den anderen Zelten her ertönen Männerstimmen und lautes Lachen. Pferde wiehern.
Abt Berno hebt seinen Blick und schaut in das samtdunkle Gewölbe des Himmels mit den unzähligen Sternen. Als der Kaiser ihn anspricht, senkt er seine Augen nicht. »Abt Berno, sagt mir einmal ehrlich, was Ihr von der Macht haltet!« Der erwidert, ohne zu zögern: »Macht ist die größte Versuchung, der ein Mensch ausgesetzt sein kann. Andere zu beherrschen, das ist eine ungeheure Verlockung, weil es Teilhabe an der Allmacht Gottes ist. Sie kann furchtbar mißbraucht werden. Legitime Macht ist ein von Gott verliehener Anteil an Seiner Allmacht. Wer die Macht im Auftrag Gottes ausübt und ihr somit Berechtigung verleiht, der muß seinen Untertanen dienen und ihnen wie Gott zu begegnen suchen . . . liebend, gütig und barmherzig.« Unverwandt blickt Abt Berno zum Sternenhimmel. »Stellt Ihr die Begriffe nicht auf den Kopf, Abt Berno? Nach Euch wäre Herrschen nur eine andere Art des Dienens, wenn es in der gottgewollten Weise geschähe.« Nun senkt der Abt den Blick und sieht dem Kaiser ruhig in die Augen. Sie sind im Feuerschein dunkel und unergründlich. Heinrich hat sich weit vorgebeugt, als würde von der Antwort des Abtes viel für ihn abhängen. »Denkt an die Worte unseres Herrn Jesus Christus, Herr Kaiser: ›Wer unter euch der Erste sein will, der sei der Diener aller.‹« Da zieht der Kaiser die Schultern hoch, als ob ihn fröstele. »Ihr möget recht haben mit dem, was Ihr sagtet, Herr Berno. Habt Ihr selbst als Herr

der Augia nie den Konflikt, die Versuchung verspürt, an den Menschen Eure Macht zu erproben, sie einfach zu beherrschen und zum Gehorsam zu zwingen?« Der Abt weiß, was den Kaiser innerlich bewegt. Gerade darum läßt er sich Zeit mit seiner Anwort. Sorgsam schürt er das Feuer und legt Holz nach. Dann sagt er: »Ich habe diese große Versuchung wiederholt gespürt, Herr Kaiser, und ich bin ihr auch erlegen. Gott in Seiner Güte ließ mich mein Versagen bald erkennen und gab mir die Möglichkeit, es wieder gutzumachen. Würde der Herr mir nicht helfen: ich hätte durchaus das Zeug zu einem Tyrannen.« Sein offenes Bekenntnis ebnet dem Kaiser den Weg. Seine Worte überstürzen sich förmlich, als sei ein Damm gebrochen. »Bei allem guten Willen war ich oft nur Herr und Herrscher. Ich habe nach dem Gesetz ohne Liebe und Erbarmen entschieden und Menschen gebeugt und in den Staub gezwungen. Ja, Herr Berno, ich habe die Macht um der Macht willen geliebt. Könnt Ihr mir weiter zuhören, Vater Abt? Ich möchte heute nacht zu Euch als zu einem Priester Gottes sprechen, dem ich mein volles Vertrauen schenke. Ich wäre Euch dankbar, wenn Ihr mir die Zeit schenken würdet! Wer weiß, ob sich eine solche Gelegenheit noch einmal ergibt.«

Unter dem Sternenhimmel von Campobasso sprechen Kaiser und Abt Stunde um Stunde. Der mächtigste Mann auf Erden bekennt dem Priester sein Versagen. Abt Berno findet milde, trostreiche Worte barmherziger Vergebung. Die Sterne verblassen schon. Der Abt fühlt sich müde und verausgabt und zugleich bedrückt. Hat der Herr die Last vom Kaiser genommen und sie auf seine Schultern gelegt? Er fühlt sie drückend und schwer, aber er nimmt sie an. Und als schon der Morgen dämmert, da ist ihm, als würde die Last von ihm genommen. Frohen Herzens segnet Abt Berno seinen Kaiser. Er ist zutiefst dankbar und voll staunender Freude ob der Güte Gottes. In dieser Gesinnung feiert er für seine Mönche, seine Reisigen und für den Kaiser das Opfer Christi. Er reicht Herrn Heinrich den Leib des Herrn. Strahlend vergoldet die Sonne die Berge von Campobasso.

SO VERGEHT DIE HERRLICHKEIT

Die Olivenernte wird eingebracht. Vico hilft den Knechten und ihren Frauen beim Pflücken der Früchte von den silbriggrünen Bäumen. Scherzworte fliegen hin und her. Der junge Vogt summt die Weise eines Volksliedes vor sich hin. Er kann die Tochter des Nachbarn nicht vergessen, und die Jungfer Beatrice scheint ihrerseits an dem fröhlichen und fleißigen Römer Gefallen gefunden zu haben. Herr Levi beobachtet die wachsende Zuneigung der beiden mit väterlichem Wohlwollen. Beatrice wäre die richtige Frau und Herrin für Limonta. Bei der Ernte führt Levi die Liste, in der die Erträge verzeichnet werden. »Wir wirtschaften nicht nur für uns. Wir denken bei allem auch an die Augia.« Vincenzo schleppt einen wohlgefüllten Korb herbei. Schmunzelnd verzeichnet Herr Levi die Ausbeute. Seit er in Limonta weilt, ist er aufgelebt und hat viel von seiner früheren Vitalität zurückgewonnen. Mit Vico verbindet ihn eine herzliche Freundschaft. »Ihr seid mein Onkel, Herr Levi«, hat der Vogt ihm versichert. »Abt Berno ist und bleibt für mich der Vater.« »Den Rang möchte ich ihm gar nicht streitig machen, Vico. Obwohl ich älter bin als er, ist er auch mir ein väterlicher Freund.« Mit einem unbewußten Seufzer schaut Levi in die sonnenhelle Landschaft, die er liebgewonnen hat. Der Comer See erinnert ihn an den Bodensee, wenn auch die Vegetation farbenreicher, üppiger und südlicher ist. An den Seeufern ragen schlanke Palmen empor. In der Ferne bemerkt er zwei Reiter, die sich rasch nähern.

Wer besucht sie denn heute? Ob etwa Beatrice mit ihrem Vater unter einem Vorwand nach Limonta kommt? Levi schmunzelt wiederum vergnügt. Er legt die Hand schützend an die Stirn und kneift die Augen zusammen, um besser sehen zu können. Nein, Beatrice ist es jedenfalls nicht. Die Reiter tragen dunkle Gewänder, während Beatrice leuchtende Farben liebt. Dunkle Gewänder? Herr Levi läßt seine Liste fallen und ruft aus Leibeskräften: »Vico! Vico! Komm rasch!« Sein Ruf ist so dringend und alarmierend, daß der Vogt umgehend herbeieilt. Er sieht seinen Freund mit ausgebreiteten Armen, aufgerissenen Augen und offenem Mund da stehen. »Was ist geschehen? Was habt Ihr, Onkel Levi?« fragt er erstaunt. »Da... da... da«, stammelt Levi nicht gerade geistreich. Vico folgt seiner Blickrichtung. Er entdeckt die Reiter und erkennt sie. »Vater!« Sein Ruf ist fast ein Schluchzen. »Vater!« Dann läuft er den Reitern entgegen. Dicht vor ihm zügelt Abt Berno sein Pferd, gleitet aus dem Sattel und schließt Vico in die Arme. »Vico, mein Sohn, wie geht es dir?« Er lacht über sein ganzes braungebranntes, hageres Gesicht. Die Strapazen des langen Feldzuges haben ihn gezeichnet. Seine Schläfenhaare sind grau geworden. Nun begrüßt der zweite Mönch, Bruder Volkmar, den ehemaligen Scholaren. Herr Levi hat sich noch immer nicht von der Stelle gerührt. »Was ist denn mit Euch los, Herr Levi? Seid Ihr wie weiland Lots Weib zur Salzsäule erstarrt? Hat Euch mein Anblick einen solchen Schrecken eingejagt?« scherzt der Abt und geht zu ihm hin. »Ich konnte mich vor Erstaunen und Freude nicht bewegen, Vater Abt. Ich habe nicht zu hoffen gewagt, daß wir uns nach einigen Monaten wiedersehen würden.« Der Abt betrachtet seine beiden Freunde und das gepflegte Anwesen. »Ich konnte nicht zur Reichenau zurückkehren, ohne Euch gesehen zu haben. Ich wollte mich über-

zeugen, daß es Euch gutgeht.« Dankbar versichert Levi: »Das können wir ohne Einschränkung bejahen, nicht wahr, Vico?« »Aber sicher, Onkel Levi«, stimmt Vico eifrig zu und weist auf die gefüllten Körbe. »Wir sind gerade bei der Olivenernte.« »Onkel Levi?« registriert der Abt lächelnd. »Das ist gut, daß Ihr Euch zu einer Familie arrangiert habt.« Da wirft Levi dem Vogt einen raschen Blick zu und sagt verschmitzt: »Sie wird sich weiter vergrößern, wenn Ihr nichts dagegen habt, Vater Abt.« Flammende Röte überzieht Vicos Gesicht bis in die dunklen Locken. Der Abt stellt sich dumm. »Wie soll ich das verstehen, Herr Levi?« »Unser Nachbar, Herr Giacomo, hat eine wunderschöne Tochter namens Beatrice. Wäret Ihr dagegen, Vater Abt, wenn sie Vicos Frau würde?« »Ob ich...?« Nach einem Augenblick der Verblüffung lacht der Abt herzlich. »Ihr seid ein seltsamer Brautwerber, Herr Levi. Ich nehme an, Ihr wollt Vicos Entschlußfreudigkeit stärken. Gut, lieber Vico, meinen Segen hast du.«
In den drei Tagen, die Abt Berno und Bruder Volkmar als geehrte Gäste in Limonta verbringen, fällt die Entscheidung. Vico hält bei Herrn Giacomo um die Hand seiner Tochter Beatrice an. Abt Berno hat ihn zu dem Nachbargut begleitet und als ›Vater‹ die Werbung seines Vogtes tatkräftig unterstützt. Er freut sich an dem Glück des jungen Paares und an der echten Zuneigung, die Levi allerseits genießt. »Nun kann ich beruhigt heimkehren. Die Abtei braucht mich, und ich brauche nach Monaten des Fernseins die Reichenau und den Gnadensee.«
Prior Burkhard macht aus der Heimkehr des Abtes und seiner Begleiter einen Festtag für die Mönche und die Inselleute. Er weiß, daß er Abt Berno eine besondere Freude bereitet, wenn er alle Reichenauer an dem Fest teilnehmen läßt. Nach der lebhaften Freude des Empfanges genießt der Abt die Stille

seiner Zelle und freut sich, vertraute Dinge wiederzusehen, vor allem das Kreuz des Erzbischofs Willigis und die Statue Unserer Lieben Frau. Er nimmt das Testament, das er vor seiner Abreise aufgesetzt und versiegelt hat, aus ihren Händen und verbrennt es. Der Herr hat ihn der Augia zurückgegeben, damit er ihr weiter diene. Prior Burkhard und die Magister, der Cellerar und der Oekonom können von Erfolgen in ihren Bereichen berichten. »Unser bester Scholar heißt Hermann von Altshausen, Vater Abt«, sagt Magister Tatto. »Man meint, er mache täglich neue Fortschritte. Seine Liebe zur Dichtkunst und zur Musik regt ihn zu immer neuen Versuchen an. Unser Chor hat am Fest Epiphanie einen Hymnus von ihm gesungen. Ich habe eine Abschrift auf Euren Tisch gelegt. Da Hermann sich mit dem Schreiben zu sehr plagen muß, habe ich ihm zeitweise Bruder Wipold als Sekretär überlassen.« Abt Berno weiß, daß er den Gelähmten aufsuchen wird, obwohl es dunkelt. Er geht zur Eckzelle des Siechen. Nach kurzem Klopfen tritt er ein. Da sitzt der nunmehr Zehnjährige, das Kind mit der verwachsenen Gestalt und mit dem reifen, ausgeprägten Antlitz, am Fenster und sieht auf den abendlichen See. Er kann sich nicht nach ihm umwenden. Behutsam sagt der Abt: »Hermann, mein Sohn«, geht zu ihm und nimmt seine Hände. »Vater Abt, wie gut, daß Ihr wieder daheim seid!« Die blauen Augen des Knaben leuchten auf. Der Abt setzt sich zu ihm. »Nun werden wir wieder miteinander studieren, aber wir fahren auch miteinander über den Gnadensee. Das magst du doch immer noch?« Hermann nickt heftig. »Wie ich mich freue!« ruft er. »Ich freue mich mit dir, lieber Hermann, und ich hoffe, daß unser Herr Kaiser mir nun wirklich eine lange Zeit auf der Insel gönnt!«

Leider hat diese Hoffnung den Abt getrogen. Nach einigen

Wochen rastloser Arbeit trifft erneut ein Bote des Kaisers ein und überbringt dem Abt ein Handschreiben des Herrschers. »Würdet Ihr bitte baldmöglichst aufbrechen und Uns in Aachen aufsuchen? Es geht dieses Mal um wichtige Belange der heiligen Kirche...« Mit einem resignierten Lächeln verzichtet der Abt auf seine Pläne, die er für die nächsten Wochen gemacht hat. Er muß dem Ruf des Kaisers Folge leisten und nach Aachen reisen. Mit einer Geste der Entsagung legt er den Brief in die Hände Unserer Lieben Frau. »Ich könnte den Besuch in Aachen auf Prüm ausdehnen. Wie wäre es, wenn Bruder Rutbert mich begleitet.« Der Prior von Schienen ist nur zu gern bereit, die Reise in den Nordwesten anzutreten. Er sieht seine alte Klosterheimat wieder und ist wie ehedem der Gefährte von Abt Berno. Weitere Reisegefährten sind Bruder Volkmar und Bruder Wipold. Die Schiffreise bis Köln und der Ritt nach Aachen verlaufen ohne nennenswerte Vorkommnisse. In der alten Kaiserstadt besuchen die drei Mönche zuerst den Dom. Im herrlichen Oktogon weilen sie betend und schauend. Wenn die Augia nur endlich wieder ein würdiges Gotteshaus hätte! Ob nicht Kaiser Karl, der ein mächtiger Gönner der Reichenau zu Lebzeiten war und sie mit seiner Gemahlin Hildegard besuchte, als Fürsprecher hilfreich beistehen kann?
»Wie freuen Wir uns, daß Ihr Unserem Ruf sofort Folge geleistet habt, Abt Berno!« begrüßt ihn Kaiser Heinrich. Seit der Nacht von Campobasso besteht zwischen den beiden Männern eine tiefere Verbindung. Abt Berno betrachtet ihn besorgt. Herr Heinrich war immer schmal und blaß. Nun hält er sich gebeugt, und seine Augen sind trüb und umschattet. Seine Hände zittern. Dennoch ist er gut gestimmt und hoffnungsfroh. »Abt Berno, ich rief Euch, um Euch eine Freude zu bereiten«, sagt er mit großer Wärme und unter Verzicht

auf jede Förmlichkeit. »König Robert von Frankreich, der lange Zeit mein Gegner war, und ich, wir haben uns die Friedenshand gereicht. Wir haben eingesehen, daß von unseren Völkern Wohl oder Wehe unseres ganzen Kontinents abhängt, und wir wollen darum zusammenarbeiten. Ihr wißt, welche Kräfte unsere heilige Kirche zu spalten drohen. Mit dem Einverständnis unseres Heiligen Vaters wollen wir zur Einheit der Kirche unseren Beitrag leisten. König Robert stimmte meinem Vorschlag zu, für das nächste Jahr, also 1024, ein Konzil unter dem Vorsitz des Papstes einzuberufen. Ihr, lieber Vater Abt, sollt das Eurige dazu beitragen! Betet mit Euren Brüdern, daß Gott unserem Plan Seinen Segen nicht versagt! Ferner bitte ich Euch, in voller Freiheit ein Verzeichnis der Themen vorzubereiten, die auf einem solchen Konzil behandelt werden sollen. Ich werde Eure Vorschläge ernstnehmen. Papst Benedikt wird es auch tun, denn Ihr geltet als treuer Sohn der Kirche und als ebenso treuer Gefolgsmann Eures Kaisers.« Die Aussicht auf ein Konzil, das der Kirche eine neue Einheit und dem vielfach erschlafften kirchlichen Leben neue Begeisterung schenken könnte, erfüllt das Herz des Abtes mit dankbarer Freude. Nun haben die Reformideen von Cluny noch mehr Aussicht, das gesamte Leben der Kirche zu beeinflussen und die Gleichgültigen und Lauen für den Herrn zu gewinnen. Allein um dieses Konzils willen verdient Herr Heinrich Achtung und Liebe. Er verneigt sich tief vor ihm. »Ich danke Euch für Euer Vertrauen, kaiserlicher Herr! An eine Geheimhaltung habt Ihr nicht gedacht, denn wie vermöchte ich sonst mit meinen Brüdern für das geplante Konzil zu beten?« Der Kaiser lächelt ihm zu, und ein flüchtiger Schimmer des früheren Leuchtens tritt in seine hellen Augen. »Ihr solltet nur der Erste sein, der es erfuhr, Herr Berno. Ich werde meine Berater und die Bischöfe und

Äbte fortan darüber informieren. Ich brauche viele Helfer und viele Beter.« Nach dem Gespräch mit dem Kaiser erzählt Abt Berno seinen beiden Begleitern die beglückende Neuigkeit von dem bevorstehenden Konzil. »Gebe Gott, daß es Wirklichkeit wird!«

»Ihr habt Euer Versprechen nicht gehalten, Herr Vetter«, meint der Abt mit leichtem Vorwurf, als er Arnulph von Rahnwyl besucht. »Ihr wolltet nach Eurer Rückkehr aus dem Heiligen Land zur Reichenau kommen!« »Lieber Vater Abt, nach den harten Strapazen unserer Pilgerreise waren wir so erschöpft, daß wir nur noch eine Sehnsucht hatten: auf schnellstem Wege nach Aachen zu gelangen.« Der Abt und seine Begleiter Prior Rutbert, Bruder Volkmar und Bruder Wipold, genießen die großzügige Gastfreundschaft des Hauses Rahnwyl. Mit milder Festigkeit leitet Frau Veronika das Hauswesen. Voll berechtigtem Stolz zeigt der Kaufherr sein Anwesen, sein Warenlager und seine Büchersammlung. Am Abend sitzen sie bei einem Glas Wein zusammen. Das edle Paar erzählt vom Heiligen Land. »Es war ergreifend, am Jordan zu stehen, in dessen Wassern unser Herr von Johannes getauft worden ist! Der See Genezareth erinnerte mich an den Bodensee.« Frau Veronika stimmt ihrem Gatten zu. »Auch mich beeindruckten die Heiligen Stätten sehr ... der Berg der wunderbaren Brotvermehrung, Nazareth, Bethlehem. Immer wieder kam es mir beglückend zu Bewußtsein: ›Hier hat unser Herr Jesus Christus gelebt. Hier ist Er einhergegangen. Hier hat Er geheilt, gepredigt und Wohltaten gespendet ... Und hier auf Golgotha ist Er für uns gestorben.‹« Ein wenig hilflos fügt der Kaufherr hinzu: »Wir können unmöglich alles aufzählen. In keiner Weise kann man die inneren Erlebnisse einer solchen Pilgerfahrt beschreiben. Sie liegen zu tief in uns.« Er bittet den Abt und die Mönche, von der Reichenau zu berichten. Der Abt läßt seinen Begleitern das Wort. Bruder Wipold erwähnt die außergewöhnliche Begabung des Scholars Hermann von Altshausen. »Altshausen?« fragt Arnulph von Rahnwyl. »Ist er ein Sohn des Grafen Wolfrad?« Abt Berno bestätigt dies. »Ja, Hermann ist ein Sohn des mächtigsten Mannes in Schwaben und zugleich ein armes Kind.« Er erzählt von der Behinderung des Grafensohns. »Die schwere Lähmung geht mit einer außergewöhnlichen geistigen Begabung Hand in Hand. Ein reicher Armer! Aber ich beziehe mich nicht auf seine Behinderung, wenn ich sage, daß er von Gott ausgesondert ist... Segregatus!« Mitleidig meint Frau Veronika: »Welches Heimweh muß dieses arme Kind haben! Wie muß er darunter leiden, daß er nie richtig am Leben teilnehmen kann! Glaubt Ihr nicht, Vater Abt, daß es bei ihm zu einer schweren Krise kommen wird, wenn er das ganz begreift?« Nachdenklich blickt Abt Berno die kluge Frau an. »Ihr werdet leider recht haben, Frau Veronika. Je reifer er wird, um so schmerzlicher wird er seine Lähmung empfinden. Wie soll ich ihm in dieser Krise helfen?« Impulsiv ruft die warmherzige Frau aus: »Schickt Hermann zu uns! Ich will mich seiner mütterlich annehmen, und ich weiß, daß mein Gatte ihn wie einen Sohn behandeln wird!« Arnulph von Rahnwyl hat keine Einwände gegen den Vorschlag seiner Gattin. »Das ist ein guter Gedanke, Frau Veronika. Die heißen Schwefelquellen unserer Stadt bringen dem Siechen gewiß einige Linderung. Meine gelehrten Freunde könnten sein Wissen fördern. Wahrscheinlich braucht er einmal den Abstand von der Reichenau, um ganz zu ihr hinzufinden. Ihr habt ja meine Schatzkammer, meine Bibliothek gesehen, Abt Berno. Sie kann sich nicht mit der Eurigen messen, wird aber für Hermann manches Neue zu bieten haben.« »Ich danke Euch für Euer Angebot, Hermann bei Euch aufzunehmen,

Frau Veronika und Herr Arnulph! Es kann sehr gut möglich sein, daß ich davon Gebrauch machen werde. Ja, ich ahne irgendwie, daß es geschehen wird.«

Nach einer Woche nehmen sie Abschied von Aachen. Sie reiten in die nahen Eifelberge. Abt Berno und Prior Rutbert sehen ihre alte Klosterheimat, die Abtei zu Prüm, wieder. Sie haben sie vor sechzehn Jahren verlassen. »Damals betrachtete ich unseren Aufbruch als herrliches Abenteuer«, gesteht Bruder Rutbert. »Ich ahnte nicht, was uns an Leid und Kreuz begegnen würde.« Forschend blickt der Abt seinen Getreuen an. »Bereut Ihr es, lieber Bruder, daß Ihr damals freiwillig mit mir gezogen seid? Ist es nicht trotz allem immer noch ein herrliches Abenteuer, für unseren Gott zu leben?« Der Prior von Schienen kann seine Zustimmung nicht aussprechen, denn Abt Hildrad kommt und begrüßt seine Gäste. »Welch kurze Regierungszeit ist im allgemeinen einem Abt beschieden«, sagt er am Grab des Abtes Urold. »Ihr, Herr Berno, seid bereits sechzehn Jahre Abt der Reichenau.« »Hier in Prüm kommt es mir so vor, als sei ich erst gestern zur Insel Reichenau ausgezogen! Angst, Sorge und Not – das waren damals meine Empfindungen ...« Er weist auf eine Bank im Klostergarten. »An dieser Stelle hat Herr Heinrich mir die ungeheuerliche Mitteilung gemacht, gegen die es kein Veto gab. Wie verzweifelt habe ich mich dagegen gewehrt! Heute darf ich Euch, Herr Hildrad, im Auftrag des Kaisers eine Mitteilung machen.« Mit ungeteilter Aufmerksamkeit lauscht der Abt von Prüm den Konzilsplänen, die den Papst, den Kaiser und den König von Frankreich miteinander verbinden. Hildrad, den geborenen Grafen zu Burgund, begeistert vor allem die Freundschaft zwischen dem Kaiser und König. »Daraus kann Gutes für die Völker Europas erwachsen. Gäbe es doch eine große Einheit der christlichen Nationen, eine Einheit ohne

Machthunger und Kriege!« Abt Berno dämpft die allzu große Begeisterung des Prümer Abtes: »Bedenkt, Herr Hildrad, wie schwer es schon ist, die Einheit und den Frieden in einer klösterlichen Gemeinschaft herzustellen und zu bewahren!« Nach einem gemeinsamen Gottesdienst in der großen Salvatorkirche, die den Reichenauern die Unzulänglichkeit ihres Münsters besonders deutlich macht, verabschieden sie sich von der Abtei zu Prüm. »So Gott will, sehen wir uns beim Konzil wieder«, sagt Abt Hildrad zu Berno.

Um Bruder Wipold eine Freude zu machen, legen sie einen Zwischenaufenthalt in Mainz ein. Sie beten am Grab des im Jahre 1011 verstorbenen Erzbischofs Willigis in dankbarer Verehrung. Dann drängt es sie nach Süden. Ein Treidelschiff bringt sie bis Basel. Eilig reiten sie am Rheinufer entlang, bis die Reichenau in Sicht kommt. Ein Churgauer Fischer setzt sie über. Prior Rutbert reist sofort weiter nach Schienen. An der Herrenbruck nehmen die beiden Freunde Abschied voneinander. »Ich meine, es sei an der Zeit, daß unsere drei Verbannten heimkehren. Es wäre erfreulich, wenn die Zeit in Schienen ihnen eine neue und bessere Einstellung zur Autorität des Abtes geschenkt hätte!« Besorgt meint Bruder Rutbert: »Ihr seid zu optimistisch, Vater Abt. Ich würde sie länger in der Verbannung lassen. Ihre Bekehrung hat nämlich kaum Fortschritte gemacht, am wenigsten bei Bruder Ludger.« Der Abt besteht auf seiner Forderung. Er will diese Schwierigkeiten wieder auf sich nehmen.

Sorgfältig beginnt er damit, Themenvorschläge für das Konzil niederzuschreiben. Es geht ihm vor allem darum, daß die Kirche Dienerin der Benachteiligten sein muß. Wie läßt es sich verwirklichen, daß sie die Mächtigen beeinflußt, ihre Macht nicht zu mißbrauchen? Je länger er sich mit diesem Thema beschäftigt, um so kühner werden seine Vorschläge.

Dieses Konzil wird für den Abt ein einziges Wagnis darstellen. Schließlich faltet er die Pergamente zusammen und versiegelt sie. Lächelnd legt er sie in Mariens Hände. Morgen soll sich ein Bote mit dem umfangreichen Päckchen auf den Weg machen... Am Abend dieses Tages trifft ein dunkelgekleideter Eilbote auf der Reichenau ein. Er überbringt eine ernste und traurige Mitteilung. Kaiser Heinrich II. ist am 13. Juli 1024 in der Kaiserpfalz Gronau bei Göttingen gestorben. »So vergeht die Herrlichkeit der Welt!« Die Aussicht auf ein Konzil ist damit vorerst geschwunden. Abt Berno hält ein feierliches Requiem für den heimgegangenen Kaiser. Seine Traueransprache ist zugleich eine Laudatio auf den großen Herrscher. Der Kaiser hat sich viele Verdienste um Reich und Kirche erworben. »Er hat aus dem Glauben an unseren Herrn Jesus Christus gelebt und vor Gott und den Menschen immer das Gute gewollt. Wie alles Menschentun hat auch sein Handeln seine Mängel gehabt. In Seiner unendlichen Güte wird der Herr dem Werk des Kaisers die Vollendung schenken. Lasset uns des Verstorbenen in dankbarer Liebe gedenken und ihn in Gottes Barmherzigkeit empfehlen! Wir wollen ihm jene Gebete widmen, die wir sonst nur unseren Mitbrüdern in die Ewigkeit nachsenden! Auf dem Platz unserer verstorbenen Mitbrüder im Refektor brennt zu ihrem Gedenken eine Kerze. Für Herrn Heinrich wird sie vor jener Mauer brennen, an deren Stelle sich demnächst das Westwerk mit der Kaiserloge erheben wird.« Kaiser Heinrich war ein Freund der Augia. Wer wird ihm folgen? Wie wird sich der neue Herrscher zur Reichenau einstellen? Wie wenig dauerhaft ist die Hilfe der Menschen... Im gleichen Jahr geht in Rom Papst Benedikt VIII. heim zu Gott. Sein Nachfolger wird Papst Johannes XIX.

Die deutschen Fürsten wählen den Salier Konrad zum König.

Abt Berno entbietet ihm die Glückwünsche der Abtei. Sie werden erst zwei Jahre später beantwortet. König Konrad will sich von Papst Johannes XIX. in Rom zum Kaiser krönen lassen und fordert den Abt auf, ihn auf diesem Romzug zu begleiten. Der Ton des Briefes ist kühl und sachlich. Herr Konrad strebt kein inniges Verhältnis mit der Reichsabtei an. Leider muß Abt Berno ihm eine Absage erteilen. »Von einer schweren Krankheit kaum genesen, bin ich noch so geschwächt, daß ich die Reise nicht wagen kann. Zudem liegen mein Prior Burkhard und etliche Mönche an der gleichen Seuche darnieder. Ihr werdet verstehen, kaiserlicher Herr, daß ich auch aus diesem Grunde die Reichenau nicht verlassen kann. Ich bitte Euch höflichst, mich zu entschuldigen!«
Aus Konstanz gelangen allerlei Gerüchte auf die Insel. Bischof Warman soll ein Günstling des neuen Königs sein und gegen Abt Berno intrigieren. Müde winkt der Abt ab. »Hört mit diesem Geschwätz auf! Es widert mich an. Die Reichenau und ihr Abt gaben den Konstanzern in der Vergangenheit so oft Gesprächsstoff. Gönnen wir ihnen das Thema! Ich will ihnen sogar mehr davon zukommen lassen. Wenn unsere Kranken genesen sind, beginnen wir mit dem Bau des Westwerks.« Prior Burkhard, der noch auf dem Krankenlager liegt, wendet ängstlich ein: »Vater Abt, habt Ihr dazu Herrn Konrads Erlaubnis eingeholt?« Erstaunt sieht Berno ihn an. »Kaiser Heinrich hatte den Bau doch schon vor längerer Zeit genehmigt.« Mühsam richtet der Prior sich auf. »Erlöschen die Privilegien und Erlaubnisse einer Reichsabtei nicht mit dem Tode des jeweiligen Herrschers und müssen von seinem Nachfolger erneuert werden?« Abt Berno seufzt und macht ein finsteres Gesicht. »Daran habe ich nicht gedacht! Das kostet uns unnötige Zeit. Ist diese starke Abhängigkeit einer kirchlichen Institution vom Willen des Königs mit dem We-

sen der Kirche zu vereinbaren? Das wäre eines meiner Themen für das Konzil gewesen. Im Geist der Reform von Cluny ist es jedenfalls nicht, daß ein König in der Kirche bestimmt.« Beschwichtigend hebt der maßvolle Burkhard die Hand, als Abt Berno sich in heftige Erregung steigert. »Laßt das bitte keinen anderen Mönch hören, Vater Abt! Man könnte es am Kaiserhof übel vermerken. Zur Zeit ist es leider wahr: die Kirche ist dem König und zukünftigen Kaiser untertan. Herr Konrad kann der Reichenau sehr schaden.«
Abt Berno fügt sich, wenn auch mit innerem Widerstreben, dem klugen Rat seines Priors. Er wartet mit dem Baubeginn und sendet dem aus Rom heimkehrenden Kaiser Konrad eine Delegation der Augia entgegen. Bruder Volkmar führt die Schar der Reichenauer an. Kaiser Konrad nimmt ihn ungnädig auf, liest mit gekrauster Stirn den Brief des Abtes und läßt sich genauestens Bericht erstatten über das Bauvorhaben. »Ich kann nur sagen, daß Euer Abt Glück mit seinem Entschluß gehabt hat, mit dem Weiterbauen auf die Erlaubnis des Kaisers zu warten«, meint er mit hochmütigem Gesicht und fächelt sich mit dem Brief Kühlung zu. »Die Abtei Maria von der Au ist Reichsabtei, und Euer Abt kann sich nicht wie ein Landesfürst benehmen. Ich kann ihn nach Belieben jederzeit absetzen lassen. Habt Ihr das begriffen, Bruder?« Zornesröte schießt in die Wangen des Reichenauers. »Herr Kaiser, ich verstehe Euch gut! Und ich weiß auch, daß unser Vater Abt den Tag herbeisehnt, an dem er die allzu schwere Last des Amtes niederlegen darf!« Die mit Ingrimm hervorgestoßenen, ehrlichen Worte verfehlen ihren Eindruck auf den Kaiser nicht. Dennoch bemerkt er spitz: »Mir ward berichtet, daß er sich in der Würde seines Amtes sonne.« »Die Kunde kam gewiß aus Konstanz«, fährt Volkmar auf. »Nachrichten von dort, das solltet Ihr wissen, Herr Kaiser, sind stets gefärbt und

übertrieben.« Unwillkürlich wird der Salier verlegen. Sein Wissen über Berno und die Reichenau hat tatsächlich diese eine Quelle. Er beendet rasch die Audienz. Am folgenden Tag überbringt der Sekretär des Kaisers dem Mönch die huldvolle Erlaubnis zum Bau des Westwerkes. Das Schreiben ist sogar von Segenswünschen für die Reichenau und ihren Abt begleitet.

Nun strebt Bruder Volkmar mit seinen Begleitern in Eilritten zum Comer See. Vogt Vico und seine Frau Beatrice heißen sie herzlich willkommen. Am freudigsten begrüßt sie Herr Levi. Stolz zeigt Vico den Gästen seine beiden Kleinen, und Frau Beatrice bewirtet sie mit allem, was Küche und Keller zu bieten haben. Sie müssen erzählen und erzählen. Vicos und Levis Fragen über die Abtei und alle ihnen bekannten Bewohner der Insel scheinen kein Ende zu nehmen. Später am Abend, als sich das Ehepaar und die Begleiter Volkmars zurückgezogen haben, bleibt Volkmar mit Herrn Levi allein am flackernden Herdfeuer. »Bruder Volkmar, sagt mir bitte ehrlich, wie es unserem Vater Abt geht! Ihr wichet vorhin irgendwie aus, als ich Euch nach seinem Wohlergehen fragte. Bitte, sagt mir die Wahrheit! Ich bin sein Freund.« Die Kerzenflamme zwischen den beiden Männern zittert und droht zu verlöschen. »Seht Euch die Kerzenflamme an, Herr Levi. Sie ist bedroht und dennoch leuchtend, schwach und dennoch siegreich. Ja, Herr Levi, Ihr seid Abt Bernos Freund. Das weiß ich. Im übrigen ... so will mir scheinen ... verringert sich die Zahl der Freunde unseres Abtes seit dem Tod von Kaiser Heinrich. Es gibt ehemalige Mönche der Reichenau, wie Dietbert und Thankmar, die ihn stürzen wollen. Auch Kaiser Konrad ist kein Freund unseres Abtes.«

Erschrocken blickt Levi ihn an. »Gibt es etwa auch innerhalb Eurer Gemeinschaft Mönche, die dem Abt übel wollen? Verzeiht mir die offene Frage...« »Ja, innerhalb unserer Gemeinschaft gibt es Mönche, welche die Opfer scheuen, die uns der Neubau auferlegt. Sie werfen Herrn Berno vor, seine Pläne seien eitel und hoffärtig. In unbegreiflicher Milde ließ er drei Gegner aus der Verbannung heimkehren. Sein Hauptgegner ist Bruder Ludger. Ihn kann nichts und niemand von Abt Bernos Lauterkeit überzeugen.« Der Jude beugt sich vor und faßt den Mönch an die Schulter. »Aber warum? Warum, Bruder Volkmar? Euer Abt hat stets das Gute gewollt. Er ist anspruchslos, setzt sich für die Geringen und Verfolgten ein, auch für mich. Warum verfolgt man ihn?« Der Mönch sieht ihm lange und nachdenklich in die dunklen Augen. »Darauf gibt es nur eine Antwort: unser Vater wird verfolgt, weil er das Gute will, weil er selbstlos handelt und den Geringen hilft. Auch Ihr wißt, daß unser Herr Jesus einherging und Wohltaten spendete...« »Und dafür wurde Er ans Kreuz geschlagen.« Mit großem Ernst nickt der Mönch. »Herr Levi, man kann einen Menschen auch geistigerweise kreuzigen, indem man ihn verleumdet, ihn demütigt und schmäht. Abt Berno ist unserem Herrn sehr nahe.« Ängstlich forscht Levi: »Meint Ihr, daß der Kaiser auch gegen ihn ist?« »Kaiser Konrad könnte wie Pontius Pilatus an ihm handeln, wenn er weiterhin nur auf die Gegenseite hört.« Levi atmet schwer. »Wäre es möglich, daß er ihn des Amtes enthebt?« »Durchaus! Läßt er ihm das Amt, geschieht es aus Berechnung. Der Kaiser weiß nämlich trotz allem, daß Abt Berno der beste Abt ist, den die Reichenau seit vielen Jahren hatte.« Die beiden Männer bleiben im Gespräch, bis der Morgen dämmert.

Abt Berno freut sich über die Grüße aus Limonta und über das Schreiben des Kaisers. Nun kann er mit dem Bau des Westwerks beginnen. Die lombardischen Bauarbeiter, die Vico für ihn angeworben hat, treffen auf der Reichenau ein. Seine wenigen Gegner im Konvent können ihre Enttäuschung kaum verhehlen. Sie haben nun ein neues Thema, um die Unzufriedenheit zu schüren: die fremden Arbeiter. »Das ausländische Gesindel wird Sitte und Moral unserer Leute untergraben. Warum holte der Abt Fremde auf unsere Insel?« klagt Bruder Ludger. Sein Freund Walerich bemerkt: »Hatte unser Abt nicht schon immer etwas für die Fremdländischen übrig? Denkt an Vico und an Levi. Ich bezweifele, daß diese Dunkelhaarigen den rechten Glauben haben. Das bekümmert unseren Abt nicht, denn für ihn sind alle gleich, die ein Menschenantlitz tragen.« Ludger lacht laut auf. »Bruder, da habt Ihr mir ein prächtiges Stichwort gegeben! Das ist ein Ansatz, um ihn zu befragen und in die Enge zu treiben.« Während der Rekreation sind die Mönche im Garten der Abtei. Bescheiden nähert sich Bruder Ludger dem Abt und bittet ihn: »Würdet Ihr in einer Streitfrage zwischen Bruder Walerich und mir entscheiden, Vater Abt?« Herr Berno erwidert arglos: »Wenn ich dazu in der Lage bin. Wie lautete Euer Thema?« Der Mönch weicht dem offenen Blick des Abtes aus. Er spielt nun den in tiefes Nachdenken versunkenen Gelehrten. »Es ist so ... ich habe behauptet, daß der Wert oder Unwert eines Menschen von seiner Rechtgläubigkeit abhängen würde. Bruder Walerich fand, der Mensch habe als solcher einen großen Wert.« Verblüfft starrt Walerich ihn an. Es hat nie eine solche Diskussion gegeben. Verstohlen stößt Ludger ihn mit dem Ellenbogen.

Hat Abt Berno etwas von der Verschwörung gemerkt? Sein Antlitz verändert sich nicht. Seine Stimme klingt gelassen. »Wen wollte unser Herr retten, als Er am Kreuze starb? Er kam, um alle zu retten. Schon aus diesem Grunde muß jeder Mensch in den Augen Gottes einen großen, einen sehr großen Wert darstellen. Glaube ist ein Gnadengeschenk. Wem es zuteil wurde, der muß sich auch einmal dafür verantworten, wie er mit dieser Gabe umgegangen ist. Wißt Ihr, die sogenannte Rechtgläubigkeit war auch der Ruhm jener Pharisäer, über die unser Herr Sein Wehe ausgerufen hat. Warum hat der Herr diese Rechtgläubigen verworfen?« Ein Kreis interessierter Mönche hat sich um die beiden gebildet, so daß Ludger sich der Antwort nicht entziehen kann. Zwischen den Zähnen murmelt er verbissen: »Diese Pharisäer wußten vieles über Gott. Sie kannten die Gesetze. Sie leiteten aber von der äußeren Befolgung der Vorschriften Ansprüche gegen Gott ab. Ihrem Glauben fehlte die demütige Unterwerfung.« »Ihr habt gut geantwortet, Bruder Ludger!« lobt der Abt und sieht ihn an, bis der Mönch seinem Blick ausweicht. Unerbittlich fragt Abt Berno weiter: »Und wen hat unser Herr in Seine Nachfolge berufen? Die rechtgläubigen Führer Seiner Zeit? Er berief verachtete Galiläer, Unwissende, Ungelehrte, Zöllner, Sünder, eine Dirne. Auch der Fischer, der seinen Herrn dreimal verriet, war auserwählt und wurde Papst. Nach welchen Kriterien der Herr jene aussucht und diese, ach, so Frommen verwirft, müssen wir Ihn in der Ewigkeit befragen. Gottes Liebe ist die Antwort.« Bruder Ludger will sich nicht geschlagen geben. »Auch der Rabbiner Saulus wurde Apostel!« Wieder sieht Abt Berno den Mönch an. Dieses Mal ist sein Antlitz unverkennbar traurig. »Nach seiner Bekehrung ... Aus dem stolzen Saulus mußte ein demütiger Paulus werden. Zuvor hatte er der Steinigung des Stephanus zugestimmt und den Herrn in den Seinen verfolgt. Gottes Wege sind unergründlich. Beten wir in Demut, daß Er uns hilft, auf dem Weg der Liebe zu bleiben! Danken wir Ihm staunend für die Größe Seiner Liebe, die allen Menschen gilt! Gott kennt nicht die Unterschiede der Rassen, der Völker, des Geschlechts oder des Alters. Er hat alle in Sein Herz geschrieben.« Schadenfroh lacht Bruder Walerich den Freund aus. »So, nun habt Ihr eine ausführliche Abfuhr erhalten. Jetzt wißt Ihr klar und deutlich, und Ihr habt es zudem selbst bestätigt, daß Ihr vor Gott nicht mehr wert seid als der letzte fremdländische Handlanger am Bau.«

Dann beginnt der große Regen. Zuerst freuen sich die Reichenauer, als der Himmel seine Schleusen öffnet. Zuvor hat nämlich wochenlang Trockenheit geherrscht. »Nun gießt der Himmel«, meinen die Leute zufrieden. Sie haben lange genug Eimer mit Seewasser in die Gärten schleppen müssen. Aber es regnet Tag für Tag unvermindert heftig. Das Land rings um den See bleibt hinter grauen Nebelschleiern und Regenschauern verborgen. »Die Körner verderben am Halm, und die Trauben faulen an den Reben, wenn das so weitergeht!«

Der Cellerar begibt sich sorgenvoll in die Abtszelle. »Ich weiß, daß wir in dieser Lage eigentlich nur beten können, Vater Abt, aber wenn die Ernte verdirbt, geraten wir wirklich in Not. Durch die Beköstigung der vielen Fremden sind in diesem Jahr unsere Vorräte weitgehend aufgebraucht. Vom Erit-, Schussen-, Argen- und Churgau können wir nichts erwarten. Auch im Norden soll es unaufhörlich regnen.« Mit Bestürzung bemerkt der Cellerar die Zeichen der Sorge und des Alterns im Antlitz des Abtes.

»Gott hält Seinen Segen zurück, lieber Bruder. Wir dürfen darum aber nicht verzagen und nicht bitter werden. Ich habe immer wieder erlebt, daß gerade aus Not und Kreuz Segen und Fülle erwachsen.« Der Abt blickt auf den Gekreuzigten, dessen Augen im fahlen Regenlicht milde auf ihn schauen. Der Cellerar achtet das Schweigen des Abtes. Er ahnt, daß Berno stumme Zwiesprache im Gebet hält. Der Mönch wagt es nicht, sich zu rühren oder zu räuspern. Es dauert eine ganze Weile, bis der Abt aufschaut. »Verzeiht mir, Bruder, daß ich Euch warten ließ! Nun weiß ich, was wir für die Abtei tun können. Wir werden zu Vico und Levi nach Limonta senden. Unsere beiden Getreuen werden Getreide für die Heimatinsel beschaffen.« Der Bruder wendet ein: »Woher nehmen wir das Geld für einen solchen Großeinkauf, Vater Abt? Ihr wißt . . .« Er stockt verlegen. »Ich weiß, daß der Bau des Westwerks und der Lohn für die lombardischen Bauarbeiter große Summen verschlingt. Herr Levi hat mir schon einmal geholfen, und er kennt sich in diesem Beruf aus.« Vielsagend betrachtet der Abt den Ring des Kaisers Heinrich. »Es könnte sein, daß Ihr ihn dieses Mal nicht mehr zurückbekommt«, warnt der Mönch. »Und? Was soll's?« Gelassen streift der Abt den Ring vom Finger. »Vater Abt, würdet Ihr mir gestatten, zunächst einen anderen Weg zu versuchen? Die reichen Verwandten unserer Mönche, die Dillinger, Wolfsburger und andere, sind bestimmt bereit, uns auszuhelfen.« Mit sichtlichem Zögern gibt der Abt die Erlaubnis. »Ihr dürft jene um Hilfe bitten, die uns wohlgesonnen sind. Graf Wolfrad von Altshausen wird nicht einbezogen.« Bernos Worte klingen so entschieden, daß der Cellerar nichts einzuwenden wagt.

Die adeligen Herrn spenden großzügig. Bald ist ein langer Zug von Reitern und Packtieren nach Limonta unterwegs. Er wird von Bruder Volkmar angeführt. Einer seiner Begleiter ist Bruder Wipold.

Abt Berno nimmt sich mehr des gelähmten Scholaren Hermann an, da dessen Betreuer Wipold abwesend ist. Längere Zeit haben Arbeiten und Sorgen Berno daran gehindert, sich um den Siechen zu kümmern. Nun findet er den jungen Menschen sehr verändert. Das Kindliche und Unfertige, das Hermann trotz seiner frühen Reife an sich gehabt hat, ist

verschwunden. An seine Stelle ist das unruhige Suchen eines Menschen getreten, der seinen Platz im Leben nicht kennen und nicht bejahen will. Tagelang prägen Anfälle tiefer Depression sein Verhalten. »Ich bin nichts wert und zu nichts nütze!« Dann wieder machen sich eine jähe Lebensgier und Unrast breit. Dem Abt begegnet Hermann mit dem gleichen Vertrauen, aber Studium und Gebet sind ihm oft zuwider. Wäre es nicht das Beste, den Gelähmten nach Aachen zu senden? Nach innerem Ringen setzt sich Abt Berno hin und schreibt einen längeren Brief an die Eltern des Jungen und unterbreitet ihnen den Vorschlag mit klugen und vorsichtigen Worten. Gebe Gott, daß Graf Wolfrad das Schreiben richtig auffaßt! Die Antwort läßt gewiß lange auf sich warten. Bis der große Regen nachläßt, soll der Brief wie manche seiner Vorgänger in den Händen Mariens ruhen. »Mutter aller Mütter, hilf, daß das geschieht, was zum Besten Hermanns ist!«
Endlich schlägt das Wetter um. Die Sonne scheint am tiefblauen Himmel. Das Hochwasser des Sees geht langsam zurück. Ein Teil des Getreides und die gesamte Traubenernte werden gerettet. Während in Limonta Vico und Levi, die durch einen Eilboten von der Not der Augia unterrichtet wurden, die große Hilfssendung vorbereiten, läßt Abt Berno die Arbeiten am Westwerk einstellen. Die Schäden an den Hütten und Kähnen müssen beseitigt werden. »Jetzt verschwendet er wieder gutes Geld für das gemeine Volk! Sogar in Allensbach, in Ermatingen und in Gottlieben bessern die Fremden die Unwetterschäden an den Hütten aus. Wird dieser Berno-Bau jemals fertig werden?«
Als Abt Berno in klaren und maßvollen Worten erklärt, daß Gottes Haus warten müsse, wenn Menschen in Not seien, regt sich offener Widerstand. Gegen jeden Brauch erhebt sich der Mönch Ludger im Kapitelsaal und schleudert dem Abt die

Worte entgegen: »Zuerst bringt Ihr die Augia in Schwierigkeiten, weil Ihr mit Eurem großartigen Münsterbau beginnt. Dann muß der Bau wiederum warten, weil das fremde Volk für unsere Hörigen arbeiten muß. Handelt Ihr als Vater Eurer Mönche oder geht Ihr wie ein Herr und Herrscher über ihre Bedürfnisse einfach hinweg?« Nun springen die vielen Getreuen des Abtes auf und weisen die ungeheuerlichen Vorwürfe laut zurück. Der Abt schweigt. Seine Hand ist um das Brustkreuz gekrampft. Endlich erhebt er sich mit totenblassem Antlitz und ruft mit einer strengen Handbewegung: »Schweigt! Das Kapitel ist beendet. Wegen der regelwidrigen Vorkommnisse werde ich erst dann ein neues Kapitel einberufen, wenn der Herr entschieden hat.« Der Herr? Wen meint der Abt damit? Gott den Herrn? Ohne den Segen zu erteilen, verläßt der Abt den Raum, als störe es ihn nicht, daß hinter ihm die Streitgespräche erneut aufbranden.
In seiner Zelle zieht er den Ring vom Finger. Mit dem Brustkreuz legt er ihn in Mariens Hände. Dann öffnet er die alte Truhe. Nach kurzem Suchen findet er die verblichene, geflickte Kutte, in der er einst zur Reichenau gekommen ist. Er zieht sein Habit aus und streift die Kutte über. Flüchtig wundert er sich darüber, daß sie ihm viel zu weit geworden ist. Das Leben eines Magisters zu Prüm war geruhsamer und bekömmlicher als das aufregende Dasein eines Abtes auf der Augia. Die Mönche verlassen gerade laut redend den Kapitelsaal, als der schweigende Abt an ihnen vorübergeht. Hat er sie überhaupt wahrgenommen? Betroffen sehen sie einander an.
Abt Berno begibt sich nach Niederzell. Er hilft beim Fällen der Bäume, die den Knüppeldamm verstärken sollen, der Niederzell mit der Hauptinsel verbindet. Bis zum Abend schafft der Abt wie ein gewöhnlicher Arbeiter, ernst und in sich gekehrt, aber unermüdlich und mit der ganzen Kraft seiner großen

Gestalt. Als er sich zum gemeinsamen Gebet und zur Mahlzeit einfindet, ist sein Gewand noch unansehnlicher, und seine Hände sind schwielig und rissig geworden. Kreuz und Ring ruhen weiter in den Händen Mariens. Bei Tisch übernimmt er das Amt des Vorlesers. Niemand schaut auf, als er mit ruhiger und klangvoller Stimme beginnt: »Es ist nicht so, daß man Gott etwas nimmt, was man in Liebe den Menschen gibt. Am Kreuz gehört beides zusammen. Am Kreuz haben beide Formen der Liebe, die im Grunde genommen nur eine sind, ihren Ursprung. Die volle Erkenntnis der Würde des Menschen, jedes Menschen, seiner Einmaligkeit und Unantastbarkeit, sind eine Konsequenz des Evangeliums Jesu Christi von der persönlichen Liebe Gottes zu jedem Menschen. Der Gottessohn gab sein Leben, um den geringsten seiner Brüder zu erlösen. Er liebt einen jeden von uns. Was geben wir Ihm für Seine Liebe in unserem Leben zurück? Schenken wir Ihm unser Leben in unablässigem Dienst an den Menschen, die Er liebt? Er liebt alle, und das müssen auch wir tun. Wann ist des Schenkens genug? Wenn wir mit dem letzten Atemzug unsere leeren Hände in die Vaterhände Gottes legen dürfen, und wenn der Herr dann zu uns sagt: ›Es ist genug!‹«
Auch in den nächsten Tagen hilft der Abt den Arbeitern, die Unwetterschäden zu beseitigen. Dann legt er die neue Kutte und das Brustkreuz wieder an. Der Ring paßt ihm nicht mehr. Seine Finger sind geschwollen. Er läßt ihn vorerst in der Obhut Unserer Lieben Frau. Die Arbeiten am Westwerk werden fortgesetzt. Den Mönch Ludger stellt er in einer langen Unterredung vor die Wahl, ob er im Konvent bleiben oder die Abtei verlassen wolle. »Bleiben könnt Ihr nur in Unterordnung unter den Abt, durch den Christus Eure Hingabe einfordert. Ich gebe Euch eine Frist von zwei Wochen. Enthaltet Euch in dieser Zeit jeder abträglichen Äußerung! Zersetzen-

des Gerede und Unzufriedenheit sind der Tod einer Gemeinschaft.« Bruder Ludger verspricht, sich an die Bedingungen zu halten. Am gleichen Tag setzt er seine geheime Wühlarbeit fort.
Die Getreidesendungen aus Limonta treffen ein. Die Packtiere haben schwer zu tragen. Zusätzlich mitgebrachte Packpferde schleppen allerlei Kostbarkeiten herbei. »Für diesen Überfluß hat Herr Levi gesorgt«, vermutet der Abt. Bruder Volkmar bestätigt es. »Herr Levi und Vico haben die Lagerhäuser geplündert und weitere Vorräte zusammengekauft. Ihr möchtet sofort melden, wenn die Sendung nicht ausreicht!« Die Augen des Abtes werden feucht. »Ihr ahnt nicht, wie wohl mir solche Treue tut, lieber Bruder!«
Bruder Volkmar nimmt bald wahr, wie gespalten der Konvent ist. Ludger und sein geringer Anhang befleißigen sich nicht nur der Kritik. Sie hegen eine wirkliche Abneigung gegen Herrn Berno. Ihnen gegenüber steht die zahlreiche, aber allzu gelassene Gruppe der Anhänger von Abt Berno. Verzweifelt bemüht sich Bruder Volkmar, die vielen zu tätigem Handeln anzuspornen. »Liebe Brüder, es genügt nicht, wenn wir innerlich zu unserem Vater Abt stehen. Wir müssen offen für ihn eintreten, wenn sich uns die Gelegenheit bietet! Es darf doch nicht sein, daß wir alle uns von ein paar Schreihälsen einschüchtern lassen.« »Wir stellen uns jeder Diskussion und verteidigen ihn«, wehrt sich Tatto. »Habt Ihr draußen um Unterstützung nachgesucht? Man will Abt Berno stürzen. Warum schaltet Ihr nicht Eure Verwandten ein, geistliche und weltliche Würdenträger? Ihr stammt alle aus mächtigen Adelsfamilien. Ich habe meinen Vetter, den Egisheimer, längst um Fürsprache bein Kaiser Konrad gebeten, auch seinen Sohn Brun, den Bischof von Toul.«

MATTHÄUS

Papst Gregor V. hat im zehnten Jahrhundert dem damaligen Abt der Augia, Alawich II., die bischöflichen Pontifikalien verliehen. Bei feierlichen Gelegenheiten, so beim Requiem für Kaiser Heinrich, macht Abt Berno von diesem Privileg Gebrauch. Er will damit dem Gottesdienst einen besonderen Glanz verleihen. Bischof Warman aus Konstanz läßt ihn wissen: »Ihr seid kein Bischof, sondern nur der Abt der Augia. Spielt Euch also nicht als Bischof auf und erweckt den falschen Eindruck, als ob es im Bistum Konstanz mehr als einen Bischof gäbe!« Abt Berno sieht nicht ein, daß er auf päpstlich verliehene Ehrenrechte verzichten soll. Er sendet zwei Brüder, den Presbyter Luitgert und den Diakon Erchanger, mit einem Schreiben zu Papst Johannes XIX. Er bittet den Papst um die Bestätigung der alten Privilegien. »Wäre es nicht besser, wenn Ihr auf die Pontifikalien verzichten würdet, Vater Abt? Ihr wißt, daß Bischof Warman Euch nicht wohlgesonnen ist«, wendet der vorsichtige Prior Burkhard ein. Ärgerlich runzelt der Abt die Stirn. In seinen dunklen Augen blitzt ein Funke jenes Jähzorns auf, gegen den er in früheren Jahren so sehr kämpfen mußte. »Ihr erwartet, daß ich aus Menschenfurcht Rechte der Reichenau preisgebe?« fragt er erregt. Er pocht mit dem Ring auf die Tischplatte. Der Prior bleibt gelassen. »Manchmal ist Zurückhaltung besser als Tapferkeit, Vater Abt. Gilt nicht das Intrigenspiel gegen uns immer der Augia? Eine blühende Abtei in nächster Nähe wird als Nebenbuhlerin betrachtet. Man tolerierte uns nur in unserer Ohnmacht.« »Das kann ich bestätigen, Bruder Burkhard. Aber glaubt Ihr wirklich, daß feiges Zurückweichen und Nachgeben Warman versöhnlicher stimmen würden? Außerdem sind unsere beiden Brüder bereits auf dem Weg nach Rom. Warten wir in Ruhe ab, was der Heilige Vater auf meinen Brief antwortet! Seiner Entscheidung wollen wir uns dann fügen.« Mit einem unterdrückten Seufzer gibt der Prior sich geschlagen. Er schätzt die energische Tatkraft des Abtes, aber sie ist ihm nicht selten ein wenig unheimlich. In seiner bedachtsamen Art möchte er oft langsamer und vorsichtiger vorangehen. »Die Brüder Markulf und Frowin haben das Modell des Münsters im Kapitelsaal aufgebaut. Es ist vortrefflich gelungen und somit auch ein Meisterwerk unseres Zimmermanns.« Freudig bewegt, begeben sich die beiden Mönche in den Kapitelsaal. Abt Berno bleibt vor dem großen Tisch stehen, auf dem sich das mit größter Genauigkeit in verkleinertem Maßstab angefertigte Holzmodell des Münsters erhebt. Ja, da ist der mächtige Campanile, ist die großzügige Weite der Bogen im Westwerk, die schlichte, aufgelockerte Strenge des zukünftigen Baues – Weite, begeisternder Schwung, edle Harmonie, Geradlinigkeit und Festigkeit sind darin vereint. »Unser neues Münster wird in erster Linie Unserer Lieben Frau, der Herrin und Mutter unserer Abtei, geweiht. Sie soll uns Mönche lehren, unser Gott geschenktes Ja im täglichen Dienst in Treue zu leben. Der zweite Schutzpatron ist der heilige Evangelist Markus. Er helfe uns, mit Wort und Tat furchtlos für Christi Reich einzutreten und jene Gaben ganz einzusetzen, die Gott jedem von uns verliehen hat«, sagt der Abt zu der versammelten Gemeinde der Mönche. Dann können alle das Modell des Münsters zu Mittelzell in Ruhe betrachten. Abt Berno und seine beiden Baumeister erläutern bereitwillig Einzelheiten und hören sich gutgemeinte Vorschläge geduldig an. »Dieser Bau wird die Jahrhunderte überdauern«, stellt Magister Purchard staunend fest. »Wenn er erst einmal fertig ist«, wendet Bruder Rigobert ein. Er gehört zu dem Kreis um Ludger. »Läßt sich die Bauzeit in etwa abschätzen?« erkundigt sich Bruder Gerwin interessiert. Baumeister Markulf schlägt die Hände in gespieltem Entsetzen zusammen. »Lieber Bruder, was verlangt Ihr von mir? Dieser Bau wird Jahrhunderte überdauern, und ich soll Euch verraten, wann er fertig ist? Das ist bei aller Genauigkeit unserer Berechnungen nicht möglich. Macht Euch auf eine lange Bauzeit gefaßt!« »Wer weiß, ob wir die Vollendung noch erleben«, meint Bruder Walerich. Der Abt sieht ihm in das spöttisch verzerrte Gesicht. »Es kann gut sein, daß Ihr oder ich vorher abberufen werden, lieber Bruder. Wichtig ist nur, daß unser Herr auf der Reichenau wieder ein würdiges Haus erhält.« »Wird das außergewöhnlich hochgewölbte Westwerk den breiten und hohen Campanile tragen können?« formuliert Magister Kerung eine Frage, die viele bewegt. Markulf und Frowin erklären die genauen statischen Berechnungen. »Ist es überhaupt notwendig, daß wir den höchsten Glockenturm am Bodensee bauen? Wozu soll das gut sein?« Bei dieser Frage Ludgers verfinstert sich Abt Bernos Antlitz. Er pocht mit seinem Ring auf die Tischplatte. Seine Stimme bleibt ruhig. »Seht es so, lieber Bruder, daß unsere Abtei nach den Jahren des Niedergangs eine größere Verpflichtung hat, die Menschen zu Gott zu rufen. Ein äußeres Zeugnis ist der hohe Turm. Die anderen Abteien hatten keine große Krise durchzustehen wie unsere Augia. Sie gaben den Gläubigen nicht solchen Anlaß zu Kritik und Zweifeln.« »Ach, Herr Vater Abt, glaubt Ihr wirklich daran, daß die Reichenau die Krise bereits überstanden hat?« Schweigend sieht der Abt den

Spötter Ludger an. Sein Schweigen währt so lange, bis Ludger seine Augen niederschlägt und unsicher an seiner Kutte zupft. »In Eurem Herzen ist die Krise allerdings noch voll im Gange, Bruder. Sie schwelt auch in den Herzen derer, die sich einen Oberen nach eigenen Wunschvorstellungen machen wollen, und die darum mit allen Mitteln gegen den ihnen gegebenen Abt kämpfen.« Verlegenheit und Zorn lassen den Getroffenen aufbrausen: »Könnt Ihr eine solche Beschuldigung beweisen?« Mit Ernst und Trauer blickt der Abt in das gerötete und entstellte Gesicht. »Leider besitze ich alle erforderlichen Beweise, Bruder Ludger, auch über die heimliche Konspiration mit Konstanz, mit Dietbert und Thankmar.« Unwillkürlich ziehen sich Walerich und Rigobert ein paar Schritte von Ludger zurück. Was wird nun geschehen? Warum greift Abt Berno nicht endgültig gegen Ludger durch? Manche Mönche deuten sein Zögern als Unsicherheit, ja als Feigheit. Sie ahnen nicht, was es ihn an Selbstbeherrschung kostet, dem Abtrünnigen eine letzte Möglichkeit der Rückkehr einzuräumen. Prior Burkhard möchte ablenken und sagt in seiner ruhigen Art: »Im Gegensatz zu dem Münsterbau des Abtes Wittigowo wirken Turm und Westwerk unseres zukünftigen Münsters wie eine trutzige Burg.« Nachdrücklich bestätigt dies der Abt. »Das soll sein, Bruder Burkhard. Unser Gotteshaus soll ein Bollwerk gegen das Böse sein. ›Brüder, seid nüchtern und wachsam, denn euer Widersacher, der Teufel, schleicht umher wie ein brüllender Löwe und sucht, wen er verschlinge.‹ Das Böse will sich immer wieder bis in das Heiligtum vorarbeiten.« Ist es Zufall, daß der Blick des Abtes dabei den Mönch Ludger streift?

Nach den Mönchen dürfen auch die Scholaren das Modell des Münsterbaues betrachten. Der Abt holt mit Bruder Wipold den Gelähmten in seiner Zelle ab. Er trifft ihn dabei an, daß er

untätig aus dem Fenster starrt. »Hermann, komm mit uns!« sagt er freundlich. »Wir wollen dir etwas Schönes zeigen.« Während des kleinen Vortrages, den Markulf und Frowin den Scholaren halten, beobachtet der Abt den Gelähmten. Während Hermann sonst reges Interesse an allem zeigt, was die Abtei betrifft, ist er nun gelangweilt und geistesabwesend. Seine Gedanken sind anderswo. Sein Gesichtsausdruck verrät ihn. In seinen, trotz seiner Jugend, ausgeprägten Zügen wechseln Unruhe, Unsicherheit und ein unbestimmtes Verlangen miteinander. Seine Hände sind an dieser Unruhe, an diesem Suchen beteiligt. Sie können nicht stillhalten. Er faltet sie, verkrampft sie, ballt sie zu Fäusten, reibt sie und streckt sie schließlich aus. Die letzte Gebärde ist so flehend, so hilfesuchend, daß Abt Berno zur Gewißheit wird, was er und andere Betreuer des Gelähmten seit einiger Zeit ahnen. Hermann befindet sich in einem inneren Kampf von größtem Ausmaß. Der erwachte Lebenswille des jungen Menschen will und kann sich nicht mit den engen Grenzen seiner Behinderung abfinden. Hermann will leben, das Leben kennenlernen und das Leben genießen. Der Abt erinnert sich an sein länger zurückliegendes Gespräch mit den Rahnwyls. Ja, der Zeitpunkt ist gekommen. Er wird Hermann zu ihnen senden. Im Leben dieses wertvollen, reichen und armen Menschen muß eine echte Entscheidung fallen.
Am Abend und in der Nacht schreibt Abt Berno zwei wichtige Briefe. Zum zweiten Mal bittet er den Grafen Wolfrad und seine Gemahlin nun um die Zustimmung zu einem Aufenthalt des Gelähmten in Aachen. Er weist dabei nachdrücklich auf die Heilkraft der Schwefelquellen hin. Im nächsten Schreiben wendet er sich an Arnulph und Veronika von Rahnwyl und vertraut ihnen »den kostbarsten Schatz der Augia, den Scholaren Hermann für eine hoffentlich recht

befristete Zeit an. Er möge unter Eurer Obhut zu seiner eigentlichen Berufung finden«. Aus Altshausen und Aachen treffen zusagende Briefe ein.
Nun jährt sich zum zwanzigsten Male der Tag seiner Ankunft auf der Reichenau. Berno hat die Mönche gebeten, von Feierlichkeiten aus diesem Anlaß abzusehen. Im Kapitelsaal kniet er vor den Mönchen nieder. Mit großem Freimut bittet er seine Brüder, sie möchten ihm all das verzeihen, was er in den zwei Jahrzehnten als Abt der Augia durch Stolz, durch Härte, durch Mangel an Verständnis und Selbstbeherrschung gefehlt hat. »Verzeiht mir, liebe Brüder, daß ich Euch verletzt und Euch ein schlechtes Beispiel gegeben habe! Verzeiht mir um der Liebe Christi willen! Ich vertraue mich Seiner und Eurer barmherzigen Liebe an!« Als Abt Berno sein Versagen demütig eingestanden hat, sind die Mönche ehrlich ergriffen und beschämt. Ihr eigenes Verhalten steht ihnen vor Augen. Am liebsten würden sie sich hinknien und ihm Abbitte leisten . . .
Abt Berno hat sich erhoben. Er macht nun allgemeine Mitteilungen. »Unser Oblate Hermann von Altshausen wird die Insel für einige Zeit verlassen. Ich gebe ihn in die Obhut des Edlen Arnulph von Rahnwyl zu Aachen. Die heißen Schwefelquellen sollen seine Beschwerden mindern. Herr Arnulph will ihm gleichzeitig den Weg in gelehrte Kreise ebnen, damit er sein Wissen erweitern kann. Die Verpflichtung der Oblatio erlischt für die Zeit seines Fernseins. Es steht ihm völlig frei, ob er später zur Augia zurückkehren will. Wir wollen ihn fortan besonders in unser Gebet einschließen, damit er in Aachen den Weg erkennt, den Gott ihn führen will.«
Dieses Kapitel legt den Mönchen Ludger, Walerich und Rigobert unausweichlich den Zwang auf, sich für oder gegen die Abtei zu entscheiden. Sie müssen sich dem Abt unterwerfen und ihre abträglichen Redereien einstellen, oder sie müssen

die Reichenau verlassen. Nach seinem offenen Bekenntnis zollen die übrigen Mönche Berno uneingeschränktes Vertrauen und bringen ihm ehrliche Zuneigung entgegen. »Das einfache Volk, für das er alles getan hat, hält ihn ohnehin für einen Heiligen«, stellt Bruder Ludger verdrossen fest, während er mit seinen beiden Freunden auf der Bank unter der Linde im Binnenhof sitzt. »Was sollen wir denn tun?« Bruder Walerich, der bislang zu den entschiedensten Gegnern des Abtes gehört hat, betrachtet mit scheinbarem Interesse einen alten Bruder, der im Kreuzgang betend auf und ab schreitet. »Wenn nun Abt Berno wirklich ein Heiliger ist«, murmelt er verlegen und zögernd. Wütend fährt Ludger auf. »Erwägt Ihr das ernstlich? Bruder, damit stempelt Ihr uns zu gewöhnlichen Rebellen!« Mit jähem Entschluß wendet Walerich sich ihm zu und schaut ihm furchtlos in das zornrote Gesicht. »Waren wir das nicht, Bruder Ludger? Haben wir nicht unbesehen all das abgelehnt und verbissen bekämpft, was Abt Berno wollte, sagte und tat, ob es für die Mönche, für die Scholaren oder für die Hörigen geschehen ist? Haben wir nicht immer und in jedem Falle sein Reden und Handeln negativ interpretiert? Ja, haben wir ihm je eine echte Chance gelassen?« Lebhaft stimmt Bruder Rigobert ihm zu: »So war es, Bruder Walerich! Wir haben uns verfehlt und versündigt und unserer klösterlichen Gemeinschaft durch unsere zersetzende Kritik sehr geschadet. Oft waren es unsere ablehnenden Worte, die Begeisterung und Freude bei den andern zerstörten.« Mit einer geringschätzigen Handbewegung sieht Ludger sie an. »Ich verstehe schon. Er hat Euch eingefangen. Dann kriecht eben zu Kreuze!« »Ich bekenne mich schuldig, weil ich schuldig bin, Bruder Ludger!« sagt Walerich fest. »Ich danke Gott, daß Er mir die Einsicht gegeben hat.« Ludger lacht spöttisch auf. »Und wann ist Euch die glorreiche Erkenntnis gekommen?« »Als Abt Berno vor allen demütig sein Versagen bekannte.« »Auf dieses Theater seid Ihr hereingefallen, Bruder?« wirft Ludger in mitleidigem Ton ein. Mit einer jähen Bewegung erheben sich seine bisherigen Freunde. Bruder Rigobert ist blaß geworden. »Das geht zu weit, was Ihr da Abt Berno unterstellt! Eure Abneigung macht Euch für das Gute und Wahre taub und blind. Ihr tut uns leid, sehr leid, armer Bruder Ludger!« Er sieht, daß sie in Richtung Abtswohnung davongehen. In ohnmächtigem Zorn ballt er die Fäuste und knirscht mit Tränen in den Augen: »Mich wird Abt Berno nie zu seinen Füßen finden. Ich beuge mich nicht!«

Abt Berno nimmt Bruder Walerich und Bruder Rigobert voller Güte auf. »Wie habe ich auf Euch gewartet, liebe Brüder!« Freudigen Herzens gibt er ihnen den Friedensgruß. »Laßt uns den Weg fortan miteinander und füreinander gehen in Treue zu unserer Regula und zum Besten der Mitbrüder und der Menschen auf der Insel.« Seine Vergebung kommt aus dem Reichtum seiner Liebe und macht keine Vorbehalte. »Was gewesen ist, ist vergessen, liebe Brüder. Wenn Ihr wollt, könnt Ihr Euch im Konvent einmal dazu äußern, aber danach legen wir alles zu Füßen des Kreuzes nieder im Vertrauen auf die Barmherzigkeit des Herrn.« Der Abt macht ihnen die Umkehr möglichst leicht. Nach einem gemeinsamen Dankgebet im Münster kommt die Frage, vor der die beiden Mönche gebangt haben. »Wird Bruder Ludger auch den Weg finden?« Traurig sehen sie einander an. »Er will nicht einlenken, Vater Abt. Er nennt uns Verräter und Feiglinge.« Bruder Ludger schweigt verbissen. Er bittet auch nicht um die Entlassung aus der Abtei. Auf die Frage des Abtes: »Wollt Ihr lieber nach Prüm, Bruder?« antwortet er mit einem Achselzucken. »Es ist schwer, Eure Geduld und Milde zu verstehen, Vater Abt«, meint sogar der besonnene Prior. »Manche deuten Euer Zögern, Ludger aus dem Konvent zu entfernen, einfach als Unentschlossenheit.« Der Abt sagt ruhig: »Mögen sie es tun. Ich bin ohnehin nur so, wie ich vor Gott bin. Bruder Ludger soll eine letzte Möglichkeit der Besinnung haben. Ich werde Hermann von Altshausen bis Mainz begleiten. Vielleicht nutzt Ludger die Chance meiner Abwesenheit zum Guten aus. Schadet er der Gemeinschaft, müßt Ihr ihn wegschicken.«

Mit Bruder Wipold, der Hermann bis Aachen begleiten wird, packt der Abt das Reisegut für den Gelähmten zusammen. »Deine Frau Mutter sendet dir einen Diener zu deiner persönlichen Betreuung, Hermann. Dieser Walter wird dich bei den Rahnwyls erwarten, wenn du dort ankommst.« Die großen Augen des Siechen sind noch größer und beherrschender in dem schmalen, traurigen Gesicht. »Meine Frau Mutter hat es nicht gern, daß ich nach Aachen gehe. Das weiß ich, obwohl sie nichts davon geschrieben hat. Meint Ihr, daß Aachen für mich notwendig ist, Vater Abt? Inzwischen möchte ich viel lieber auf der Augia bleiben.« Der schwankenden Stimme ist anzumerken, daß ihn das Heimweh schon im voraus quält. Abt Berno verspürt Mitleid mit der Not des Kranken. Aber er sagt: »Du mußt nach Aachen gehen, Hermann. Du sollst das Leben kennenlernen und dich in Freiheit entscheiden. Wir warten auf dich, aber du mußt nicht heimkehren. Alle Bindungen der Oblatio sind aufgehoben. Ich habe das deiner Frau Mutter damals versprochen, als du zu uns kamst.« »Vater, Ihr werdet mir fehlen«, stößt Hermann mit zitternder Stimme hervor. Wortlos legt ihm der Abt seine Hand auf die Schulter. Die unsichere Rechte des Kranken sucht zwischen den Pergamenten auf seinem Tisch. »Darf ich Euch die Verse geben, Vater? Verzeiht mir meine schlechte Schrift! Ich kann nicht besser schreiben ...« Gerührt nimmt der Abt das Blatt aus der

Hand des Scholaren. Das schwarze Heer der Buchstaben zeugt von der Schwäche des Schreibers und von seiner unsäglichen Mühsal bei diesem Tun. Welche Ausdauer brauchte Hermann bei diesen wenigen Zeilen! »Ich werde dein Geschenk in Ehren halten, lieber Hermann«, versichert Abt Berno. Wie eine Kostbarkeit trägt er es in seine Zelle. Er kniet vor dem Kreuz des Willigis, als er zu lesen beginnt. Die Worte, die er mühsam buchstabieren muß, sind Gebet, Aufschrei, Flehen des Gelähmten:

»Mein Gott, ich bin so arm und klein,
so hilflos, schwach und eng gebunden.
Wird je für mich auch Freiheit sein?
Wann enden meines Dunkels Stunden?
Mein Kerker ist zu tief, zu dicht,
und meine Fesseln sind aus Eisen.
Zeig, Vater, mir ein einzig' Licht!
Ich werde Deine Güte preisen.«

»Mein Gott«, murmelt Abt Berno und verspürt ein Brennen hinter seinen Lidern. Könnte er dem jungen Menschen helfen! Es drängt ihn, zu ihm zu eilen und ihn in die Arme zu schließen. Aber er bleibt auf den Knien vor dem Kreuz. Menschliche Hilfe reicht für Hermann nicht aus. Gott muß eingreifen und ihn erfahren lassen, welchen Sinn ein solch behindertes Leben haben kann. Wieder einmal kann der Abt dem Herrn nur seine leeren Hände hinhalten und Hilfe und Segen erflehen. Nach innigem Gebet legt er die ergreifenden Zeilen des Gelähmten in die Hände Unserer Lieben Frau.

An einem milden Frühsommertag nehmen die Mönche der Abtei an der Herrenbruck Abschied von Hermann von Altshausen. Jeder gibt ihm die Hand, verspricht ihm sein Gebet

und wünscht ihm alles Gute für seine Reise, für die Behandlung in Aachen und für die Studien. Auch die alte Gundel läßt es sich nicht nehmen, dem Siechen ein Abschiedswort zu sagen. Sie flüstert ihm mit ihrer heiseren Altfrauenstimme zu: »Komm wieder heim, Kind! Du gehörst auf die Insel!« Dabei drückt sie ihm ein Büchslein Kräutersalbe in die Hand. Als die beiden Kähne vom Land abstoßen, singen die Mönche auf Wunsch des Abtes für die Reisenden eine Vertonung des Psalmes: »Der Herr ist mein Hirte«. Die Weise stammt von dem Scheidenden. Er singt mit und wehrt sich dabei nicht gegen die Tränen, die über seine Wangen laufen. Nur verschwommen vermag er die Insel, die Mönche, die Häuser, die Büsche und Bäume zu erkennen. Der Gesang wird ferner, bis er schließlich verstummt. Behutsam sagt Abt Berno zu dem Gelähmten: »Hermann, mit diesem Abschied hat deine Heimkehr zur Augia bereits begonnen. Du mußt nur noch zu dir selbst und zu deiner eigentlichen Berufung finden.« Verstohlen trocknet Hermann seine Tränen. Er fühlt sich beruhigt und getröstet, obwohl er den Sinn der Worte nicht versteht. Noch einmal wendet er den Blick zur Insel im Sonnenlicht und flüstert dabei ganz leise: »Ich komme wieder!« Es ist ein Gelöbnis, um das Gottes barmherzige Liebe weiß.
Bis zum Oberrhein geht die Reise nur langsam vonstatten. Sie wird oft unterbrochen, weil die geringen Körperkräfte des Siechen zu einer Rast zwingen. Trotz der Kissen und Polster im Wagen bereiteten ihm die Unebenheiten des Weges Schmerzen und Qualen. Abt Berno und Bruder Volkmar reiten langsam neben dem Wagen her. Sie sind stets bemüht, Hermann abzulenken. Sie machen ihn auf die Schönheit der Landschaft, auf Pflanzen und Tiere, auf Häuser und Menschen aufmerksam. Die wechselnden Eindrücke befreien den Siechen mehr und mehr aus seiner inneren Verkrampfung.

Von Wipolds starkem Arm gehalten, nimmt er mit wachem Blick und hungrigem Geist alles in sich auf. Am Oberrhein steigen sie auf ein Schiff. Zum ersten Mal wird Hermann ein solches Erlebnis zuteil. Begeistert betrachtet er die Städte, die Burgen und Dörfer, an denen sie vorbeigleiten, und das Leben und Treiben der Schiffer und Fischer auf dem breiten Rheinstrom. Bis sie Mainz erreichen, nimmt sich Abt Berno seiner in ganz besonderer Weise an. Hermann soll die Insel und ihre Menschen tief in seinem Herzen tragen, sie keinen Tag in Aachen vergessen und, so Gott will, ganz zu ihr heimfinden. In Mainz schlägt die Abschiedsstunde, vor der sich auch der Abt insgeheim gefürchtet hat. In den blauen Augen des Gelähmten, den Augen der Frau Hiltrud, liest er ein solches Ausmaß an Trauer, daß er am liebsten entschieden hätte: »Du fährst nicht nach Aachen, Hermann. Wir kehren sofort heim.« Zum Besten des Siechen muß er sich zur Härte zwingen. Er gibt ihm und Bruder Wipold seinen Segen und verläßt mit Bruder Volkmar rasch das Schiff. Am Ufer wendet er sich erst um, als sich das Schiff stromabwärts in Bewegung setzt. Er hebt grüßend die Hand.
Nach kurzem Gebet am Grab des Bischofs Willigis setzen Abt Berno und Bruder Volkmar zu Pferd ihre Reise fort. Sie haben einen weiten Ritt vor sich. Er führt sie bis in die Bischofsstadt Toul. Abt Berno hat mit Bischof Brun seit langem korrespondiert und musiktheoretische Schriften ausgetauscht. Nun möchte er den im Geist so verwandten Bischof persönlich kennenlernen. »Ich bringe Euch gewiß manche seiner Werke mit heim!« hat er dem Reichenauer Chormeister versprochen. Aber dieses Mal geht es dem Abt nicht nur um die Bereicherung der gottesdienstlichen Feier. Er möchte dem Priester Brun begegnen. Der Ritt ist lang und anstrengend, doch die beiden Mönche singen und beten und schweigen in

guter Harmonie. In einem Dorf bei Toul finden sie Straßen und Kirche festlich geschmückt. »Was feiert ihr für ein Fest, Vater?« fragt der Abt einen Alten am Wegrand. »Wir erwarten hohen Besuch«, schmunzelt der Alte und betrachtet die beiden Mönche in ihren staubigen Kutten. »Ihr seid es freilich nicht. Bischof Brun ist heute hier zu Gast.« »Wie schön!« ruft da der Abt und steigt behend vom Pferd. »Bruder Volkmar, der Bischof kommt uns entgegen.« Sie brauchen nicht lange zu warten. Unter dem Jubel der Leute zieht Bischof Brun an der Spitze einer kleinen Reitergruppe in den Ort ein. Die beiden Mönche stehen an der Kirchenmauer hinter den Winkenden und sehen dem Ankommenden voller Spannung entgegen. Die hohe Gestalt des jungen Bischofs wirkt ruhig, gelassen und erhaben. Er strahlt eine verhaltene Glut aus. Sein hageres, gebräuntes Gesicht wird von grauen Augen unter dunklen Brauen beherrscht. Seine steile Stirn, seine schmalen Lippen und sein kräftiges Kinn verraten Klugheit, Weisheit und Festigkeit. Seine Augen sind mit gütigem Ausdruck auf die jubelnden Menschen gerichtet. Er lächelt mild und ungekünstelt. Geduldig läßt er die Begrüßungsreden des Dorfoberhauptes und des Pfarrers über sich ergehen und auch das nicht sehr klangvolle Begrüßungslied der Dörfler. »Er nimmt den guten Willen für die Tat«, raunt Bruder Volkmar seinem Abt zu. Obwohl er sich bemüht hat, leise zu sprechen, hat Bischof Brun ihn gehört. Sein Blick streift die beiden Mönche an der Kirchenmauer und bleibt auf Bernos Brustkreuz haften. Zunächst dankt er mit freundlichen Worten für die Begrüßung. Dann geht er auf die Kirche zu. Er muß an den beiden Mönchen vorüber. Er bleibt vor ihnen stehen und fragt: »Darf ich wissen, wer mir die Ehre gibt, ehrwürdige Väter?« Fast schüchtern gibt Abt Berno zur Antwort: »Bruder Volkmar und Bruder Berno von Reichenau.« Da leuchtet das

Antlitz des Bischofs freudig auf. »Abt Berno! Ihr seid gekommen!« Er schließt ihn in die Arme.
Nach dem feierlichen Gottesdienst des Bischofs, bei dem Abt Berno ministriert, schließt sich ein ausgiebiges Festmahl mit den Dörflern an. Gegen Abend reiten Bischof Brun, seine Gäste und sein Gefolge nach Toul. »Ihr nehmet mir nicht übel, Abt Berno, daß ich heute abend für ein gutes Gespräch zu müde bin?« fragt der Bischof freimütig. Abt Berno gesteht lachend. »Ihr kommt mir damit sogar sehr entgegen, Herr Brun. Bruder Volkmar und ich sind so müde, daß wir fast auf dem Pferderücken einschlafen.« Am anderen Tag können sich Bischof und Abt zum ersten Mal in aller Ruhe miteinander unterhalten. »Denkt Euch nur, wie ähnlich wir uns sind, Herr Berno. Wir sind beide Anhänger der Reform von Cluny, dienen beide der Musik in Theorie und Praxis und, habt Ihr es schon beachtet, wir sind beide gleich groß ...« »Unsere Größe macht uns schon zu seltenen Erscheinungen, Herr Brun. Unsere Mitmenschen sind durchweg einige Handbreit kleiner als wir beide. Wenn ich mich nicht irre, seid Ihr größer als ich.« Bruder Volkmar hat das Gespräch lachend verfolgt. Er findet es ganz einfach schön, daß sein großer Abt nun einen Menschen getroffen hat, der seine Größe teilt und das in jeder Beziehung. Er merkt, wie Abt Berno sich entspannt. Er wird unbefangen und fröhlich. »Unser Vater fühlt sich durch Herrn Brun angenommen und aufgenommen. Hier darf er ganz er selbst sein. Nun hat er auch sein jungenhaftes Lachen wieder. Auf der Reichenau hört man es nie mehr.« Dabei führen die beiden Priester ernste Gespräche über den Gegensatz zwischen dem Papst und dem Patriarchen in Konstantinopel, über die nationalkirchlichen Bestrebungen in Frankreich, über das Verhältnis des Herrn Konrad zu Rom, über die Notwendigkeit, die Reform von Cluny in einem wichtigen

Punkt zur Geltung zu bringen: Die Kirche muß unabhängig sein von den politischen Machthabern. »Der einzige Herr der Kirche ist Jesus Christus. Der Kaiser darf nicht in Willkür über sie herrschen und in innerkirchliches Leben eingreifen!« stellt Herr Brun mit Nachdruck fest. »Andererseits darf die Kirche nicht zum Spielball ehrgeiziger und machthungriger Geschlechter des römischen Adels werden. Manches Mal hat der Kaiser zum Besten der Kirche eingegriffen...« Der Bischof schaut den eifrig argumentierenden Abt nachdenklich an, als er etliche Beispiele aufzählt. »Eines habt Ihr noch vergessen, Herr Berno. Durch Kaiser Heinrichs Eingreifen blieb uns die Reichenau erhalten.« Am liebsten hätte Bruder Volkmar dem Bischof Beifall gezollt. »Ob er mit meiner Ernennung wirklich etwas Gutes getan hat, darüber ist man sehr geteilter Meinung. Fragt zum Beispiel einmal bei Eurem Mitbruder im Bischofsamt zu Konstanz an. Da wird man Euch nichts Gutes berichten.« »O, ich habe mancherlei gehört und mir aus allem ein Bild gemacht. Ich darf sagen, daß ich zwischen Wahrem und Unwahrem unterscheiden lernte. Das Bild der Reichenau sagt mir zu.« Abt Berno lehnt sich entspannt und lächelnd zurück. Er ist so vertraut mit allen Gerüchten und allem Gerede über seine Person, daß es ihn innerlich nicht mehr berührt. »Das ist gut«, meint er zufrieden. Er hat die Gedanken laut geäußert und begreift das erst, als der Bischof darauf reagiert. »Meint Ihr, daß es gut ist, wenn mir das Bild der Abtei gefällt?« »Nein, das habe ich nicht gemeint, Herr Brun. Ich dachte just darüber nach, daß mich nichts mehr berührt, was über mich geäußert wird. Das finde ich gut.« »Dennoch möchte ich Euch nicht vorenthalten, was ich in Euch sehe, Herr Berno. Ihr seid ein weiser und gütiger Vater Eurer Mönche und Eurer Inselleute. Ihr steht zu der Reform von Cluny, seid aber zugleich ein treuer Diener des Reiches. Ihr haltet durch, wenn man Euch benachteiligt, verfolgt oder mißachtet.« Abt Berno schweigt. Was soll er zu dieser Beurteilung seines Handelns sagen? Zumindest hat er sich bemüht, so zu sein, wie Herr Brun ihn sieht. Wie weit er sein Wollen verwirklicht hat, das weiß im letzten nur der Herr. Er ist sichtlich erleichtert, daß sich der Bischof einem anderen Thema zuwendet. Bald sind sie in regem Austausch über die feierliche Gestaltung des Gottesdienstes begriffen. Bruder Volkmar lauscht gespannt, obwohl er nicht einmal die Hälfte versteht, als von Kirchentonarten, Neumen, Buchstabennotation und ähnlichem die Rede ist. Schließlich singt Herr Brun mit klangvoller Stimme Hymnen und Responsorien vor. Abt Berno ist begeistert und meint leicht verlegen: »Ich muß Euch eingestehen, daß ich meinem Chormeister voreilig versprochen habe, ihm aus Toul neue Gesänge mitzubringen.« Lachend sagt der Bischof: »Ihr habt eine merkwürdige Art, Eure Bitten zu umschreiben.« Er schenkt dem Abt zahlreiche Kompositionen. »Ihr sollt auch mein liebstes Werklein erhalten, Herr Berno, mit der Bedingung, es für die Feier des Heiligen Pfingstfestes auf der Reichenau zu verwenden. Ich schrieb die sieben Gesänge zu Ehren des Heiligen Geistes daheim in Egisheim. Vielleicht sind sie sehr von meiner jugendlichen Begeisterung getragen, die mich erfüllte, als ich erstmals begriff, daß der Geist Gottes alles durchwaltet.« Reich beschenkt ziehen die beiden Reichenauer von dannen. Beim Abschied sagt Abt Berno spontan: »Was gäbe ich darum, wenn ich Euch zur Reichenau mitnehmen könnte, Herr Brun! Es war ein Geschenk, mit Euch sprechen zu dürfen und zu erfahren, wie verwandt wir innerlich sind! Ich durfte bei Euch ausruhen, statt unentwegt zu geben. Werdet Ihr einmal zur Abtei kommen?« Bischof Brun verspricht es bereitwillig. »Allerdings weiß ich nicht, wann ich eine solch weite Reise

machen kann. Ich werde auf alle Fälle zu Euch kommen.« An den Vogesen vorbei reisen die beiden Mönche heimwärts. Die Begegnung mit Bischof Brun hat den Abt bereichert und mit neuer Begeisterung für die Kirche erfüllt. »In solchen Menschen und durch solche Menschen lebt die Kirche Christi. Von Bischof Brun werden wir später mehr hören. Verlaßt Euch darauf, Bruder Volkmar! Man muß kein Prophet sein, um zu wissen, daß er der Kirche Gottes viel zu geben hat. Er ist wie der Pfingststurm des Heiligen Geistes, der Verdorrtes neu belebt.« Gern würde Bruder Volkmar fragen: »Und Ihr, Vater? Was seid Ihr für die Kirche?« – Er wagt es nicht.
Die Mönche auf der Insel Reichenau freuen sich, den Abt und Bruder Volkmar wieder in ihrer Mitte zu haben. Unter der Leitung des getreuen Priors hat der Konvent mit Hingabe und in Einigkeit dem »Ora et labora« des Ordensgründers gedient. »Allerdings mußte ich mit innerem Widerstreben eine harte Entscheidung treffen, Vater Abt«, berichtet der Prior. »Der Mönch Ludger versuchte, neue Unruhe zu stiften und unter den Scholaren und Novizen Anhänger zu gewinnen. Eure Erlaubnis voraussetzend, habe ich ihn dem greisen Pfarrer zu Oberzell als Gehilfen beigesellt. Das ist natürlich nur eine Zwischenlösung. Wenn er sich dort nicht ändert, muß wohl der endgültige Verweis aus der Abtei erfolgen.« »Ihr habt das Rechte getan, Bruder Prior«, versichert Abt Berno und widmet sich den Verwaltungsfragen der Abtei. Sein Antlitz bleibt verstört, und seine Aufmerksamkeit ist nicht so uneingeschränkt auf die oekonomischen Fragen gerichtet, wie es erforderlich wäre. »Verzeiht mir, meine Brüder«, bittet er schließlich. »Ich bin heute zu zerstreut. Wir wollen uns morgen wieder treffen, um die strittigen Fälle zu besprechen!« Im Hinausgehen raunt der Cellerar dem Prior zu: »Er leidet um Ludger!«

Lange kniet der Abt vor dem Kreuz des Willigis. »Was kann ich tun, Herr? Hilf mir! Wieder einmal fühle ich meine ganze Ohnmacht, sind Herz und Hände leer. Was kann ich tun? Was geben?« Er schaut zum Gekreuzigten auf. Kann er den gütigen Blick recht deuten? Muß auch das noch sein? »Verstehe ich Dich richtig, Herr? Willst Du das von mir?« Er nimmt das Kreuz von der Wand und ruft Bruder Volkmar. »Würdet Ihr mir einen persönlichen Gefallen tun? Ich möchte keinen anderen Mönch darum bitten. Dieses mir so teure Kreuz, vor dem ich mehr als zwei Jahrzehnte beten durfte, will ich der Georgskirche in Oberzell übereignen. Würdet Ihr es nach dort bringen und selbst aufhängen, lieber Bruder? Der Blick des Gekreuzigten soll den Priester treffen, wenn dieser zum Altar tritt.« Schweigend nimmt der Mönch das Kreuz aus der Hand des Abtes entgegen. Wie abschiednehmend ruht die Rechte Bernos auf dem Längsbalken. Bruder Volkmar ahnt, daß es dem Abt schwer wird, sich von diesem Kreuz zu trennen. »Mir bleibt Unsere Liebe Frau von den leeren Händen«, sagt der Abt und weist auf die Marienstatue. »Sie paßt zu mir. Das Kreuz des Willigis muß nach Oberzell. Wenn ein Menschenwort das Herz nicht mehr erreicht, vermag es vielleicht ein Blick des Herrn.« Nun versteht der Mönch, warum sich Abt Berno von dem Kreuz trennt. Es ist der letzte Versuch, Bruder Ludger zu gewinnen. Wie ein kostbares Heiligtum trägt er das Kreuz über die Insel. Pfarrer Wigbert von Oberzell nimmt die Gabe dankbar an und läßt Bruder Volkmar den Platz dafür bestimmen. Der Bruder hängt es auf. Dann sagt er zu Ludger: »Betrachtet dieses Kreuz als persönliche Botschaft des Herrn Berno an Euch, lieber Bruder.« Scheinbar unbeeindruckt schweigt der Mönch. Er sieht das Kreuz gar nicht an, bis Bruder Volkmar wieder auf dem Weg nach Mittelzell ist.

Die Mönche Liutpert und Erchanger sind heimgekehrt und haben dem Abt eine Bulle Johannes XIX. überbracht, in der Abt Berno ausdrücklich das Recht zugebilligt wird, die bischöflichen Pontifikalien zu tragen. Bischof Warman erhebt zornig Klage beim Kaiser. Konrad II. nimmt, ohne die Sachlage zu überprüfen, Stellung gegen den Reichenauer Abt. Er verurteilt den Abt dazu, dem Bischof die Papstbulle und die Pontifikalien auszuliefern. Zutiefst gedemütigt, gehorcht der Abt der harten Forderung. Er ringt sich dazu durch, die Gegenstände und die Papstbulle nach Konstanz zu bringen, um Bischof Warman die Hand zur Versöhnung zu reichen. Seine Geste wird als Schwäche ausgelegt. Abt Berno wird höhnisch abgewiesen. Papstbulle und Pontifikalien werden auf Geheiß des Bischofs öffentlich vor der Diözesansynode verbrannt. Wieder einmal erfährt Abt Berno schweres Unrecht durch die Mächtigen. Wieder einmal erlebt er seine eigene Hilflosigkeit, seine leeren Hände. Von Oberzell kommt keine erfreuliche Meldung... Der Kreislauf der täglichen Pflichten reißt nicht ab. Abt Berno wird stiller und gütiger. Sein Werk empfängt den Segen des Kreuzes. Junge Menschen treten ins Kloster ein. Jahr für Jahr entläßt die blühende Klosterschule Scholaren, die in Kirche oder Welt fortan bedeutende Plätze einnehmen. Die Malschule der Reichenau erlebt eine neue Blütezeit. Die musiktheoretischen Werke des Abtes nehmen ihren Weg in zahlreiche Abteien und Bischofskirchen. Der Abt steht in regem Briefwechsel mit den Bischöfen Brun von Toul, Aribo von Mainz, Pilgrim von Köln, Gero von Magdeburg und Wazo von Lüttich. Aus Aachen treffen regelmäßige Nachrichten über Hermann von Altshausen ein. In den heißen Quellen findet der Gelähmte Linderung. Unter der Leitung des gelehrten griechischen Arztes und Magisters Theophilos Cheirisophos erweitert er sein

Wissen. Herr Arnulph schreibt: »Insgeheim sehnt er sich nach der Reichenau. Er kommt gewiß zu Euch zurück.«
Vor fünf Jahren hat Hermann die Reichenau verlassen. Das Pfingstfest steht vor der Tür, als ein Brief des Edlen von Rahnwyl seine baldige Rückkehr zur Insel ankündigt. Abt Berno legt das Schreiben wieder einmal in Mariens Hände.
Dann nimmt er es doch noch einmal zur Hand und liest es erneut durch. Was hat Arnulph über den entscheidenden Durchbruch im Denken des Altshauseners geschrieben? »Eigentlich ist die endgültige Wende Euch zu verdanken, lieber Vetter. Erinnert Ihr Euch daran, daß Ihr mir vor Jahren auf der Augia eine von Euch verfaßte und geschriebene Kurzbetrachtung geschenkt habt? Ihre Gedanken sollten meiner Gattin und mir in unserem Leid tröstlich sein. Die gleiche Meditation hat bei Hermann die wunderbare Wirkung hervorgebracht. Ich habe sie ihm geschenkt und mußte sie mir von ihm borgen, um Euch den Text zukommem zu lassen. Vielleicht ist Euer tiefer Text von damals heute tröstlich für Euch, da Ihr Euch in der Nacht und Prüfung durch mancherlei Schwierigkeiten befindet. Hiermit möchte ich ihn Euch gleichsam zurückschenken: ›Liebe ist das Lebensprinzip der Allerheiligsten Dreifaltigkeit. Liebe ist auch der eine und einzige Sinn menschlichen Seins, weil der Mensch auf Gott hin ist. Die Liebe Gottes zu uns ist das Ja des Vaters zu Seinem Kinde und das Aufnehmen in Seine Lebensgemeinschaft, die wir Himmel nennen. Liebe des Menschen zu Gott ist demütiges und vertrauendes Offensein für die Gnade, das Licht, die Liebe und das Leben Gottes; ist ehrfürchtiges Heimwärtstragen des göttlichen Geschenkes und nicht selten ein einsamer und harter Weg des Glaubens durch Nacht und Prüfung dem Morgen des Lichts entgegen. – Ich bin auf Gott hin und Gott ist die Liebe.‹« Abt Berno läßt das Pergament sinken. Er

schaut auf die Stelle, an der das Kreuz des Willigis zwei Jahrzehnte gehangen hat. Seine Umrisse heben sich deutlich von der Wand ab. »Ein einsamer und harter Weg des Glaubens durch Nacht und Prüfung dem Morgen des Lichtes entgegen... Ich darf das leben, was ich damals niedergeschrieben habe. Der Morgen des Lichtes folgt auf die Nacht. Ich bin auf Gott hin, und Gott ist die Liebe.« Erneut legt der Abt das Schreiben in die Hände Mariens. In seinem Herzen, das seit der öffentlichen Demütigung in Konstanz in sich verkrampft war, regt sich zuerst zaghaft, dann immer stärker durchbrechend die freudige Glaubensgewißheit, daß Gott ihm nahe ist. Gott ist die Liebe. Was er auch an Schwerem und Dunklem erlebt hat, es ist nur kurzes Vorspiel zu unfaßbarem Glück und zu jenem Licht, von dem er einmal ahnend erfahren durfte. Beglückt denkt er: »Ich bin auf dem Weg nach Hause.«

Erfüllt von dieser inneren Freude und dem stärkenden Gefühl des letzten Geborgenseins, will er zum Münsterbau. Die Bauleute warten täglich auf sein Kommen und seinen Zuspruch bei ihrer harten Arbeit, die ihre ganze Kraft fordert. Inländische und lombardische Werkleute sind inzwischen zu einer verschworenen Gemeinschaft zusammengewachsen. Die Baumeister wachen mit Abt Berno darüber, daß dieses Miteinander den Belastungen im Alltag standhält. Abt Berno geht auch nach über 23 Jahren des anstrengenden und belastenden Lebens auf der Augia noch immer aufrecht und beschwingt. Der Pfortenbruder kommt ihm entgegen. Der gute Rudolf strahlt über das ganze Gesicht. Seine Stimme bebt vor Aufregung. »Vater Abt, im Gästehaus warten Gäste auf Euch, die Euch hochwillkommen sein werden.« Unwillkürlich runzelt der Abt die Stirn. Seit dem Vorkommnis in Konstanz hat er mancherlei Besuch gehabt. Verschiedene geistliche Herrn wollten ihre Anteilnahme aussprechen oder ihre Schadenfreude bekunden, weil dem Herrn der Augia solches widerfahren war. Will sich wieder jemand an seiner Schande weiden? Er nimmt sich zusammen. Er will sich die innere Freude nicht trüben lassen. Eigentlich ist es unwesentlich, was andere von ihm denken und reden, wenn er an Gott festhält. Er lächelt über sich, weil er das Maß seiner Empfindlichkeit gespürt hat. »Wer sind diese hochwillkommenen Gäste, Bruder Rudolf?« »Das darf ich Euch leider nicht verraten, Vater Abt. Sie möchten Euch nämlich überraschen. Ihr werdet sehr überrascht sein.« Mit gutmütigem Lachen meint der Abt: »Ihr macht mich langsam neugierig! Nun, so will ich mich überraschen lassen. Ich kann mir nicht vorstellen, wer es sein soll.« Eilfertig läuft der Pförtner voraus und öffnet mit der Miene eines Königs, der einem Untertanen eine große Gunst gewährt, die Türe zum größten Raum im Gästehaus der Abtei. Drei Menschen stehen dort im hellen Gegenlicht. Er sieht nur ihre Umrisse und bleibt verwirrt im Türrahmen stehen. »Mir scheint, daß unser Vater Abt uns nicht mehr kennt«, sagt eine wohlvertraute Stimme mit spöttischem Unterton. Ein Mann tritt auf Abt Berno zu. »Vico!« ruft Berno und schließt ihn in die Arme. Da tritt der zweite Mann näher. Er ist kleiner und ein wenig gebeugt. »Ihr habt mich hoffentlich nicht vergessen, Vater Abt?« »Levi! Ihr seid mitgekommen! Welche Freude...« Nun nimmt der Abt den weißhaarigen Juden in die Arme. Bewegt sagt er: »Es ist ein besonderes Geschenk Gottes, daß ich Euch wiedersehen darf!« Gerührt erwidert Levi: »Das kann man umkehren, Vater Abt. Es ist für mich ein besonderes Geschenk Gottes, daß ich Euch und die Augia wiedersehen darf.« Abt Berno lacht, um seine Ergriffenheit zu überwinden. »Einigen wir uns darauf, daß wir beide Beschenkte sind. Wenn Ihr wüßtet, was mir Euer Kommen gerade zum jetzigen Zeitpunkt bedeutet!« Vico sagt ernst: »Wir ahnen es zumindest, Vater Abt. Wir haben gestern einen Tag in Konstanz verbracht und dort Unglaubliches erfahren.« Er winkt den dritten Besucher heran. Es ist ein Knabe, dessen Äußeres an das Kind Vico erinnert. »Mein jüngster Sohn, Vater Abt. Er trägt den Namen Berno und wollte Euch unbedingt kennenlernen. Darum habe ich ihn mitgebracht. Meine Frau Beatrice und meine anderen Kinder lassen Euch herzlich grüßen. Ich habe allerlei Gaben aus Limonta mitgebracht.« Bruder Rudolf trägt den Gästen aus Italien auf, was die Abtei an Gutem zu bieten hat. Abt Berno nimmt an der Mahlzeit teil. »Felchen mit Reichenauer Kräutersud, das ist ein Genuß, den ich seit meinem Fortgang entbehren mußte«, meint Vico mit sichtlichem Genuß. Die Gäste aus Limonta sprechen mit Eifer den Speisen zu. Vico hat viel Gutes zu berichten. Auch der kleine Berno spricht ein gutes Deutsch. »Das hat ihm Onkel Levi beigebracht«, stellt sein Vater stolz fest. »Er ist der geliebte Mittelpunkt unserer glücklichen Familie.« Herr Levi lächelt. »Und ich bin dabei selbst glücklich, Abt Berno, weil ich ganz zu dieser prächtigen Familie gehören darf. Mein Leben konnte nicht erfüllter werden. Mittlerweile bin ich jenen dankbar, die mich aus Konstanz vertrieben haben.« Nachdenklich meint der Abt: »Die Wege Gottes sind wunderbar, Herr Levi. Er vermag alles zum Guten zu führen. Wir müßten Ihn nur mit Vertrauen und in Geduld wirken lassen.« Nach der Mahlzeit fragt der Abt die Gäste, ob sie sich von den Beschwerden der Reise ausruhen oder die Fortschritte des Münsterbaus besichtigen wollen. »Ihr habt uns noch gar nicht gefragt, warum wir eigentlich gekommen sind, Vater Abt. Seid Ihr nicht neugierig?« Lächelnd schüttelt Berno den Kopf. »Neugierde gehört nicht zu meinen schlechten Eigenschaften. Ihr werdet es mir sagen, wenn es an der Zeit ist. Mir genügt vollauf, daß Ihr hier seid. Unternehmt jetzt bitte das, was Ihr tun möchtet.« »So werde ich meinem Sohn Berno die Klosterschule zeigen und dabei alte Bekannte begrüßen«, beschließt Vico und zieht den Jungen mit sich fort. »Nanu, er will ihn doch nicht bei uns unterbringen?« wundert sich der Abt, dem die zielstrebige Eile des Vogtes von Limonta auffällt. »Ich weiß nicht, ob Vico es über sich bringen würde, sich von einem seiner Kinder längere Zeit zu trennen, Vater Abt. Da er keine glückliche Jugend und kein gutes Elternhaus gehabt hat, ist er um so mehr bemüht, es seinen Kindern zu schenken.« »Und Ihr seid bei dieser Familie so glücklich, Herr Levi, daß Ihr Eurer Heimat und Eurem angestammten Beruf nicht nachtrauert?« Herr Levi sieht ihn mit leuchtenden Augen an und versichert zum zweiten Mal: »Ja, Vater Abt, ich bin glücklich und möchte diese Geborgenheit keinen Tag mehr gegen den Reichtum eintauschen, den ich früher in Konstanz mein eigen nannte! Aber mein Glück ist noch nicht vollständig ...« Er hält inne. Der Blick seiner Augen ist nun von einer fast zwingenden Eindringlichkeit, die Abt Berno mit Unbehagen erfüllt. Was will Levi von ihm? Er spürt, daß wieder etwas auf ihn zukommt. Unwillkürlich sträubt sich seine Natur gegen neue Unannehmlichkeiten. Hat er nicht gerade jetzt, es sind erst wenige Wochen seit der öffentlichen Demütigung in Konstanz vergangen, ein überreiches Maß daran zugeteilt bekommen? Unruhig schiebt er seinen Becher auf dem Linnentuch hin und her, faßt an sein Brustkreuz, dreht an seinem Ring und atmet heimlich auf, als sein Gast das Gespräch wieder aufnimmt. »Unser Lebensweg hat sich seit mehr als zwei Jahrzehnten immer wieder gekreuzt, Vater Abt. Aus unserer geschäftlichen Verbindung ...« Er betrachtet den Ring mit dem roten Rubin. »Ja, aus unserer Geschäftsbeziehung wurde Freundschaft. Das darf ich wohl ohne Übertreibung sagen. Heute möchte ich Euch vor allem danken.« Erstaunt unterbricht ihn der Abt. »Ihr wollt mir danken, Herr Levi? Was ich je für Euch getan haben könnte, das war nur meine schuldige Antwort auf Eure Güte und Großmut gegenüber der Augia. Zudem macht Euer Wirken in Limonta mich höchstens erneut zu Eurem Schuldner.« Mit feinem Lächeln meint der alte Jude: »Ihr werdet mich gleich besser verstehen, Vater Abt. Es geht mir um etwas anderes. Seht Ihr, wenn Vico von Euch spricht, so nennt er Euch einfach Vater. Für ihn, den ehemaligen Straßenjungen von Trastevere, seid Ihr Vater ... nicht nur Abt ... Abba.« Er schweigt hilflos. »Abba ist ein aramäisches Wort. Ich habe viel über dieses Wort nachgedacht. Abba, Vater, lieber Vater. Ich wurde begierig, mehr über Jenen zu erfahren, Der es sterbend zu Seinem Gott gesagt hat. Nächtelang sprach ich mit Vico und Frau Beatrice darüber. ›Abba, Vater, in Deine Hände empfehle Ich Meinen Geist!‹ Wer ist Er, Der solche Worte sterbend zu sagen wagte? Ihr habt nie versucht, mich für Euren Glauben zu gewinnen, Herr Berno. Sicher ahntet Ihr, daß ein Bemühen dieser Art meinen Widerstand hervorgerufen hätte.« Leise wirft Abt Berno ein: »Ich wußte es, und ich wollte unsere Freundschaft dadurch nicht gefährden. Ich habe stets für Euch gebetet, Herr Levi. Außerdem war ich mir bewußt, daß ihr Euch auf dem Weg Gottes befandet, weil Ihr Eurem Gewissen folgtet – und weil Ihr barmherzig wart.« »Barmherzigkeit ist für Euch gleichsam ein Signum Gottes? Das kann ich verstehen. Vater, Eure Barmherzigkeit, Eure Güte und Eure großmütige Liebe öffneten mir den Zugang zur Botschaft Jesu Christi. Ihr waret für mich der Zeuge dieser Wahrheit. Ich bin heute hier, um Euch zu danken, weil Ihr mich durch Euer Christsein auf den Weg zu Ihm geführt habt. Der Pfarrherr von Limonta und

Vico haben mich im Glauben unterwiesen. Würdet Ihr mir die heilige Taufe spenden, Vater?«
Spontan nimmt der Abt die beiden Hände des Herrn Levi in die seinen. »Ihr macht mich überglücklich durch Eure Bitte, Herr Levi! Nun macht Ihr mir das schönste und größte Geschenk. Ihr könnt gar nicht ermessen, was es für mich bedeutet – und das gerade zum jetzigen Zeitpunkt. Wie gut ist Gott!« Zusammen gehen die beiden Männer in das Münster und knien im Gebet vereint vor dem Hochaltar. Dann nimmt der Abt den Juden mit in sein Gemach. Einige Mönche sehen dem ungleichen Paar erstaunt nach. Ein alter Mönch erinnert sich, daß neben dem Abt vor vielen, vielen Jahren ein anderer kleiner, gebeugter Mann gegangen ist, Bruder Altfrid. In der Abtszelle bietet Berno seinem Gast den Lehnstuhl an und nimmt sich einen der Schemel. Er weist auf die Marienstatue, vor der ein kleines Öllicht brennt. »Seht meine besondere Patronin – Unsere Liebe Frau von den leeren Händen! Ihr vertraue ich immer meine Nöte an. Sie ist ein Sinnbild dessen, was ich wirklich tue. Ich lege meine Nöte in die Hände Mariens und stelle mich unter ihren Schutz. Besseres könnt Ihr auch nicht tun in Eurem Leben als Christ.« »Wollt Ihr meine Kenntnisse in der christlichen Lehre prüfen, Vater Abt?« Abt Berno wehrt ab. »Wer eine solch weite Reise macht, um hier die heilige Taufe zu empfangen, der braucht keine Prüfung mehr. Sie erfolgte auf den gefährlichen Straßen und Pässen im Gebirge.« Nachdem die größte Spannung von ihm gewichen ist, lehnt sich der alte Mann müde und erleichtert zurück. Die Strapazen der Reise fordern ihren Zoll. »Ich habe mir auch schon einen Namen ausgesucht. Hoffentlich seid Ihr damit einverstanden. Unser Herr berief einen Zöllner namens Levi. Er war bei ihm zu Gast. Später nannte Er ihn dann Matthäus. So möchte ich heißen.« »Ihr habt

vortrefflich gewählt, Herr Levi! Das Symbol des heiligen Apostels und Evangelisten Matthäus ist ein Mensch. Als ich Euch zum ersten Mal begegnen durfte, habt Ihr menschlich an der Augia und an mir gehandelt. Matthäus ist der richtige Name für Euch. Wie freue ich mich, Euch den priesterlichen Dienst erweisen und Euch taufen zu dürfen! Die Taufe wird eine großartige und erhebende Feier unseres Glaubens werden... Aber ich sehe, daß Ihr müde seid. Ich bringe Euch jetzt wieder zu Bruder Rudolf, damit er Euch eine ruhige Kammer und ein gutes Lager anweist. Ruht Euch zuerst gründlich aus, ehe wir Einzelheiten besprechen!« Abt Berno will sich erheben, aber eine Frage Levis hält ihn zurück. »Verzeiht mir, Abt Berno. Ich möchte noch etwas wissen: Denkt Ihr daran, meine Taufe in einer öffentlichen Feier vorzunehmen?« »Das ist für mich ganz selbstverständlich, Herr Levi. Am Heiligen Pfingstfest, am Fest des Heiligen Geistes, wird Eure Taufe vor der großen Gemeinde unserer Mönche, unserer Scholaren und unserer Inselleute stattfinden. Festliche Gesänge werden die Feier umrahmen. Alle sollen an der Freude Anteil haben, die Euch erfüllt, und alle sollen Gott für die Gnade danken, die Er Euch an diesem Tage schenkt!« Herr Levi möchte angesichts der ehrlichen Begeisterung des Abtes seine Pläne nicht zerstören, aber er muß seine Bedenken äußern. »Ich weiß, daß Ihr es gut meint, Vater Abt. Könnten Euch aus der feierlichen öffentlichen Taufe eines Hebräers nicht neue Schwierigkeiten erwachsen? In Konstanz wartet man förmlich darauf, Euch wieder etwas anhängen zu können. Wäre darum eine heimliche, nächtliche Taufe nicht besser? Ich möchte Euch auf gar keinen Fall Schaden zufügen.« Mit ruhiger Festigkeit entgegnet Abt Berno: »Herr Levi, Ihr seid Hebräer wie unser Herr Jesus Christus. Befürchtet nichts für mich! Mir wird nichts Übles geschehen, wenn ich Euch den Weg zu Christus ebne, lieber Bruder! Der Heilige Geist, Der Euch diese Gnade schenkte, wird aus unseren Herzen jede Furcht nehmen und uns mit Freude und Frieden erfüllen.«

Am gleichen Abend ruft Abt Berno die Mönche zusammen und teilt ihnen mit, was an diesem Pfingstsonntag im Münster geschehen wird. Cellerar, Sakristan und Gärtner beraten lange mit dem Abt und dem Prior, wie dieses besondere Fest zu einem Feiertag für die ganze Reichenau gestaltet werden kann. Auch die Brüder aus Schienen mit ihrem Prior Rutbert werden dazu eingeladen. »Alle sollen sich mit Herrn Levi über die große Gnade freuen, und allen soll an diesem Tag mit tiefer Dankbarkeit bewußt werden, welche Gnade uns der Herr ohne unser Zutun verliehen hat.« Chormeister Gunter übt mit Hingabe die Gesänge des Bischofs Brun von Toul zu Ehren des Heiligen Geistes ein. In den anderen Kirchen der Insel teilen die Priester dem Volk die bevorstehende Feierlichkeit mit und laden zur Teilnahme am Taufgottesdienst ein. »Nach der religiösen Feier läßt unser Vater Abt alle Teilnehmer als seine Gäste mit Braten, Fisch, Brot und Wein bewirten!« Dieses Versprechen bewegt auch die Trägen, sich am Pfingstfest nach Mittelzell aufzumachen. Nur Bruder Ludger in Oberzell lehnt die Bitte seines Pfarrers ab, ihn zu begleiten. »Dort habe ich nichts zu suchen!« sagt er schroff und wendet sich ab. Gerade durch diese Bewegung gerät er in das Blickfeld des Herrn am Kreuz des Willigis. Lange steht er Ihm in trotzigem Schweigen gegenüber. Auch er spürt die Fragen und die werbende Kraft, die von diesem Kreuzbild ausgehen. Erstmals seit Jahren fühlt er sich im Innersten angerührt. »Komm zu Mir, Bruder Ludger!« vermeint er zu hören. Scheu blickt er sich in der Kirche um. Außer ihm ist niemand zu sehen. Da geht er näher zum Kreuz und kniet langsam nieder...

Im reichgeschmückten Münster tauft Abt Berno in einer erhebenden Feierstunde nach der Festmesse den Juden Levi auf die Namen Matthäus Ludovicus. Mit lauter Stimme legt der Täufling sein Glaubensbekenntnis ab. Vico und Bruder Volkmar stehen ihm als Taufpaten zur Seite. Jubelnd preist der Chor mit den Gesängen des Bischofs Brun das Wirken des göttlichen Geistes: »Groß bist Du, o Geist, in den Herzen der Menschen! Groß bist Du, o Geist in der heiligen Kirche! Groß bist Du, o Geist, Der Du uns durch Maria den Heiland geschenkt! Groß bist Du, o Geist, Der Du uns in Glaube, Hoffnung und Liebe den Weg in die Ewigkeit führest. Wir loben, wir preisen, wir lieben Dich, Heiliger Geist! Amen.« Abt Berno spricht nur wenige Worte nach der Taufe. Die Predigt in der heiligen Messe hat Prior Rutbert, der Gast aus Schienen, gehalten. Der Abt dankt Gott für die Gnade, die Er Matthäus erwiesen hat und mit ihm der Abtei. »Öffnen wir uns, liebe Brüder und liebe Freunde, für das Wirken des Heiligen Geistes! Lassen wir den heiligen Pfingststurm ein, wie er uns machtvoll aus den Weisen des Bischof Brun entgegentönte. Nur der Geist Gottes wirkt allenthalben neues Leben. Amen. Alleluja.« Nach dem Gottesdienst vereinen sich die Mönche aus Schienen und von der Augia mit dem Täufling und den anderen Gästen aus Limonta. Die Scholaren teilen die Festgaben an die Inselleute und die fremden Bauarbeiter aus. Die Bewohner der Reichenau nehmen regen Anteil an der Festfreude und feiern auf ihre Art tüchtig mit und genießen das reiche Mahl. Bald ertönen Lieder und Gelächter. Man erzählt einander heitere Begebenheiten und ist einfach von Herzen froh.

Im Refektor geht es etwas gemessener zu, aber die Freude, die Mönche und Gäste vereint, ist echt und tief. Der Abt und Matthäus sind vielleicht am stillsten, weil ihre Freude am

tiefsten ist. Als sie am Abend miteinander durch den Garten gehen, bittet Abt Berno leise den Neugetauften: »Zürnet Ihr mir, wenn ich noch ein wenig die Stille suchen möchte, Herr Matthäus? Bei Prior Rutbert, Prior Burkhard und Vico seid Ihr in guter Obhut.« »Zieht Euch zurück, Vater Abt! Ich würde es am liebsten ebenso machen, muß aber um der anderen willen noch eine Weile aushalten.«
Mit einem Händedruck verabschiedet sich der Abt und geht zum Gnadensee. Das leise Plätschern der Wellen begleitet seine Schritte am Ufer entlang. Schließlich löst er einen Fischerkahn, steigt ein und rudert auf den See hinaus. Der Lärm der Feiernden verebbt hinter ihm. Er rudert langsam und bedächtig, läßt das Boot treiben und lenkt es doch in eine bestimmte Richtung. Er hat sie unbewußt eingeschlagen. »Ja, Herr, Du weißt, daß mir dies keine Ruhe läßt. Ich möchte ihn heimholen. Bin ich zu anspruchsvoll, weil ich das Glück dieses Pfingsttages bis zur Neige auskosten möchte? Ich kann nichts von Dir fordern. Ich kann Dich nur bitten und Dir meine Hände reichen. Findest Du sie leer genug, um sie zu füllen? Herr, wenn es Dein heiliger Wille ist, so gib der Abtei ihren Sohn zurück!« Nun rudert er zügig und kraftvoll. Langsam taucht der stumpfe Würfel der Karolingerkirche St. Georg im Mondlicht auf. Er rudert näher heran und befestigt den Kahn sorgfältig an einem Weidenbaum. Dann steigt er zur Kirche hinan. In der Vorhalle ist es dunkel. Er tastet sich zum Portal und öffnet es. Nur eine Kerze erhellt den Kirchenraum. Sie brennt im Chor vor dem Kreuz des Willigis auf hohem Leuchter. Mit festen Schritten geht der Abt an den herrlichen Fresken vorbei durch die Kirche und kniet vor dem Kreuz auf den Steinfliesen nieder. Er öffnet seine Hände und sagt laut in die stille Kirche hinein: »Hier bin ich, Herr!« Lange kniet er in dieser Haltung da, als hinter ihm die Kirchentüre geöffnet

wird. Jemand tritt ein und kommt näher. Abt Berno schaut sich nicht um. Er schaut unverwandt zum Antlitz Christi empor. Es ist ihm nie gütiger erschienen. Die Schritte verstummen. Jemand steht hinter ihm. Dann vernimmt er die Stimme, die Stimme des Mönchs Ludger: »Vater, ich möchte heim!« Abt Berno wendet seinen Blick vom Antlitz des Herrn. Er sieht auf seine leeren Hände nieder. Selten im Leben war er so glücklich wie in diesem Augenblick.

FEBRUAR ANNO DOMINI 1171

Mehrere Wochen sind vergangen, seit Abt Diethelm von Krenkingen auf dem Rupertsberg eingekehrt ist. Man schreibt den 15. Februar Anno Domini 1171. Das Wetter hat sich gebessert. Der Schnee ist geschmolzen. Ein leises Frühlingsahnen liegt in der Luft. Ein milder Südwind weht über das Land am Rhein. Abt Diethelm von Krenkingen fühlt eine zunehmende Unruhe in sich. So sehr er die Gastfreundschaft der Äbtissin Frau Hildegard und ihrer Schwestern genossen hat in den strengen Winterwochen, drängt es ihn nun mit Macht heimwärts. Er möchte nicht undankbar sein und zögert zunächst, aber dann läßt er sich doch bei Frau Hildegard melden. »Es ist an der Zeit, daß ich vom Rupertsberg Abschied nehme, Frau Mutter«, beginnt er beinahe zaghaft. »Ich war gern hier bei Euch und Euren Schwestern. Jetzt möchte ich Euch um Urlaub bitten. Die Reichenau ruft mich.« Die Äbtissin macht es ihm leicht. Sie schaut ihn verständnisvoll an. »Herr Diethelm, ich weiß, was Euch heimwärts treibt. Es ist die Macht und die Kraft des Heiligen Geistes, die auch im Leben Eures seligen Vorgängers Abt Berno machtvoll wirkte. Ich habe geahnt, daß Euer Abschied nahe sein würde. Darum habe ich bereits einen Boten zur Reichenau gesandt. Dort wird die Mönchsgemeinde Euch mit freudiger Bereitschaft erwarten.« Sie verschweigt ihm, daß ihr Bote auch ein eindringliches Schreiben mitgenommen hat. Die Seherin ermahnt darin den Prior der Augia und seine Mönche: »Öffnet

Euch für das Licht des Heiligen Geistes, damit Eure Abtei unter der Leitung des Abtes Diethelm wieder als ein Stern der Weisheit, der Tugend und Gelehrsamkeit, der Liebe und der Demut in reinem Glanz zu erstrahlen vermag. Besinnet Euch auf die reine Minne, wie sie Eurer Abtei unter großen Äbten zu eigen war ...« Mit der ihr von Gott verliehenen Sicherheit und Klarheit gibt Frau Hildegard die Weisungen, die Gott ihr geschenkt hat, an die Mönche der Reichenau weiter. »Ihr wollt die lange Reise bis zur Augia in kürzerer Zeit hinter Euch bringen, Herr Diethelm, um bald bei Euren Brüdern zu sein. Ich habe veranlaßt, daß Euch ein Treidelschiff bis Basel bringen wird. Von dort ist der Weg bis Konstanz nicht mehr weit. Dort lasset Ihr Euch zur Reichenau übersetzen. Damit Ihr nicht auf dem Weg leidet und gegen Unvorhergesehenes gewappnet seid, werdet Ihr mir alten Frau gewiß gestatten, Euch mit dem notwendigen Zehrgeld auszurüsten, nicht wahr? Eure Pilgerfahrt zum Rupertsberg war genug der Buße.« »Wie soll ich Euch nur für alles danken, was mir durch Euch zuteil geworden ist, Frau Mutter?« ruft Abt Diethelm aus. Die liebevolle Fürsorge der Äbtissin überwältigt ihn. Sie blickt nachdenklich vor sich nieder und scheint mit sich zu Rate zu gehen, ehe sie ihm antwortet. »Wir haben miteinander wochenlang über das Leben Eures Abtes Berno gesprochen, haben darüber nachgesonnen und betrachtet, wie er mit leeren Händen zu Gott hintrat und mit reichen Gaben von Ihm zu seinen Brüdern und den Menschen am See kam. Abt Berno bedeutete viel für Kaiser und Könige, für seine Mitbrüder im Bischofsamt, für seine Mönche und für die Armen. Er war wirklich Abt, Vater Abt.« »Er diente, wie Ihr es tut, Frau Mutter. Abt Berno war Euch im tiefsten verwandt«, sagt Diethelm spontan. Frau Hildegard wehrt sich nicht. »Ja, Ihr habt recht. Ich weiß mich Herrn Berno verwandt. Darum

kann ich sein Leben besser verstehen, als die uns bekannten Fakten und Daten es eigentlich erlauben... Kommt am Abend bitte noch einmal zu mir. Der Erzbischof von Köln ließ mir eine besondere Gabe für Euch zukommen. Sie ist von großem Wert für Euch und für die Augia.«
Nach der Komplet begleitet Schwester Martha den Abt durch die stillen Klostergänge. Er denkt mit Wehmut daran, daß er sie voraussichtlich zum letzten Mal in seinem Leben durchschreitet. Frau Hildegard begrüßt ihn herzlich. Ein Lächeln liegt auf ihrem durchgeistigten Antlitz, das ihm in den vergangenen Wochen so vertraut geworden ist. »Ihr dürft mir nun nicht mehr danken, lieber Vater Abt! Wir wollen morgen früh unseren Dank bei Eurem letzten heiligen Opfer auf dem Rupertsberg auf die Patene legen. Wir haben beide dafür zu danken, daß Gott uns in Seiner Güte die Gnade dieser Begegnung und die Wochen des geistigen und geistlichen Austauschs geschenkt hat. Wir wollen Ihm auch dafür danken, daß Er vor uns in Eurem Abt Berno einen Menschen erstehen ließ, der seine Berufung treu gelebt hat! Ein solches Leben hat uns beiden viel zu sagen. Es ist ein steter Anruf an unsere Liebe zu Gott und zu den Menschen. Ja, lieber Bruder in Christo, Gott ist gut! Wie ein Lächeln Gottes traf es mich, als ich just in diesen Tagen vom Kölner Erzbischof einen alten Brief erhielt, den der Archivar gefunden hat. Ich hatte dem Erzbischof von unserem gemeinsamen Bemühen Mitteilung gemacht, uns die große Gestalt des Abtes Berno zu verlebendigen. Als Antwort kam dieser alte Brief. Darin schreibt Bischof Brun zu Toul an den damaligen Erzbischof im Jahres des Heiles 1048... Lest selbst!« Sie reicht ihm das alte Pergament mit den verblaßten Schriftzeichen. Er beugt sich vor, damit der Schein der Kerze auf das Schreiben fällt. Er erspart sich die förmliche Anrede und beginnt mit dem eigentlichen

Text des Briefes: »Die Nachricht vom Heimgang des edlen Herrn Berno, Abtes der Abtei Maria von der Au, hat mich mit tiefem Schmerz erfüllt. Berno war ein Mann nach dem Herzen Gottes. Er war klug, tatkräftig, mutig, treu, barmherzig und gläubig. Leider bin ich ihm nur ein einziges Mal begegnet, doch ich war in den wenigen Tagen sehr beeindruckt von seiner warmherzigen Liebe, seiner umfassenden Güte und von der geduldigen Kraft seines Kreuztragens. Ja, ich möchte noch einmal wiederholen: Abt Berno war ein Mann nach dem Herzen Gottes. Dort wird er nun gewiß weilen und weiter für die Kirche Gottes wirken. Fortan werde ich ebenso wie Ihr, lieber Bruder im Bischofsamt, ihm alle meine Sorgen anvertrauen ...« Als Abt Diethelm aufschaut, sagt Frau Hildegard: »Vater Abt, dies ist ein Urteil aus berufenem Mund über Euren seligen Vorgänger. Wißt Ihr, was aus jenem Bischof Brun von Toul geworden ist? Bischof Brun wurde der größte Papst aus deutschen Landen, Papst Leo IX. Er wird als Heiliger verehrt.«

Am frühen Morgen des nächsten Tages bringt Abt Diethelm von Krenkingen in der Kirche der Abtei auf dem Rupertsberg zum letzten Mal das heilige Opfer dar. Dann nimmt er Abschied von Frau Hildegard und ihren Schwestern. In seinem Reisebündel ruht wohlverwahrt der Brief des Bischofs Brun. Regungslos steht Abt Diethelm auf dem Schiff, als es sich vom Ufer löst. Er wendet den Blick nicht von der Abtei auf dem Rupertsberg, bis das Nebelgrau des Wintertages sie seinen Blicken entzieht.

Nachwort:

Wer mehr über Abt Berno erfahren möchte, der begleite ihn in der Erzählung »Die letzte Freiheit« bis zu seinem Heimgang im Jahr 1048.
Die Erzählung kann und will kein wissenschaftliches Werk sein. Auf geschichtlicher Basis und mit dichterischer Freiheit will sie einen Menschen und sein Umfeld verlebendigen. Die Begegnung mit Abt Berno wird zum Geschenk, wenn man nachsinnend versteht, daß sein Weg auch der eigene ist. Was bringen wir Gott anders als leere Hände?
Ich möchte allen danken, die mir irgendwie geholfen haben, daß die Erzählung »Die leeren Hände« geschrieben werden konnte! Ich fühle mich allen in Dankbarkeit verbunden.
Mein besonderer Dank gilt der Insel Reichenau und ihren Bewohnern.

S. M. Cz.

LITERATURVERZEICHNIS

Benutzte Literatur

1. Die großen Ordensregeln
Herausgegeben von Hans Urs von Balthasar
Benziger Verlag – Einsiedeln – 1961

2. Geschichte des Bodenseeraumes
Anfänge und frühe Größe
von Otto Feger
Jan Thorbecke Verlag – Lindau, Konstanz 1956

3. Kunstgeschichte des Bodenseeraumes
von der Karolinger Zeit bis zur Mitte des 14. Jahrhunderts
Jan Thorbecke Verlag – Lindau, Konstanz 1961

4. Die Kultur der Abtei Reichenau Band 1 und 2
Erinnerungsschrift zur zwölfhundersten Wiederkehr des Gründungsjahres des Inselklosters 724–1924
Herausgegeben von Professor Dr. Konrad Beyerle, München
Verlag der Münchener Drucke, München 1925

5. Die Reichenau
Urkunden und Bilder aus Kunst und Leben
Eingeleitet und bearbeitet von Ursmar Engelmann OSB
Karl Zink Verlag – München 1955

6. Berno und Hermann von Reichenau als Musiktheoretiker
von Hans Oesch
Publikation der Schweizerischen Musikforschenden
Gesellschaft, Serie II, Vol. 9
Verlag Paul Haupt, Bern 1961

7. Die sechs Münster der Abtei Reichenau
von der Gründung bis zum Ausgang des 12. Jahrhunderts
von Hans Christ
Verlag Th. Keller, Reichenau/Bodensee – 1956

8. Die ottonischen Wandbilder der St. Geogskirche
Reichenau – Oberzell
von Kurt Martin
Jan Thorbecke Verlag, Konstanz – 1961

9. Lexikon für Theologie und Kirche
Verlag Herder, Freiburg 1958

10. Handbuch der Weltgeschichte II. Band
Herausgegeben von Alexander Randa
Otto Walter, Olten – 1954

11. Kirchengeschichte von August Schubert
I. Band, Von den Anfängen der Kirche bis zum
Griechischen Schisma 1054
Verein vom hl. Karl Borromäus, Bonn – 1955

12. Handbuch der Kirchengeschichte Band III, 1
Die mittelalterliche Kirche, 1. Halbband
Vom kirchlichen Frühmittelalter bis zur gregorianischen
Reform
Verlag Herder, Freiburg – 1966

13. Norbert Ohler
Reisen im Mittelalter
Artemis-Verlag, München – 1986

14. Leben im Mittelalter
von Hans-Werner Goetz
Verlag C. H. Beck, München – 1986

15. Burgen und Schlösser zwischen Ahr und Brohlbach
von Matthias Röcke
Verlag J. B. Bachem – Köln – 1984

16. Lumière de Saint Benôit
Le Journal de Gien
Numéro spécial à l'occasion de l'année Saint Benoît – 1980

17. Les Manuscrits de Fleury
(Saint – Benoît – sur – Loire)
Exposition réalisée par la Bibliothèque municipale
d'Orléans et l'Abbaye de Fleury, Juin 1980

18. Führer durch Prüm und Umgegend
Eifelverein, Ortsgruppe Prüm

19. Prüm und seine Heiligthümer
von Dr. C. Willems, Domvikar
Trier, Druck und Verlag Paulinus Druckerei 1896